Jungbauer/Dives

Fallbezogenes Fachgespräch – Mandantenbetreuung

Fallbezogenes Fachgespräch – Mandantenbetreuung

von

Sabine Jungbauer

Geprüfte Rechtsfachwirtin, Autorin und Referentin, München

und

Veronika Dives

Diplomhandelslehrerin, Autorin und Referentin, München

2., neu bearbeitete Auflage

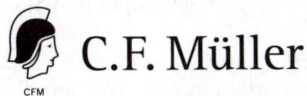
C.F. Müller

CFM

Bibliografische Information der Deutschen Nationalbibliothek
Die Deutsche Nationalbibliothek verzeichnet diese Publikation in der
Deutschen Nationalbibliografie;
detaillierte bibliografische Daten sind im Internet
über <http://dnb.d-nb.de> abrufbar.

ISBN 978-3-8114-0719-0

E-Mail: kundenservice@cfmueller.de

Telefon: +49 89 2183-7923
Telefax: +49 89 2183-7620

www.cfmueller.de

© 2018 C.F. Müller GmbH, Waldhofer Straße 100, 69123 Heidelberg

Satz: Strassner ComputerSatz, Heidelberg
Druck: Kessler Druck + Medien, Bobingen

Vorwort der Herausgeberinnen
mit Prüfungshinweisen

Die neue ReNoPat-AusbV ist zum 01.08.2015 in Kraft getreten und parallel dazu ein neuer Rahmenlehrplan für den Unterricht an den Berufsschulen. Die Anforderungen an die Qualifikation der Auszubildenden haben sich in den letzten Jahren stark verändert, und in der beruflichen Bildung spielt neben der Vermittlung von Fachwissen auch die Vermittlung von Handlungskompetenzen eine sehr wichtige Rolle. Dieser Entwicklung wurde durch die Novellierung der Ausbildungsverordnung und der Gestaltung des neuen Rahmenlehrplans Rechnung getragen.

Die neue Prüfungsbuchreihe des C.F. Müller Verlags soll sowohl Hilfestellung und Hinweise für Auszubildende und Prüflinge als auch Mitglieder von Prüfungsausschüssen geben. Es handelt sich dabei – auf Grundlage der gesetzlichen Vorschriften (ReNoPat-AusbV) – um die Vorstellung von Möglichkeiten, wie die in den sogenannten „Prüfungsbereichen" zu bearbeitenden Fälle gestaltet sein können. Wir hatten bei der ersten Auflage nach der neuen ReNoPat-AusbV schon im Jahr 2015 angekündigt, dass die nächsten Jahre die notwendigen Erfahrungen bringen werden, die dann wiederum zu einem Überdenken und Aktualisieren dieser Reihe führen werden. Nun ist es soweit. Zwei Jahre sind seit Einführung der neuen Verordnung vergangen und es konnten bereits Erfahrungswerte gesammelt werden. Auch sind die ersten Prüfungen im Jahr 2017 bereits nach der neuen Verordnung erfolgt.

Bei der Gestaltung der zukünftigen Prüfungsfälle bzw. -situationen in den einzelnen Prüfungsbereichen wird es sicherlich auch künftig zu unterschiedlichen Ausprägungen in den verschiedenen OLG-Bezirken kommen. So wie bisher jeder OLG-Bezirk eigene Abschlussprüfungen erstellt und durchführt, wird dies auch nach der Neuordnung sein, und daher wird jeder Bezirk eigene Vorstellungen entwickeln und Vorgehensweisen festlegen.

Ebenso kann es auf Grundlage des Rahmenlehrplanes in den einzelnen Bundesländern, die teilweise Lehrplanrichtlinien herausgeben, bis in die einzelnen Berufsschulen zu unterschiedlichen Ausgestaltungen kommen. Dies ist der Kulturhoheit in diesem Bereich geschuldet. Lernfelder, „Fächerbezeichnungen" der einzelnen Schulen stimmen in der Regel nicht überein mit den Bezeichnungen der neuen Prüfungsbereiche. Fragen Sie hier im Bedarfsfall Ihre Lehrkräfte; diese können Ihnen in der Regel fundierte Auskunft erteilen.

Mit dieser Buchreihe wollen wir sowohl den Prüferinnen und Prüfern Hilfestellungen als auch den Auszubildenden eine Idee davon geben, wie Fälle in den Prüfungsbereichen gestaltet sein könnten.

Diese Prüfungsbuchreihe erhebt nicht den Anspruch, eine vollständige Abdeckung möglicher Inhalte und Ausgestaltungsmöglichkeiten zu sein. Sie kann und will die Vorbereitung mit Lehrbüchern nicht ersetzen. Auszubildende sollten sich immer auch an dem orientieren, was sie an Hinweisen von ihren Lehrkräften und in den Ausbildungskanzleien erhalten.

Vorwort der Herausgeberinnen mit Prüfungshinweisen

Damit die Einordnung des jeweiligen Prüfungsbuch-Bandes leichter fällt, stellen wir eine Übersicht über die Prüfungsbereiche mit den groben Inhalten laut Ausbildungsverordnung an den Anfang und nehmen eine Zuordnung der Bände vor.

Prüfungsbereiche der Abschlussprüfung gem. § 7 II ReNoPatAusbV

Orientiert an den Tätigkeitsfeldern der Berufspraxis werden folgende (Prüfungs-)Bereiche geprüft (der in diesem Prüfungsbuch-Band behandelte Bereich ist im Folgenden grau hinterlegt).

1. Geschäfts- und Leistungsprozesse,
2. Mandantenbetreuung,
3. Rechtsanwendung im Rechtsanwaltsbereich,
4. Vergütung und Kosten sowie
5. Wirtschafts- und Sozialkunde.

Prüfungszeiten und Gewichtungen aller Prüfungsbereiche der Abschlussprüfung:

		Prüfungszeiten	Gewichtung	Prüfungsinstrument
1.	Geschäfts- und Leistungsprozesse	60 Minuten	15 %	Fallbezogene Aufgaben **schriftlich**
2.	Mandanten-betreuung	15 Minuten	15 %	Fallbezogenes Fachgespräch **mündlich**
3.	Rechtsanwendung im Rechtsanwalts-bereich	150 Minuten	30 %	Fallbezogene Aufgaben **schriftlich**
4.	Vergütung und Kosten	90 Minuten	30 %	Fallbezogene Aufgaben **schriftlich**
5.	Wirtschafts- und Sozialkunde	60 Minuten	10 %	Fallbezogene Aufgaben **schriftlich**

1. Prüfungsbereich: Geschäfts- und Leistungsprozesse gem. § 7 III ReNoPatAusbV (schriftlich):

a) arbeitsorganisatorische Prozesse planen, durchführen und kontrollieren, b) zur Qualitätsverbesserung betrieblicher Prozesse beitragen, c) Büro- und Verwaltungsaufgaben planen, durchführen und kontrollieren, d) elektronischen Rechtsverkehr nutzen, e) Auskünfte aus Registern einholen und verarbeiten,	**Band I: Tietje, Geschäfts- und Leistungsprozesse**

f) Aktenbuchhaltung führen, g) Aufgaben im Bereich Rechnungs- und Finanzwesen ausführen.	**Band II: Okon/Sabo, Geschäfts- und Leistungsprozesse**

Wie die Gewichtung und Aufteilung der einzelnen Inhalte, welche Bestandteil dieses Prüfungsbereiches sind, in den Prüfungen dann ausgestaltet ist, wird vom jeweiligen Aufgaben- bzw. Prüfungsausschuss der zuständigen Kammer abhängig sein.

2. Mandantenbetreuung gem. § 7 IV ReNoPatAusbV (Fallbezogenes Fachgespräch – mündlich):

a) Mandanten serviceorientiert betreuen, b) Anliegen von Mandanten erfassen, c) Gespräche mit Mandanten adressatenorientiert führen, d) Auskünfte einholen und erteilen, e) Konfliktsituationen bewältigen.	**Jungbauer/Dives, Fallbezogenes Fachgespräch – Mandanten- betreuung**
Hierfür wählt der **Prüfungsausschuss** eines der folgenden Gebiete aus: a) Zivilrechtliches Mandat, b) Zwangsvollstreckungsrechtliches Mandat, c) Vergütung und Kosten im Zivilrechtlichen Mandat, d) Zahlungsverkehr.	
Die fachbezogene Anwendung der englischen Sprache ist zu berücksichtigen.	

3. Rechtsanwendung im Rechtsanwaltsbereich gem. § 7 V ReNoPatAusbV (schriftlich):

a) Sachverhalte, insbesondere in den Bereichen bürger- liches Recht sowie Gesellschafts-, Wirtschafts- und Europarecht, rechtlich erfassen und beurteilen,	**Band I: Boiger, Rechtsanwendung im Rechtsanwaltsbereich**
b) Maßnahmen im Zivilprozess- und Zwangsvollstreckungs- recht vorbereiten, durchführen und kontrollieren,	**Band II: Jungbauer/ Natterer, Rechtsanwendung im Rechtanwaltsbereich**
c) fachkundliche Texte formulieren und gestalten.	**Band I und Band II**
Die fachbezogene Anwendung der englischen Sprache ist zu berücksichtigen.	

Auch hier wird – ebenso wie im Prüfungsbereich „Geschäfts- und Leistungsprozesse" – die Gewichtung und Aufteilung der einzelnen Inhalte, welche Bestandteil dieses Prüfungsbereiches sind, vom jeweiligen Aufgaben- bzw. Prüfungsausschuss der zustän- digen Kammer abhängig sein. Für den Teil c) „Fachkundliche Texte formulieren und gestalten" bietet sich aus unserer Sicht an, einen festen Zeitanteil für die organisatori- sche Durchführung dieser Prüfungsanforderung am PC vorzusehen.

4. Vergütung und Kosten gem. § 7 VI ReNoPatAusbV (schriftlich):

a) Werte, Gebühren und Auslagen für Vergütungsrechnungen ermitteln, b) Vergütungsrechnungen im außergerichtlichen und gerichtlichen Bereich sowie im Zwangsvollstreckungsverfahren erstellen, c) Kostenfestsetzungsanträge und Anträge auf Vergütung im Prozesskostenhilfeverfahren erstellen, d) Gerichtskostenvorschüsse berechnen und Gerichtskostenrechnungen kontrollieren.	**Jungbauer, Vergütung und Kosten**

5. Wirtschafts- und Sozialkunde gem. § 7 VII ReNoPatAusbV (schriftlich):

Der Prüfling soll nachweisen, dass er allgemeine wirtschaftliche und gesellschaftliche Zusammenhänge der Berufs- und Arbeitswelt darstellen und beurteilen kann.

Zu dem Prüfungsbereich Wirtschafts- und Sozialkunde ist anzumerken, dass dieses Thema in der nächsten Auflage noch aufgenommen wird. In diesem Bereich (z.B. Sozialkunde) gibt es in den einzelnen Bundesländern unterschiedliche Lehrpläne – abzuwarten bleibt, ob sich ein gemeinsamer Nenner für diesen Prüfungsbereich herauskristallisiert. Die Inhalte können unter anderem auch den Inhalten des Ausbildungsrahmenplans der AusbV oder den Lehrplänen entnommen werden.

Weitere wichtige Hinweise zur Abschlussprüfung finden Sie im Werk dieser Reihe: Jungbauer/Dives, Mandantenbetreuung.

Inhalte der Abschlussprüfung			
Berufsübergreifende berufsprofilgebende Fertigkeiten, Kenntnisse und Fähigkeiten	Weitere berufsprofilgebende Fertigkeiten, Kenntnisse und Fähigkeiten	Berufsübergreifende integrative Fertigkeiten, Kenntnisse und Fähigkeiten	Im Berufsschulunterricht zu vermittelnder Lehrstoff, soweit für die Berufsausbildung wesentlich
Anlage (ARP)[1] Abschnitt A	Anlage (ARP) Abschnitt B **(RA-spezifisch)**	Anlage (ARP) Abschnitt F	RLP[2] Lehrplanrichtlinie

Für Ihre Abschlussprüfung wünschen wir Ihnen von Herzen viel Glück und Erfolg!

München, im Januar 2018   *Sabine Jungbauer* und *Veronika Dives*

---

1 ARP = Ausbildungsrahmenplan
2 RLP = Rahmenlehrplan

Vorwort der Autorinnen

Die neue ReNoPatAusbV ist zum 01.08.2015 in Kraft getreten. Der vorliegende Band aus der neuen Reihe der Prüfungsvorbereitungsbücher des C.F. Müller Verlages soll Ihnen die Vorbereitung auf den Prüfungsbereich „Mandantenbetreuung" mit dem Prüfungsinstrument „Fallbezogenes Fachgespräch" erleichtern. Bei diesem Prüfungsbereich handelt es sich um einen Teil der Abschlussprüfung, der so vergleichbar in den bisherigen Abschlussprüfungen auf der Grundlage der alten Verordnung für die Rechtsanwaltsfachangestellten nicht zu finden ist. Dieser neue Prüfungsbereich findet zwar in mündlicher Form statt, es handelt sich dabei jedoch nicht um eine mündliche Prüfung nach bisherigem Muster. In diesem Werk möchten wir Sie mit diesem neuen Prüfungsbereich vertraut machen.

Neben der Fachkompetenz der Prüflinge, die bisher im Vordergrund stand, gewinnen auch andere Kompetenzen verstärkt an Bedeutung und werden bei der Bewertung der Leistung der Prüflinge ebenso mit einbezogen.

Beim Fallbezogenen Fachgespräch für Rechtsanwaltsfachangestellte sollen die Prüflinge gemäß Ausbildungsverordnung (ReNoPatAusbV) zeigen, dass sie die Mandanten serviceorientiert betreuen und deren Anliegen erfassen können. Gespräche mit den Mandanten sollen adressatenorientiert geführt werden und eventuelle Konfliktsituationen, auch innerhalb des Kanzleiteams, sollen bewältigt werden. Daneben sollen die Prüflinge Auskünfte einholen und erteilen können.

Dieses Buch soll Hinweise für Prüflinge und Mitglieder von Prüfungsausschüssen geben. Es handelt sich dabei – auf Grundlage der gesetzlichen Vorschriften (ReNoPatAusbV) – um die Vorstellung von Möglichkeiten, wie der Prüfungsbereich „Mandantenbetreuung – Fallbezogenes Fachgespräch" für den Ausbildungsberuf der Rechtsanwaltsfachangestellten aus unserer Sicht gestaltet werden könnte bzw. welche Überlegungen bei der Planung angestellt werden können.

Dabei wird es sicherlich zu unterschiedlichen Ausprägungen in den verschiedenen OLG-Bezirken kommen. So wie bisher jeder OLG-Bezirk eigene Abschlussprüfungen erstellt und durchführt, wird dies auch nach der Neuordnung sein und daher wird jeder Bezirk eigene Vorstellungen entwickeln und Vorgehensweisen festlegen.

Ebenso kann es auf Grundlage des Rahmenlehrplanes in den einzelnen Bundesländern, die teilweise Lehrplanrichtlinien herausgeben, bis in die einzelnen Berufsschulen zu unterschiedlichen Ausgestaltungen kommen. Dies ist der Kulturhoheit in diesem Bereich geschuldet.

Mit diesem Werk wollen wir sowohl den Prüferinnen und Prüfern erste Hilfestellungen und Ideen geben als auch die Auszubildenden darüber informieren, wie dieser Prüfungsbereich mit dem Prüfungsinstrument „Fallbezogenes Fachgespräch" zu verstehen ist und die Prüfung ablaufen könnte. Das Werk ersetzt nicht den Einsatz von Lehrbüchern und erhebt auch nicht den Anspruch auf Vollständigkeit. In diesem Werk geben wir vielmehr Anregungen, wie das Fallbezogene Fachgespräch ablaufen könnte. Erste Prüfungen nach der neuen ReNoPatAusbV haben im Mai/Juni 2017 stattgefunden und erste Erfahrungen können nun einfließen – trotzdem befindet sich noch Vieles in der Entwicklungsphase.

Vorwort der Autorinnen

Auszubildende sollten sich immer auch an dem orientieren, was sie an Hinweisen von ihren Lehrkräften und in den Ausbildungskanzleien erhalten.

Für Anregungen und Feedback von Lehrkräften, Mitgliedern von Prüfungskommissionen und Auszubildenden sind wir dankbar. Diese dürfen Sie gerne an den Verlag richten.

Für Ihre Abschlussprüfung wünschen wir Ihnen von Herzen viel Glück und Erfolg!

München, im Januar 2018   *Sabine Jungbauer* und *Veronika Dives*

Inhaltsverzeichnis

Vorwort der Herausgeberinnen mit Prüfungshinweisen   V
Vorwort der Autorinnen   IX

Teil 1
Informationen

1. Einführung   1

2. Verschiedene Kompetenzen   2

3. Prüfungsbereich Mandantenbetreuung mit dem Prüfungsinstrument „Fallbezogenes Fachgespräch"– (FFG)   3
    3.1   Prüfungsbereiche und Prüfungsinstrumente   3
    3.2   Gesetzliche Vorgaben zur Abschlussprüfung und deren Bestehen . . .   5
           3.2.1 Prüfungsbereiche der Abschlussprüfung gem. § 7 II ReNoPatAusbV   6
           3.2.2 Voraussetzungen für das Bestehen der Abschlussprüfung . . .   7
           3.2.3 Ergänzungsprüfung   7
           3.2.4 Grenzfälle – Beispielrechnungen   7
    3.3   Erläuterungen zum Prüfungsinstrument „Fallbezogenes Fachgespräch"   11

4. Struktur des Fallbezogenen Fachgesprächs und zeitlicher Rahmen   12
    4.1   Allgemeines   12
    4.2   Gruppen- oder Einzelprüfungen   12
    4.3   Aufgaben der Prüfungskommissionsmitglieder   15
    4.4   Vorbereitungszeit   16
    4.5   Hilfsmittel   17
    4.6   Auswahl des Prüfungsgebietes   17
    4.7   Information des Prüflings über ausgewähltes Prüfungsgebiet   19
    4.8   Erstellung der Situation/Fälle   20
    4.9   Problembehandlung   22

5. Gestaltung des Fallbezogenen Fachgesprächs   22
    5.1   Allgemeines   22
    5.2   Fallbezogenes Fachgespräch mit Vorbereitungszeit   22
           5.2.1 Organisatorische Überlegungen   22
           5.2.2 Vor- und Nachteile einer Vorbereitungszeit   23
           5.2.3 Ablauf des Fallbezogenen Fachgesprächs mit Vorbereitungszeit   23
           5.2.4 Hinweise zur Vorbereitung des Falls für Prüflinge   24
    5.3   Fallbezogenes Fachgespräch ohne Vorbereitungszeit   25

Inhaltsverzeichnis

5.4   Kennzeichen von handlungsorientierten Aufgaben für das
Fallbezogene Fachgespräch 26

5.5   Bewertung des Fallbezogenen Fachgesprächs 28

Teil 2
Musterfachgespräche mit Lösungsvorschlägen

1. Einführung 35

2. Vom Prüfungsausschuss ausgewähltes Gebiet für den
Prüfungsbereich Mandantenbetreuung 35

3. Themengebiete für das Fallbezogene Fachgespräch 37

    3.1   Einführung 37

    3.2   Zivilrechtliches Mandat 37

    3.3   Zwangsvollstreckungsrechtliches Mandat 38

    3.4   Vergütung und Kosten im zivilrechtlichen Mandat 38

    3.5   Zahlungsverkehr 39

    3.6   Einbezug der englischen Sprache 39

4. Allgemeine Tipps für Prüfungen in mündlicher Form 39

5. Tipps für die Arbeit mit den Musterfachgesprächen und das
Fallbezogene Fachgespräch im Besonderen 40

    5.1   Tipps für Prüfungsteilnehmer 40

    5.2   Tipps für Prüfer 40

6. Musterfachgespräche 41

    6.1   Hinweise 41

    6.2   Musterfachgespräche „Zivilrechtliches Mandat" 42

       6.2.1   Musterfachgespräch 1 42

       6.2.2   Musterfachgespräch 2 44

       6.2.3   Musterfachgespräch 3 46

       6.2.4   Musterfachgespräch 4 48

       6.2.5   Musterfachgespräch 5 50

       6.2.6   Musterfachgespräch 6 53

       6.2.7   Musterfachgespräch 7 55

       6.2.8   Musterfachgespräch 8 57

       6.2.9   Musterfachgespräch 9 59

       6.2.10 Musterfachgespräch 10 61

       6.2.11 Musterfachgespräch 11 63

       6.2.12 Musterfachgespräch 12 65

       6.2.13 Musterfachgespräch 13 67

       6.2.14 Musterfachgespräch 14 69

       6.2.15 Musterfachgespräch 15 71

       6.2.16 Musterfachgespräch 16 73

       6.2.17 Musterfachgespräch 17 75

       6.2.18 Musterfachgespräch 18 77

       6.2.19 Musterfachgespräch 19 78

       6.2.20 Musterfachgespräch 20 81

	6.2.21	Musterfachgespräch 21	83
	6.2.22	Musterfachgespräch 22	86
	6.2.23	Musterfachgespräch 23	88
	6.2.24	Musterfachgespräch 24	91
	6.2.25	Musterfachgespräch 25	94
6.3		Musterfachgespräche „Zwangsvollstreckungsrechtliches Mandat"	96
	6.3.1	Musterfachgespräch 1	96
	6.3.2	Musterfachgespräch 2	99
	6.3.3	Musterfachgespräch 3	102
	6.3.4	Musterfachgespräch 4	104
	6.3.5	Musterfachgespräch 5	106
	6.3.6	Musterfachgespräch 6	109
	6.3.7	Musterfachgespräch 7	112
	6.3.8	Musterfachgespräch 8	114
	6.3.9	Musterfachgespräch 9	116
	6.3.10	Musterfachgespräch 10	118
	6.3.11	Musterfachgespräch 11	121
	6.3.12	Musterfachgespräch 12	123
6.4		Musterfachgespräche „Vergütung und Kosten im zivilrechtlichen Mandat"	126
	6.4.1	Musterfachgespräch 1	126
	6.4.2	Musterfachgespräch 2	129
	6.4.3	Musterfachgespräch 3	133
	6.4.4	Musterfachgespräch 4	135
	6.4.5	Musterfachgespräch 5	137
	6.4.6	Musterfachgespräch 6	139
	6.4.7	Musterfachgespräch 7	141
	6.4.8	Musterfachgespräch 8	143
	6.4.9	Musterfachgespräch 9	146
	6.4.10	Musterfachgespräch 10	148
	6.4.11	Musterfachgespräch 11	150
	6.4.12	Musterfachgespräch 12	153
	6.4.13	Musterfachgespräch 13	157
6.5		Musterfachgespräche „Zahlungsverkehr"	160
	6.5.1	Musterfachgespräch 1	160
	6.5.2	Musterfachgespräch 2	162
7.		**Möglichkeiten der Berücksichtigung der fachbezogenen Anwendung der englischen Sprache**	164
7.1		Telefonieren	164
7.2		Ausgewählter Wortschatz – zu Themengebieten der Ausbildung	169
7.3		Verschiedene Buchstabieralphabete	185
Stichwortverzeichnis			187

Teil 1
Informationen

1. Einführung

Einige der in den letzten Jahren neugeordneten Berufe haben – vorwiegend im kaufmännischen Bereich – das Prüfungsinstrument „Fallbezogenes Fachgespräch" im Katalog ihrer Prüfungsbereiche. Allerdings weicht die Ausgestaltung der dabei zugrundeliegenden Ausbildungsverordnungen stark voneinander ab und eine unmittelbare Ableitung aus dem Vorgehen bei anderen Berufen ist nicht möglich.

Die Anforderungen an die Qualifikation der Auszubildenden haben sich in den letzten Jahren stark verändert und in der beruflichen Bildung spielt neben der Vermittlung von Fachwissen auch die Vermittlung von Handlungskompetenzen eine sehr wichtige Rolle. Dieser Entwicklung wurde durch die Novellierung der Ausbildungsverordnung und die Gestaltung des neuen Rahmenlehrplans Rechnung getragen.

Die Novellierung der Ausbildungsverordnung bedeutet auch im Hinblick auf die Abschlussprüfung nicht nur für die Prüflinge veränderte Anforderungen, sondern stellt auch die Prüferinnen und Prüfer vor neue Herausforderungen. Wie damit umgegangen werden soll, wird wohl noch Thema vieler Ausschuss-Sitzungen in den einzelnen OLG-Bezirken sein. Ob an der Stelle auch ein Schulungsbedarf der Prüferinnen und Prüfer auszumachen ist, muss dort individuell entschieden werden.[1]

Anforderungen an die Auszubildenden, auf die Prüferinnen und Prüfer bei einer Prüfung achten und die diese bewerten, sind die fachliche Kompetenz (Sachkompetenz), die Frage ob die Auszubildenden Mandanten service- und adressatenorientiert betreuen können (Sozialkompetenz), die Frage ob das eigene Handeln reflektiert werden kann (Selbstkompetenz) und die Frage ob die relevanten fachlichen Zusammenhänge verstanden werden (Wissen).

Um Prüferinnen und Prüfern Hilfestellung zu leisten, wurden in einzelnen Branchen Leitlinien zur Durchführung eines Fallbezogenen Fachgesprächs herausgegeben.[2] Diese sollen dort auch der Qualitäts- und Transparenzsteigerung sowie der Vereinheitlichung bundesweit durchgeführter Prüfungen dienen. Derartige Leitlinien gibt es im Bereich der ReNoPatAusbV bislang nicht.

---

1 Eine interessante Broschüre zum Thema: Schriftenreihe der Baden-Württemberg Stiftung, Bildung: Nr. 46, **„Qualifizierung von Prüfern: Entwicklung innovativer Weiterbildungskonzepte**. Wie neuen Herausforderungen im Bildungswesen begegnet und Prüfungsqualität gesichert werden kann." Mai 2010, Stuttgart; ISSN 1610-4269.
2 Zum Beispiel: Leitlinien für die Durchführung des Fallbezogenen Fachgespräches. Kaufmann für Versicherungen und Finanzen/Kauffrau für Versicherungen und Finanzen, herausgegeben vom Berufsbildungswerk der Deutschen Versicherungswirtschaft (BWV) e.V., August 2009, abgestimmt mit dem Sozialpartner (ver.di) und dem DIHT.

Wir wollen in diesem Buch möglichst alle Aspekte betrachten, die aus unserer Sicht bei der Vorbereitung, Planung und Durchführung der Prüfungen im Bereich „Mandantenbetreuung" mit dem Prüfungsinstrument „Fallbezogenes Fachgespräch" beachtet werden müssen. Unser Ziel ist es, den Prüflingen vorzustellen, wie dieser Prüfungsbereich ausgestaltet sein könnte und den Prüfungsausschüssen die Arbeiten zu erleichtern. Selbstverständlich müssen Prüflinge damit rechnen, dass die Prüfungsausschüsse der jeweiligen Kammern eigene Ideen entwickeln. Wir möchten nochmals betonen, dass wir am Anfang eines neuen Weges stehen.

2. Verschiedene Kompetenzen

Die Handlungs- und Kompetenzorientierung der neuen Ausbildungsverordnung und des neuen Rahmenlehrplanes findet sich bereits im Berufsbildungsgesetz:

Zu den **Zielen und der Berufsausbildung** in § 1 III **Berufsbildungsgesetz**:

*„(3) Die Berufsausbildung hat die für die Ausübung einer qualifizierten beruflichen Tätigkeit in einer sich wandelnden Arbeitswelt notwendigen beruflichen Fertigkeiten, Kenntnisse und Fähigkeiten (**berufliche Handlungsfähigkeit**) in einem geordneten Ausbildungsgang zu vermitteln. Sie hat ferner den Erwerb der erforderlichen Berufserfahrungen zu ermöglichen."*

Im Rahmen des gemeinsamen Bildungsauftrags von Berufsschule und Ausbildungsbetrieb in der dualen Berufsausbildung ist es nach neuem Rahmenlehrplan zentrales Ziel von Berufsschulen, die Entwicklung umfassender Handlungskompetenz zu fördern. In diesem neuen Rahmenlehrplan werden die Kompetenzen wie folgt definiert:[3]

Handlungskompetenz

„Handlungskompetenz wird verstanden als die Bereitschaft und Befähigung des Einzelnen, sich in beruflichen, gesellschaftlichen und privaten Situationen sachgerecht, durchdacht sowie individuell und sozial verantwortlich zu verhalten. Handlungskompetenz entfaltet sich in den Dimensionen von Fachkompetenz, Selbstkompetenz und Sozialkompetenz.

Fachkompetenz

Bereitschaft und Fähigkeit, auf der Grundlage fachlichen Wissens und Könnens Aufgaben und Probleme zielorientiert, sachgerecht, methodengeleitet und selbstständig zu lösen und das Ergebnis zu beurteilen.

Selbstkompetenz

Bereitschaft und Fähigkeit, als individuelle Persönlichkeit die Entwicklungschancen, Anforderungen und Einschränkungen in Familie, Beruf und öffentlichem Leben zu klären, zu durchdenken und zu beurteilen, eigene Begabungen zu entfalten sowie Lebenspläne zu fassen und fortzuentwickeln. Sie umfasst Eigenschaften wie Selbstständigkeit, Kritikfähigkeit, Selbstvertrauen, Zuverlässigkeit, Verantwortungs- und Pflichtbewusstsein. Zu ihr gehören insbesondere auch die Entwicklung durchdachter Wertvorstellungen und die selbstbestimmte Bindung an Werte.

---

3 Rahmenlehrplan, S. 3–4.

Sozialkompetenz

Sozialkompetenz bezeichnet die Bereitschaft und Fähigkeit, soziale Beziehungen zu leben und zu gestalten, Zuwendungen und Spannungen zu erfassen und zu verstehen sowie sich mit anderen rational und verantwortungsbewusst auseinanderzusetzen und zu verständigen. Hierzu gehört insbesondere auch die Entwicklung sozialer Verantwortung und Solidarität.

Methodenkompetenz, kommunikative Kompetenz und Lernkompetenz sind immanenter Bestandteil von Fachkompetenz, Selbstkompetenz und Sozialkompetenz.

Methodenkompetenz

Methodenkompetenz bedeutet die Bereitschaft und Fähigkeit zu zielgerichtetem, planmäßigem Vorgehen bei der Bearbeitung von Aufgaben und Problemen (zum Beispiel bei der Planung der Arbeitsschritte).

Kommunikative Kompetenz

Kommunikative Kompetenz ist die Bereitschaft und Fähigkeit, kommunikative Situationen zu verstehen und zu gestalten. Hierzu gehört es, eigene Absichten und Bedürfnisse sowie die der Partner wahrzunehmen, zu verstehen und darzustellen.

Lernkompetenz

Unter Lernkompetenz versteht man die Bereitschaft und Fähigkeit, Informationen über Sachverhalte und Zusammenhänge selbstständig und gemeinsam mit anderen zu verstehen, auszuwerten und in gedankliche Strukturen einzuordnen. Zur Lernkompetenz gehört insbesondere auch die Fähigkeit und Bereitschaft, im Beruf und über den Berufsbereich hinaus Lerntechniken und Lernstrategien zu entwickeln und diese für lebenslanges Lernen zu nutzen.

Um dem Bildungsauftrag der Berufsschule zu entsprechen, werden die jungen Menschen zu selbstständigem Planen, Durchführen und Beurteilen von Arbeitsaufgaben im Rahmen ihrer Berufstätigkeit befähigt.

Lernen in der Berufsschule zielt auf die Entwicklung einer umfassenden Handlungskompetenz. Mit der didaktisch begründeten praktischen Umsetzung – zumindest aber der gedanklichen Durchdringung – aller Phasen einer beruflichen Handlung in Lernsituationen wird dabei Lernen in und aus der Arbeit vollzogen."

3. Prüfungsbereich Mandantenbetreuung mit dem Prüfungsinstrument „Fallbezogenes Fachgespräch"– (FFG)

3.1 Prüfungsbereiche und Prüfungsinstrumente

Der Hauptausschuss des Bundesinstituts für Berufsbildung (BIBB) hat eine „Empfehlung zu Struktur und Gestaltung von Ausbildungsordnungen – Prüfungsanforderungen, Nr. 158 (Hauptausschuss 12.12.2013)" herausgegeben. Diese Empfehlung ist Grundlage für die Arbeit in Neuordnungsverfahren für Ausbildungsverordnungen. Dort ist unter anderem geregelt, welche Anforderungen und Struktur Zwischen- und Abschlussprüfungen grundsätzlich aufzuweisen haben.

Die Prüfungen werden in **Prüfungsbereiche** gegliedert. Diese orientieren sich an Tätigkeitsfeldern der Berufspraxis. Die Mandantenbetreuung (= Prüfungsbereich) mit dem Fallbezogenen Fachgespräch (= Prüfungsinstrument) stellt einen von fünf Prüfungsbereichen dar.

Prüfungsinstrumente beschreiben das Vorgehen des Prüfens und den Gegenstand der Bewertung. Für jeden Prüfungs**bereich** wird mindestens ein Prüfungs**instrument** festgelegt.

Zur genauen Einordnung des Fallbezogenen Fachgesprächs und Abgrenzung von anderen Prüfungsinstrumenten, soll der folgende Überblick dienen.

Mögliche Prüfungsinstrumente (schraffiert die Prüfungsinstrumente der neuen ReNoPatAusbV):

Schriftliche Prüfungen (praxisbezogen oder berufstypisch)	Mündliche Prüfungen	Praktische Prüfungen
Aufgaben mit gebundener Antwort (Auswahlverfahren)	Fallbezogenes Fachgespräch	Betrieblicher Auftrag
Aufgaben mit freier Antwort (Bearbeitungsaufgaben)	Auftragsbezogenes Fachgespräch	Praktische Aufgabe (Arbeitsaufgabe)
	Situatives Fachgespräch	Arbeitsprobe
	Gesprächssimulation	Prüfungsprodukt/-stück
	Präsentation	

Bei den **schriftlich** zu bearbeitenden Aufgaben entstehen **Ergebnisse**. Das können z.B. sein:

- Lösungen zu einzelnen Fragen
- (Kanzlei-)briefe oder im Falle einer Prüfung für ReNos auch Schriftsätze an Gerichte oder Behörden

Bei der Erstellung von (Kanzlei-)Briefen oder Schriftsätzen kann zusätzlich die Beachtung formaler Aspekte wie Gliederung, Aufbau und Stil mitbewertet werden.

In der „Empfehlung des Hauptausschusses des Bundesinstituts für Berufsbildung (BIBB) zu Struktur und Gestaltung von Ausbildungsordnungen – Prüfungsanforderungen, Nr. 158 vom 12.12.2013"[4] ist des Weiteren geregelt, dass ein Fallbezogenes Fachgespräch maximal 30 Minuten dauern darf, wobei in der ReNoPatAusbV für die dort genannten Ausbildungsberufe in § 7 IV Nr. 5 die zeitliche Festlegung auf **15 Minuten** erfolgt ist.

---

4 Empfehlung Nr. 158 des Hauptausschusses des Bundesinstituts für Berufsbildung zu Struktur und Gestaltung von Ausbildungsordnungen – Prüfungsanforderungen – v. 12.12.2013, S. 17 (Bundesanzeiger Amtlicher Teil (BAnz AT 13.01.2014, S1) http://www.bibb.de/dokumente/pdf/HA158.pdf.

„Das Fallbezogene Fachgespräch wird ausgehend von einer vom Prüfling durchgeführten oder vom Prüfungsausschuss vorgegebenen praxisbezogenen Aufgabe geführt.

Dabei kann *[Anm. der Autorinnen: nicht muss!]* dem Prüfling die Möglichkeit gegeben werden, sich anhand von Unterlagen vorzubereiten und diese während des Gesprächs zu nutzen.

Es werden Fachfragen, fachliche Sachverhalte und Vorgehensweisen sowie Probleme und Lösungen erörtert. Es sind eigene Prüfungsanforderungen zu formulieren, daher erhält das Fallbezogene Fachgespräch eine eigene Gewichtung.

Bewertet werden
1. Verständnis für Hintergründe und Zusammenhänge,
2. methodisches Vorgehen und Lösungswege und/oder
3. kommunikative Fähigkeiten."

Während der Ausbildung sollen sich die Auszubildenden neben fachlichen Fähigkeiten und Fertigkeiten auch weitere Kompetenzen aneignen, welche die selbstständige Planung von Arbeitsprozessen, Durchführung von Aufgaben sowie deren Bewertung und Verbesserung der Ergebnisse ermöglichen.

Ziel ist es nicht nur, diese Kompetenzen in der Berufsausbildung zu vermitteln, sondern auch deren Feststellung in der Abschlussprüfung. Um diese Kompetenzen feststellen zu können, bedarf es geeigneter Prüfungs**instrumente**. Mit Hilfe des Fallbezogenen Fachgesprächs (FFG) als Prüfungsinstrument können oben genannte Kompetenzen, wie z.B. Prozessorientierung, Planungskompetenz, Analyse- und Beurteilungsfähigkeit, zuverlässig abgefragt werden. Es soll dazu dienen zu ermitteln, ob Auszubildende ihre Kompetenzen zusammen mit ihrem Fachwissen in einer konkreten betrieblichen Situation mit komplexer Aufgabenstellung selbständig anwenden können. Priorität soll dabei die **berufliche Handlungskompetenz** haben. So soll die Prüfungspraxis an die Ausbildungs- und Berufspraxis angelehnt werden, das Prüfungsgeschehen die Berufsrealität abbilden.

3.2 Gesetzliche Vorgaben zur Abschlussprüfung und deren Bestehen

Am 1. August 2015 ist die neue Verordnung über die Berufsausbildungen zum Rechtsanwaltsfachangestellten und zur Rechtsanwaltsfachangestellten, zum Notarfachangestellten und zur Notarfachangestellten, zum Rechtsanwalts- und Notarfachangestellten und zur Rechtsanwalts- und Notarfachangestellten sowie zum Patentanwaltsfachangestellten und zur Patentanwaltsfachangestellten (ReNoPat-Ausbildungsverordnung – ReNoPatAusbV)[5] in Kraft getreten.

---

5 VO v. 29.08.2014, BGBl. I, S. 1490; Geltung ab 01.08.2015.

3.2.1 Prüfungsbereiche der Abschlussprüfung gem. § 7 II ReNoPatAusbV

Orientiert an den Tätigkeitsfeldern der Berufspraxis sind 5 Prüfungsbereiche vorgeschrieben:

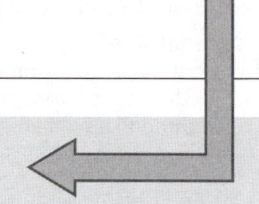

1. Geschäfts- und Leistungsprozesse
2. **Mandantenbetreuung**
3. Rechtsanwendung im Rechtsanwaltsbereich
4. Vergütung und Kosten
5. Wirtschafts- und Sozialkunde

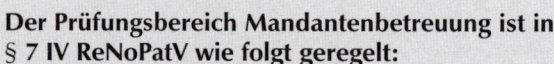

**Der Prüfungsbereich Mandantenbetreuung ist in
§ 7 IV ReNoPatV wie folgt geregelt:**

1. Der Prüfling soll nachweisen, dass er in der Lage ist,
a) Mandanten serviceorientiert zu betreuen,
b) Anliegen von Mandanten zu erfassen,
c) Gespräche mit Mandanten adressatenorientiert zu führen,
d) Auskünfte einzuholen und zu erteilen,
e) Konfliktsituationen zu bewältigen;

2. für die Prüfung **wählt der Prüfungsausschuss eines der folgenden Gebiete aus**:
a) zivilrechtliches Mandat,
b) zwangsvollstreckungsrechtliches Mandat,
c) Vergütung und Kosten im zivilrechtlichen Mandat oder
d) Zahlungsverkehr;

3. mit dem Prüfling soll ein **Fallbezogenes Fachgespräch** geführt werden;
4. die fachbezogene Anwendung der **englischen Sprache** ist zu berücksichtigen;
5. die Prüfungszeit beträgt **15 Minuten**.

Die **Gewichtung** des Prüfungsbereichs „Mandantenbetreuung" im „Fallbezogenen Fachgespräch" (FFG) beträgt **15 Prozent** des Gesamtergebnisses gem. § 7 VIII Nr. 2 ReNoPatAusbV.

Es ergeben sich nach §§ 7 VIII Nr. 1–5 folgende Gewichtungen für die gesamte Abschlussprüfung:

1.	Geschäfts- und Leistungsprozesse	15 %
2.	**Mandantenbetreuung**	15 %
3.	Rechtsanwendung im Rechtsanwaltsbereich	30 %
4.	Vergütung und Kosten	30 %
5.	Wirtschafts- und Sozialkunde	10 %

3.2.2 Voraussetzungen für das Bestehen der Abschlussprüfung

Bestanden ist die Abschlussprüfung gem. § 7 IX Nr. 1–4 ReNoPatAusbV, wenn die Leistungen wie folgt bewertet worden sind:

1. im **Gesamtergebnis** mit mindestens „ausreichend" (= Note 4/mindestens 50 Punkte)
2. im Prüfungsbereich Rechtsanwendung im Rechtsanwaltsbereich mit mindestens „ausreichend" (sogenanntes **„Sperrfach"**)
3. in **mindestens drei** weiteren Prüfungsbereichen mit mindestens „ausreichend"
4. in **keinem** Prüfungsbereich mit „ungenügend" (= Note 6)

3.2.3 Ergänzungsprüfung

In folgenden Prüfungsbereichen ist gem. § 7 X ReNoPatAusbV eine Ergänzungsprüfung möglich:

- Geschäfts- und Leistungsprozesse
- Rechtsanwendung im Rechtsanwaltsbereich
- Vergütung und Kosten
- Wirtschafts- und Sozialkunde

Erforderlich ist ein **Antrag** des Prüflings, dass dieser Prüfungsbereich durch eine mündliche Prüfung von **etwa 15 Minuten** ergänzt wird, wenn

1. dieser Prüfungsbereich schlechter als mit „ausreichend" bewertet worden ist **und**
2. die mündliche Ergänzungsprüfung für das Bestehen der Abschlussprüfung den **Ausschlag geben kann**.

Bei der Ermittlung des Ergebnisses für diesen Prüfungsbereich sind das bisherige Ergebnis und das Ergebnis der mündlichen Ergänzungsprüfung im Verhältnis 2:1 zu gewichten.

Es bleibt damit auch nach der neuen Ausbildungsverordnung dabei, dass Prüflinge eine Note „fünf" durch eine Ergänzungsprüfung verbessern und somit die Prüfung bestehen können.

3.2.4 Grenzfälle – Beispielrechnungen

Wie man an den nachstehend dargestellten Grenzfällen sehen kann, ist die Frage des Bestehens der Prüfung nicht ohne Weiteres zu beantworten, da es nicht allein auf die Noten ankommt, sondern vielmehr auch darauf, dass die „hinter" der Note stehende Punktezahl und daraus resultierende Gesamtpunktzahl am Ende mindestens 50 betragen MUSS. So kann sich im extremsten Fall möglicherweise erst nach Durchführung des Fallbezogenen Fachgesprächs herausstellen, dass in einem Fach eine Ergänzungsprüfung durchzuführen ist.

Die nachstehenden Beispiele zeigen verschiedene Fallgestaltungen auf. Natürlich lassen sich in diesem Werk nicht sämtliche möglichen Konstellationen darstellen. Mit Hilfe der Beispiele kann aber der Prüfling sehen,

- ob die Durchführung einer Ergänzungsprüfung zulässig bzw. möglich ist
- welche Punktzahl in der Ergänzungsprüfung erreicht werden muss, um die Prüfung im Gesamten zu bestehen.

In den Berechnungsbeispielen sind wir von den in der Tabelle vorgegebenen Ergebnissen ausgegangen. Ausgehend von der wahrscheinlichen zeitlichen Reihenfolge im Prüfungsablauf wurde der Prüfungsbereich „Mandantenbetreuung – Fallbezogenes Fachgespräch" an die 5. Stelle gesetzt (lt. ReNoPatAusbV an 2. Stelle).

Beispiel 1:

	Prüfungsbereiche	Punkte	Gewichtung (%-Satz)	Punkte × Gewichtung
1.	Geschäfts- und Leistungsprozesse	47	15	705
2.	Rechtsanwendung im Rechtsanwaltsbereich (**Sperrfach**)	50	30	1.500
3.	Vergütung und Kosten	50	30	1.500
4.	Wirtschafts- und Sozialkunde	50	10	500
5.	**Mandantenbetreuung (mündlich)** (**keine Ergänzungsprüfung möglich!**)	50	15	750
	Ergebnis:			
	Summe (Gesamtpunktzahl)		100	4.955
	Geteilt durch 100			49,55
	Endnote (in Punkten, gerundet)			4 (50)

Eine Ergänzungsprüfung ist erforderlich, sofern die **Gesamtpunktzahl** der Prüfung **unter 50 Punkten** liegt.

	Voraussetzungen für das Bestehen	Erfüllt/nicht erfüllt; Ergebnis ohne Ergänzungsprüfung
1.	Gesamtergebnis mindestens „ausreichend" (= Note 4/mindestens 50 Punkte)	✓
2.	Rechtsanwendung im Rechtsanwaltsbereich mit mindestens „ausreichend" (**Sperrfach**)	✓
3.	Mindestens drei weitere Prüfungsbereiche mit mindestens „ausreichend"[6]	✓
4.	Kein Prüfungsbereich mit „ungenügend" (= Note 6/weniger als 30 Punkte)	✓
	Ergebnis	bestanden, keine Ergänzungsprüfung

---

6 Mögliche Prüfungsbereiche: Geschäfts- und Leistungsprozesse, Vergütung und Kosten, Wirtschafts- und Sozialkunde oder Mandantenbetreuung.

Beispiel 2:

	Prüfungsbereiche	Punkte	Gewichtung (%-Satz)	Punkte × Gewichtung
1.	Geschäfts- und Leistungsprozesse	46	15	690
2.	Rechtsanwendung im Rechtsanwaltsbereich (**Sperrfach**)	50	30	1.500
3.	Vergütung und Kosten	50	30	1.500
4.	Wirtschafts- und Sozialkunde	50	10	500
5.	**Mandantenbetreuung (mündlich)** (keine Ergänzungsprüfung möglich!)	50	15	750
	Ergebnis:			
	Summe (Gesamtpunktzahl)		100	4.940
	Geteilt durch 100			49,40
	Endnote (in Punkten, gerundet)			5 (49)

Eine Ergänzungsprüfung ist erforderlich, sofern die **Gesamtpunktzahl** der Prüfung **unter 50 Punkten** liegt. Das ist hier der Fall!

	Voraussetzungen für das Bestehen	Erfüllt/nicht erfüllt; Ergebnis **ohne** Ergänzungsprüfung
1.	Gesamtergebnis mindestens „ausreichend" (= Note 4/mindestens 50 Punkte)	nein
2.	Rechtsanwendung im Rechtsanwaltsbereich mit mindestens „ausreichend" (**Sperrfach**)	✓
3.	Mindestens drei weitere Prüfungsbereiche mit mindestens „ausreichend"[7]	✓
4.	Kein Prüfungsbereich mit „ungenügend" (= Note 6/weniger als 30 Punkte)	✓
	Ergebnis	vorerst nicht bestanden → Ergänzungsprüfung

Fazit: Der Prüfling **muss** im Prüfungsbereich „Geschäfts- und Leistungsprozesse" eine Ergänzungsprüfung ablegen. In dieser muss er mindestens Note 5 mit 49 Punkten erreichen.

Da es sich bei dem Prüfungsbereich „Geschäfts- und Leistungsprozesse" nicht um ein Sperrfach handelt, kommt es **NICHT** darauf an, dass der Prüfling mindestens die Note 4 erhält. Der Prüfling muss zum Bestehen der Abschlussprüfung vielmehr die Punktzahl erreichen, die er benötigt, um im Gesamtergebnis auf 50 Punkte zu gelangen. Dies sind hier 49 Punkte.

---

7 Mögliche Prüfungsbereiche: Geschäfts- und Leistungsprozesse, Vergütung und Kosten, Wirtschafts- und Sozialkunde oder Mandantenbetreuung.

Berechnung: In unserem Beispiel 2 wurden im schriftlichen Prüfungsbereich „Geschäfts- und Leistungsprozesse" 46 Punkte erreicht. Gemäß § 7 X ReNoPatAusbV wird bei der Ermittlung des Ergebnisses für diesen Prüfungsbereich das bisherige Ergebnis und das Ergebnis der mündlichen Ergänzungsprüfung im Verhältnis 2:1 gewichtet.

Die bisherige schriftliche Arbeit zählt doppelt, also mit 92 Punkten. Erreicht der Prüfling in der mündlichen Ergänzungsprüfung, die einfach zählt, 49 Punkte, erhält er insgesamt 141 Punkte. Diese Punktzahl ist durch 3 zu teilen. Dies ergibt 47 Punkte. Es ergibt sich sodann folgendes neues Ergebnis:

Beispiel 2 nach Ergänzungsprüfung:

	Prüfungsbereiche	Punkte	Gewichtung (%-Satz)	Punkte × Gewichtung
1.	**Geschäfts- und Leistungsprozesse**	47	15	705
2.	Rechtsanwendung im Rechtsanwaltsbereich (**Sperrfach**)	50	30	1.500
3.	Vergütung und Kosten	50	30	1.500
4.	Wirtschafts- und Sozialkunde	50	10	500
5.	**Mandantenbetreuung (mündlich)** **(keine Ergänzungsprüfung möglich!)**	50	15	750
	Ergebnis:			
	Summe (Gesamtpunktzahl)		100	4.955
	Geteilt durch 100			49,55
	Endnote (in Punkten, gerundet)			4 (50)

	Voraussetzungen für das Bestehen	Erfüllt/nicht erfüllt; Ergebnis **nach** Ergänzungsprüfung
1.	Gesamtergebnis mindestens „ausreichend" (= Note 4/mindestens 50 Punkte)	✓
2.	Rechtsanwendung im Rechtsanwaltsbereich mit mindestens „ausreichend" (**Sperrfach**)	✓
3.	Mindestens drei weitere Prüfungsbereiche mit mindestens „ausreichend"[8]	✓
4.	Kein Prüfungsbereich mit „ungenügend" (= Note 6/weniger als 30 Punkte)	✓
	Ergebnis	Bestanden

---

8 Mögliche Prüfungsbereiche: Geschäfts- und Leistungsprozesse, Vergütung und Kosten, Wirtschafts- und Sozialkunde oder Mandantenbetreuung.

3.3 Erläuterungen zum Prüfungsinstrument „Fallbezogenes Fachgespräch"

Im Fallbezogenen Fachgespräch[9] soll der Prüfling

1. fachbezogene Probleme und deren Lösung bei der Durchführung des Auftrags oder der Arbeitsaufgabe aufzeigen,
2. seine Vorgehensweise begründen und
3. die für die zugrundeliegende Aufgabe wesentlichen fachlichen Hintergründe erläutern.

Es handelt sich dabei nicht um eine klassische mündliche Prüfung, sondern die Mündlichkeit bezieht sich **allein** auf die Durchführung der Arbeitsaufgabe bzw. des Auftrags.[10]

Bisherige mündliche Prüfungen beschränkten sich häufig auf die Abfrage von theoretischem Detailwissen. Im Fallbezogenen Fachgespräch hingegen soll der Prüfling die **berufliche Handlungsfähigkeit** unter Beweis stellen.

Dem Prüfungsinstrument Fallbezogenes Fachgespräch liegt eine konkrete fachliche/berufliche Problemstellung zugrunde. Entweder fließt diese Problemstellung mit einer komplexen handlungsorientierten Aufgabenstellung im Fachgespräch ein oder der Fall konnte vom Prüfling vorbereitet werden.

Ausgangspunkt dieses Prüfungsbereichs ist eine konkrete Situation in einer Anwaltskanzlei, in welche der Prüfling gestellt wird. Der Prüfling bekommt einen Sachverhalt oder Ausschnitt aus der praktischen Tätigkeit, welche für seine Tätigkeit als Rechtsanwaltsfachangestellte/r typisch sind. Das Gebiet, in welches diese Situation einzuordnen ist, wird vom Prüfungsausschuss ausgewählt. Ziel ist keine schriftliche Bearbeitung, sondern eine Bearbeitung der aus der Fachrichtung des Prüflings stammenden Situation als gedankliche Auseinandersetzung. Falls Vorbereitungszeit zur Verfügung steht, kann der Prüfling zwar schriftliche Notizen anfertigen, die in der Prüfungssituation als Hilfestellung dienen können, jedoch nicht bewertet werden. Die Prüfungsausschüsse sollten darauf achten, sich diese schriftlichen Notizen aushändigen zu lassen, um Fallsammlungen im Internet oder sonstigen Medien zu vermeiden.

---

9 Mögliche Prüfungsgebiete: Zivilrechtliches Mandat, zwangsvollstreckungsrechtliches Mandat, Vergütung und Kosten im zivilrechtlichen Mandat oder Zahlungsverkehr.
10 http://www.hwk-hannover.de/viewDocument?onr=23&id=494, Stand Dezember 2014.

4. Struktur des Fallbezogenen Fachgesprächs und zeitlicher Rahmen

4.1 Allgemeines

Bei der Durchführung des Prüfungsbereichs **„Mandantenbetreuung (Fallbezogenes Fachgespräch)"** sind im Vorfeld einige Überlegungen anzustellen, deren Ergebnisse von den jeweiligen Aufgaben- bzw. Prüfungsausschüssen der OLG-Bezirke und der zuständigen Rechtsanwaltskammer abhängig sein werden und daher unterschiedlich gestaltet sein werden.

Zu diesen Überlegungen gehören folgende Aspekte:

1. Gruppen- oder Einzelprüfungen
2. Aufgaben der Prüfungskommissionsmitglieder
3. Vorbereitungszeit
4. Hilfsmittel
5. Auswahl des Prüfungsgebietes
6. Information des Prüflings über ausgewähltes Prüfungsgebiet
7. Erstellung der Situationen/Fälle
8. Problembehandlung.

4.2 Gruppen- oder Einzelprüfungen

Es stellt sich die Frage, ob mehrere Prüflinge gemeinsam zum gleichen Termin geladen oder Einzelprüfungen durchgeführt werden sollen.

Die Vorgehensweisen bieten Vor- und Nachteile, die nur teilweise kompensiert werden können. Wir geben zu bedenken, dass die ein oder anderen Vor- und/oder Nachteile sich erst in der praktischen Durchführung zeigen werden. Die Auswahl will wohlüberlegt sein, benötigt Zeit und sollte in den Ausschüssen diskutiert werden. Die Auswahl wird sich möglicherweise auch an organisatorischen Überlegungen orientieren müssen, wie z.B. das Vorhandensein geeigneter Räumlichkeiten, Anzahl der Prüflinge und anderem.

Zu Gruppenprüfungen:

Wenn **mehrere Prüflinge** gemeinsam geladen werden, kann dies bedeuten, dass der letzte Prüfling der Runde die gesamte Prüfungszeit seiner Vorgänger abwarten muss, ohne seinen Fall vorzustellen und hierzu befragt zu werden oder eingreifen zu können, da die Prüflinge zu einem für sie persönlich durch den Prüfungsausschuss ausgewählten Gebiet (z.B. zivilrechtliches Mandat) geprüft werden.

Um dieses Problem zu vermeiden, könnte nach Auswahl des Prüfungsgebietes durch den Prüfungsausschuss (zivilrechtliches Mandat, zwangsvollstreckungsrechtliches Mandat, Vergütung und Kosten im zivilrechtlichen Mandat oder Zahlungsverkehr) im Bereich Mandantenbetreuung eine Bündelung von mehreren Prüflingen zu **einem** Bereich (einem als Zahlwort, nicht unbestimmter Artikel) stattfinden.

Vorgehen:

- Gesamtzahl der Prüflinge feststellen
- Zuordnung eines der vier Prüfungsgebiete zu jedem der Prüflinge (zur Art und Weise siehe 4.6)
- Bündelung der Prüflinge (drei oder vier Personen) mit gleichem Prüfungsgebiet zu Gruppen
- Prüflingen werden drei/vier unterschiedliche Fälle vorgelegt (mit oder ohne Vorbereitungszeit)
- Ergänzende Fragen zum Prüfungsgebiet oder Fall können allen drei/vier Prüflingen gestellt werden

Beispiel:

- 100 Prüflinge, hiervon durch den Prüfungsausschuss ausgewählt für
  - 40 Prüflinge zivilrechtliches Mandat
  - 28 Prüflinge zwangsvollstreckungsrechtliches Mandat
  - 20 Prüflinge Vergütung und Kosten
  - 12 Prüflinge Zahlungsverkehr
- innerhalb der Gruppe „zivilrechtliches Mandat" werden 10 Gruppen zu je 4 Prüflingen gebildet, innerhalb der Gruppe „zwangsvollstreckungsrechtliches Mandat" .... etc.
- innerhalb einer Prüfungsgruppe bekommt jeder Prüfling einen Fall zu bearbeiten (mit oder ohne Vorbereitungszeit)
- jeder Prüfling stellt seinen Fall und dessen Bearbeitung vor
- Fragen zum Prüfungsgebiet „Zivilrechtliches Mandat" können an alle Prüflinge gestellt werden, Nachfragen zu bearbeiteten Fällen könnten auch für die anderen Prüflinge der Gruppe „freigegeben" werden (bei Nichtbeantwortung oder lückenhafter Beantwortung)

Auf diese Weise wäre es möglich, im Rahmen des Fallbezogenen Fachgesprächs Gruppenprüfungen durchzuführen und den zeitlichen und personellen Rahmen für deren Ablauf ökonomisch zu gestalten. Nicht geeignet erscheint es, einer ganzen Prüfungsgruppe einen einzigen Fall vorzustellen und hieran die Fragen zu orientieren. Dies wird möglicherweise dazu führen, dass für den letzten zu fragenden Prüfling oft nur noch Detailfragen „übrig bleiben" und er sich vielleicht ungerecht behandelt fühlt. Aber auch diese Entscheidung wird unter anderem von der Erfahrung der Prüfer abhängig sein.

Bei der zeitlichen Planung ist zu berücksichtigen, dass immer mehr Prüflinge von der Möglichkeit Gebrauch machen, die Prüfungsergebnisse einzeln zu erfahren. Grundsätzlich ist nach unserer Meinung aus datenschutzrechtlichen Gründen zu empfehlen, die Prüfungsergebnisse einzeln und nicht in der Gruppe zu verkünden. Es ist sogar zu überlegen, ob das Ergebnis des Fallbezogenen Fachgesprächs nach Abschluss dieses Prüfungsbereichs überhaupt mitgeteilt wird. Da es sich beim Fallbezogenen Fachgespräch ja nur um einen von fünf Prüfungsbereichen handelt und die schriftlichen Ergebnisse – je nach Termin für die Durchführung des FFG – noch nicht vorliegen müssen, hat das Ergebnis noch keinerlei Aussagekraft für das insgesamte Bestehen der Prüfung. Es ist also nicht möglich, wie in der Vergangenheit zur alten Prüfungsordnung in vielen Kammerbezirken häufig üblich, nach Abnahme der damaligen mündlichen Prüfung das Ergebnis „bestanden/nicht bestanden" dem Prüfling mündlich mitzuteilen und die Prüfbescheinigung auszuhändigen. Es kann sich nämlich u.U. erst nach dem Ergebnis des Fallbezogenen Fachgesprächs ergeben, dass der Prüfling in einem Prüfungsbereich eine Ergänzungsprüfung ablegen muss. Findet das Fallbezogene Fachgespräch aber erst nach der Notenkonferenz statt, müsste die Prüfungskommission, die den Prüfungsbereich Fallbezogenes Fachgespräch prüft, ggf. feststellen, dass in einem schriftlichen Prüfungsbereich eine Ergänzungsprüfung notwendig wird. Daher ist aus unserer Sicht anzuraten, das Fallbezogene Fachgespräch vor der Notenkonferenz stattfinden zu lassen, um IN der Notenkonferenz sämtliche Noten zu haben, anhand derer dann festgelegt wird, ob und ggf. wo eine Ergänzungsprüfung zum insgesamten Bestehen erforderlich ist. Dies stellt die Kammern durchaus vor eine neue Herausforderung, da erst nach der Notenkonferenz das Bestehen oder Nichtbestehen feststeht und erst mit der Bekanntgabe der Prüfungsergebnisse das Ausbildungsverhältnis beendet ist. Kanzleien müssen daher hier besonders Acht geben, den Auszubildenden nicht „versehentlich" in ein unbefristetes Arbeitsverhältnis „rutschen" zu lassen. Die Ausbilder sollten daher über den Termin der Notenkonferenz informiert werden, die Bekanntgabe kann dann i.d.R. erst am nächsten Tag erfolgen, z.B. durch Abruf mittels PIN im Internet.

Nach beendeter Prüfung im Bereich „Mandantenbetreuung" wird sich der Prüfungsausschuss über die Noten beraten und hierzu die Prüflinge bitten – falls die Ergebnisse mitgeteilt werden – kurz den Raum zu verlassen. In den vergangenen Jahrzehnten wurden die Prüfungsergebnisse häufig vor der Prüfungsgruppe bekannt gegeben, wenn die Prüflinge sich mit dieser Vorgehensweise einverstanden erklärten. Dabei hat der Prüfungsausschuss bei Unterbreitung des Angebots, das Ergebnis „gesammelt" oder einzeln bekannt zu geben, keinerlei Druck auf den Prüfling auszuüben, so dass dieser frei entscheiden kann, auf welche Weise er sein Prüfungsergebnis mitgeteilt erhält. Der Prüfling ist dabei darauf hinzuweisen, dass seine Entscheidung keinerlei Einfluss auf die Note hat. Stellt der Prüfungsausschuss fest, dass der Prüfling in der Entscheidung unsicher ist, ist der einzelnen Bekanntgabe der Vorzug zu geben.

Der Zeitraum zwischen den einzelnen Prüfungsgruppen, der als Beratungs- und Verkündungszeitfenster für die Prüfungskommission gedacht ist, muss die längere Dauer einer Einzelbekanntgabe berücksichtigen.

Prüflinge bevorzugen – wenn sie gefragt werden – häufiger die „Gruppenprüfung", weil sie dann nicht alleine einem mehrköpfigen Prüfungsteam gegenüberstehen.

Zu Einzelprüfungen:

Zweite Möglichkeit den Prüfungsbereich „Mandantenbetreuung" zu organisieren, wäre die Durchführung von **Einzelprüfungen**. Dies erfordert einen höheren Organisations- und Zeitaufwand. Diesem Problem könnte zumindest teilweise dadurch begegnet werden, dass zwei oder mehrere Prüfungsausschüsse pro Tag und Ort eingesetzt werden, so dass die Aufsicht – falls den Prüflingen Vorbereitungszeit eingeräumt wird – zeitgleich mehrere Prüflinge betreut und die gesamte zeitliche Dauer für die Durchführung dieses Prüfungsbereichs nicht zu lange wird.

Ein Vorteil der Einzelprüfung besteht darin, dass der Prüfling nicht warten muss, bis die Mitprüflinge ihr Fachgespräch absolviert haben.

Ob der Prüfling eine Einzel- oder Gruppenprüfung bevorzugt, wird vom individuellen Umgang mit seinen etwaigen Prüfungsängsten abhängig sein.

Nach unserer Auffassung ist der Einzelprüfung den Vorzug zu geben. Denn nach der neuen Prüfungsordnung „beträgt" die Prüfungszeit 15 Minuten, während es früher dehnbarer formuliert war („… bis zu …" oder „soll … Minuten nicht überschreiten."). Eine exakte Prüfungszeit lässt sich aber nur in Einzelprüfungen realisieren. Aus der praktischen Erfahrung heraus muss man auch sagen, dass die anfänglichen Bedenken schnell verflogen waren. Denn viele Prüfer berichten davon, dass es auch für sie wesentlich angenehmer ist, sich auf einen Prüfling und sein Thema zu konzentrieren, als auf mehrere Prüflinge gleichzeitig. Die Gefahr, dass ein Prüfling „übrig gebliebene Fragen, die alle anderen nicht beantworten konnten", erhält, ist nicht mehr gegeben. Auch Prüflinge berichten von einer psychologisch für sie überraschenderweise angenehmeren Prüfungssituation. Auch die Dauer des „der Prüfungssituation ausgesetzt seins" ist deutlich kürzer als bei Gruppenprüfungen, was psychologisch große Vorteile bringt. Es ist einfach nach 15 Minuten vorbei und nicht erst nach einer Stunde.

4.3 Aufgaben der Prüfungskommissionsmitglieder

Die aus **drei Mitgliedern** bestehende Prüfungskommission ist wie bisher paritätisch zu besetzen, ein Vorsitzender ist zu bestimmen.

Zu den **formalen Aufgaben** der Kommission gehört es, den Ablauf der Prüfung zu organisieren und das Zeitmanagement des Ablaufs zu überwachen.

Zu Beginn des Prüfungstermins steht die Überprüfung der **Identität des Prüflings**, die Frage nach dem gesundheitlichen Befinden, der Hinweis auf die Nicht-Öffentlichkeit der Prüfung und auf Konsequenzen bei Täuschungshandlungen. Es wird empfohlen, dass der Prüfungsausschuss sich dem Prüfling vorstellt.

Dem Prüfling kann daraufhin der Ablauf der Prüfung erklärt werden. In vielen Kammerbezirken ist bisher das Berichtsheft in der mündlichen Prüfung vorzulegen. Ob diese Praxis nach dem Inkrafttreten der neuen Verordnung auf das Fallbezogene Fachgespräch übernommen wird, kann für den einzelnen Kammerbezirk nicht vorhergesagt werden. Es wird empfohlen, sich diesbezüglich bei der jeweiligen Kammer zu informieren.

Zu den weiteren Aufgaben der Mitglieder der Prüfungskommission gehört das Führen des Protokolls zum Fallbezogenen Fachgespräch. Dabei sind die eben angesprochenen Formalien ebenfalls im Protokoll festzuhalten.

Für die **konkrete Durchführung** im Termin sind folgende Szenarien denkbar:

- Ein Mitglied der Prüfungskommission führt die Fachgespräche bzw. das Fachgespräch, während die beiden anderen Mitglieder ausschließlich die Bearbeitungsfunktion haben bzw. Notizen machen und protokollieren. Auch die anschließenden Fragen zu der ausgewählten Situation/dem ausgewählten Fall und dem dazugehörenden Fachgebiet (z.B. Zivilrechtliches Mandat) stellt dieses eine Mitglied der Kommission.
- Ein Mitglied führt die Gespräche (siehe oben). Anschließende Fragen zu der ausgewählten Situation/dem ausgewählten Fall und dem dazugehörigen Fachgebiet (z.B. Zivilrechtliches Mandat) können von allen Mitgliedern der Kommission gestellt werden. Diese Fragen können festliegen, aber auch an Ausführungen des Prüflings anknüpfen und sich im Gespräch ergeben.

- Die Mitglieder der Prüfungskommission können sich in der oben beschriebenen Aufgabe abwechseln.
- Die Prüfungskommission verteilt die Zuständigkeiten der Mitglieder für das Führen der Fachgespräche im Vorfeld nach Prüfungsgebieten. Je nachdem, welches Gebiet der Gruppe (Gruppenprüfung) oder dem Prüfling (Einzelprüfung) zugeordnet ist, ist ein bestimmtes, vorher festgelegtes Mitglied der Prüfungskommission zuständig. Die beiden anderen Mitglieder sind für die Notizen bzw. das Protokollieren zuständig.

Zu den originären Aufgaben der Prüfungskommission gehört es ebenfalls, die Prüfungsprotokolle zu erstellen und das Gesamtprüfungsergebnis zu errechnen.

4.4 Vorbereitungszeit

Die **Prüfungszeit** selbst beträgt gemäß § 7 IV Nr. 5 ReNoPatAusbV **15 Minuten**. Es werden dort keine Aussagen über eine eventuelle Vorbereitungszeit und deren mögliche Dauer gemacht. Es ist daher möglich, dem Prüfling eine Vorbereitungszeit zu gewähren. Diese kann z.B. 15 oder 20 Minuten betragen.

Das Bundesinstitut für Berufsbildung (BIBB) empfiehlt:

„Dabei **kann** dem Prüfling die Möglichkeit gegeben werden, sich anhand von Unterlagen vorzubereiten und diese während des Gesprächs zu nutzen".[11]

Der zuständige Ausschuss bzw. die zuständige Rechtsanwaltskammer muss festlegen, ob sich die Prüflinge auf das Fallbezogene Fachgespräch vorbereiten können.

Falls die Entscheidung zu Gunsten einer Durchführung mit Vorbereitungszeit fällt, sollten folgende Punkte festgelegt und geplant werden:

- Dauer der Vorbereitungszeit (aus unserer Sicht maximal 20 Minuten)
- Organisatorisches: Räumlichkeiten, Ablaufplan, Aufsichtspersonal, Hilfsmittelzulassung

Die Entscheidung für oder gegen eine Gewährung von Vorbereitungszeit hat auch Auswirkungen auf die Gestaltung des Falls/der Situation durch den Ausschuss. Nach den ersten Prüfungserfahrungen mit Vorbereitungszeit (Kammerbezirk München) ist festzustellen, dass diese Vorgehensweise sich sehr bewährt hat. Der Prüfling verliert durch die Vorbereitungszeit die große Angst „gar nicht zu wissen, was auf ihn zukommt", da er sich mit der Situation/dem Fall schon vorbereitend in Ruhe befassen kann. Wenn ihm dann Gelegenheit gegeben wird, seinen Fall/die ihm vorgelegte Situation zunächst zu schildern, verliert er weitere Ängste, da er lediglich berichtet und durch das „Reden" bereits in der Regel Spannungen abgebaut werden. Dann kann er seinen Lösungsvorschlag vorbringen und daran knüpft sich das Fallbezogene Fachgespräch mit seinem Prüfer/seinen Prüfern an. Ohne Vorbereitungszeit bestünde zudem die „Gefahr", dass für den Prüfling ausgerechnet ein Themengebiet gewählt wird, in dem er wenig weiß; die fehlende Flexibilitätsmöglichkeit auf andere Themengebiete (wie früher) auszuweichen, kann sich dann für den Prüfling negativ auswirken.

---

11 Empfehlung Nr. 158 des Hauptausschusses des Bundesinstituts für Berufsbildung zu Struktur und Gestaltung von Ausbildungsordnungen – Prüfungsanforderungen – v. 12.12.2013, S. 17 (Bundesanzeiger Amtlicher Teil (BAnz AT 13.01.2014 S1) http://www.bibb.de/dokumente/pdf/HA158.pdf.

4.5 Hilfsmittel

Das Zurverfügungstellung von Hilfsmitteln hängt unseres Erachtens davon ab, ob für das Fallbezogene Fachgespräch Vorbereitungszeit eingeräumt wird oder nicht. Neben der grundsätzlichen Entscheidung, ob Hilfsmittel zugelassen werden oder nicht, bedarf es ebenfalls einer **Zulassung** der genauen Hilfsmittel durch die zuständige Rechtsanwaltskammer/die zuständigen Ausschüsse. Im Ausbildungsberuf „Rechtsanwaltsfachangestellte" wird es sich dabei in der Regel um Gesetzestexte, Kalender und Taschenrechner handeln. Die zugelassenen Hilfsmittel werden in der Regel in der Einladung zur Prüfung benannt.

Denkbare Varianten:

- der Prüfling bringt selbst die zugelassenen Hilfsmittel mit
- im Vorbereitungsraum für die Prüflinge werden die zugelassenen Hilfsmittel – abhängig von der Zahl der sich vorbereitenden Prüflinge – zur Verfügung gestellt, wie z.B. Kalender, Gebührentabellen, Papier.

Werden Hilfsmittel zur Verfügung gestellt, hat dies ebenfalls Auswirkungen auf die Art und Weise der Fragestellungen für das Fallbezogene Fachgespräch und den Erwartungshorizont für die Lösung (z.B. sollen Paragraphen angegeben werden?). Hier macht die ReNoPatAusbV keine Angaben. Um die geforderte Praxisorientierung zu gewährleisten, wird ein zurückhaltender Umgang mit Paragraphen vorgeschlagen. Das konkrete Zitieren von Paragraphen kostet Zeit; hieran ist bei der Bemessung der Vorbereitungszeit zu denken.

4.6 Auswahl des Prüfungsgebietes

Es stellt sich die Frage, wie die Auswahl des Prüfungsgebietes und des dazugehörigen Falles durch den Ausschuss geschehen kann.

Für den **Zeitpunkt der Auswahl** sind mehrere Szenarien denkbar:

1. Auswahl bei der Festlegung des Zeitplanes für den Prüfungsbereich Mandantenbetreuung (in diesem Fall kann – falls mit Bewertungsbögen[12] gearbeitet wird – neben dem Namen des Prüflings bereits das Gebiet oder sogar die Nummer der Situation/des Falls eingetragen werden).
2. Auswahl an jedem Prüfungstag vor Beginn der Prüfungsrunden für alle Prüflinge des Tages.
3. Auswahl für jeden einzelnen Prüfling vor dessen Termin.

Dabei geht es sowohl um die Auswahl des Prüfungsgebietes und innerhalb des Prüfungsgebietes um die Auswahl der Situation/des Falls.

Wenn das Fallbezogene Fachgespräch **mit** Vorbereitungszeit vorgesehen ist, kann dem Prüfling die Situation/der Fall im Vorbereitungsraum zur Verfügung gestellt werden.

Wenn **keine** Vorbereitungszeit vorgesehen ist, wird die ausgewählte Situation/der ausgewählte Fall dem Prüfling im Termin durch den Ausschuss überreicht oder die Situation/Fall wird mündlich durch ein Mitglied der Prüfungskommission geschildert. Aus Nachweiszwecken und zur Minimierung des Protokollierungsaufwands wird die Über-

---

12 Verschiedene Muster für Bewertungsbögen finden sich unter Punkt 5.5.

gabe eines schriftlichen Falls – zumindest das schriftliche Vorliegen desselben bei der Kommission – empfohlen.

Den Prüfungsausschuss-Mitgliedern sollen alle möglichen Situationen/Fälle mit Lösungsvorschlägen für die Prüfungsgebiete in der Mandantenbetreuung im besten Fall bereits einige Wochen vor den Prüfungsterminen zur Verfügung gestellt werden, damit diesen die Vorbereitung ermöglicht wird. Dies kann auch beinhalten, dass sich jedes Mitglied im Rahmen der Vorbereitung individuell Gedanken macht, wie das Gespräch durch handlungsbezogene Fragen und Bemerkungen weitergeführt werden kann.

Bei der **Auswahl** könnten sich die Mitglieder des Prüfungsausschusses entweder dafür entscheiden, dass sowohl das Gebiet als auch die Situation/der Fall [blind] immer durch die gleiche Person ausgewählt oder aber durchgewechselt wird.

Bei der Auswahl der Prüfungssituation/des Prüfungsfalls für die Prüfungsbereiche sind mehrere Vorgehensweisen denkbar:

Grundsätzlich: Die Kommission kann **bewusst** auswählen oder **blind** ziehen.

1. „Blinde" Auswahl aus dem Gesamtpool der Situationen/Fälle (keine Untergliederung in die vier Auswahlbereiche)

> **Beispiel:**
>
> Dem Prüfungsausschuss stehen für Bereich 1 (Zivilrechtliches Mandat) z.B. 6 Situationen/Fälle zur Verfügung, für Bereich 2 (Zwangsvollstreckungsrechtliches Mandat) z.B. 10 Situationen/Fälle, für Bereich 3 (Vergütung und Kosten im zivilrechtlichen Mandat) z.B. 10 Situationen/Fälle und für Bereich 4 (Zahlungsverkehr) z.B. 4 Situationen. Aus diesen insgesamt 30 Situationen/Fällen wird für jeden Prüfling eine Situation/ein Fall „blind" ausgewählt. So wird einem eventuellen Vorwurf der Befangenheit wegen des ausgewählten Themas/Prüfungsgebietes begegnet.

Für den Fall das Gruppenprüfungen stattfinden sollen, können nun die Prüflinge nach den Prüfungsbereichen gebündelt werden.

2. Auswahl eines der vier Bereiche, innerhalb dieses Bereiches blindes Ziehen der Situation

Möglichkeiten:

Die Kommission entscheidet sich bewusst für einen der vier Bereiche, z.B. für den Bereich Zivilrechtliches Mandat. Für diesen Bereich stehen z.B. 10 Situationen/Fälle zur Verfügung. Aus diesen Situationen/Fällen wird blind ausgewählt.

Im Fall von Einzelprüfungen kann die Kommission vor Auswahl der Situation für den Prüfling auch blind den Bereich, in welchem geprüft werden soll, auswählen.

3. Auswahl einer Situation/eines Falls aus jedem der vier Bereiche und anschließend Auswahl aus diesen vier Situationen/Fällen.

Ein mögliches praktisches Vorgehen, um den mündlichen Prüfungsbereich Mandantenbetreuung als **Gruppenprüfung** zu organisieren, wären folgende Schritte:

- Vor den Prüfungsterminen wird jedem Prüfling eines der vier Prüfungsgebiete zugeordnet – durch blindes Ziehen aus den vier Möglichkeiten oder bewusste Auswahl.
- Die Prüflinge mit demselben Prüfungsgebiet werden zu Vierer-Gruppen gebündelt.

- Am Tag der mündlichen Prüfung (oder auch vorher) wird den einzelnen Personen der Vierer-Gruppen aus den Situationen/Fällen jedes Prüfungsgebiets eine Situation/ein Fall zugeordnet (durch blindes Ziehen, bewusste oder willkürliche Auswahl).

Ein mögliches praktisches Vorgehen, um den mündlichen Prüfungsbereich Mandantenbetreuung als **Einzelprüfung** zu organisieren wären folgende Schritte:

- Vor den Prüfungsterminen wird für jeden Prüfling aus dem gesamten Pool der Situationen/Fälle und damit automatisch aus dem Prüfungsgebiet blind eine Auswahl getroffen. Wenn also Prüfling 1 die Situation 2 aus dem Gebiet 1 (Zivilrechtliches Mandat) ausgewählt bekommen hat, wird diese Situation wieder in den Pool gegeben und so könnte es theoretisch geschehen, dass an einem Prüfungstag zwei (oder mehrere) Prüflinge zur gleichen Situation das Fallbezogene Fachgespräch führen.
- Die Prüflinge werden nacheinander einzeln zu der/dem für sie ausgewählten Situation/Fall geprüft.

Nachdem das Prüfungsgebiet, in welchem der Prüfling geprüft wird, festlegt, bedeutet dies, dass – bei strenger Auslegung des Verordnungstextes – keine Fragen oder keine Situation zu einem der anderen Gebiete zugelassen sind. Mit dem Ausgangssachverhalt zusammenhängende Themenkomplexe dürfen angesprochen werden. Diese auf ein Prüfungsgebiet eingeengte Prüfungsmöglichkeit schränkt im Verlauf des Fallbezogenen Fachgesprächs die Flexibilität der Prüfer und auch der Prüflinge ein.

4.7 Information des Prüflings über ausgewähltes Prüfungsgebiet

Abhängig davon, wann die Auswahl des Prüfungsgebietes stattfindet, wird auch die Entscheidung zu treffen sein, wann die Prüflinge über ihr Prüfungsgebiet bzw. den für sie ausgewählten Fall informiert werden. Folgende Szenarien sind hier denkbar:

1. Findet die Auswahl des Prüfungsgebietes bzw. des Falls bei der Festlegung des Zeitplanes für den Prüfungsbereich Mandantenbetreuung statt, kann dem Prüfling mit der Information über den konkreten Prüfungszeitpunkt das ausgewählte Prüfungsgebiet mitgeteilt werden. In diesem Fall kann sich der Prüfling bei seiner Vorbereitung auf ein Prüfungsgebiet konzentrieren. Problematisch: Wird die Einladung zum Fallbezogenen Fachgespräch per Post versendet, und geht die Post dem Prüfling aus welchen Gründen auch immer erst sehr spät zu, könnte er eine Benachteiligung gegenüber anderen Prüflingen behaupten. Wir würden daher dieser Vorgehensweise nicht den Vorzug geben!

2. Ebenfalls möglich wäre, den Prüflingen im Vorfeld keine Information darüber zu geben und erst am Prüfungstag den Fall des ausgewählten Gebietes zur Vorbereitung oder zu Beginn des Fallbezogenen Fachgesprächs ohne Vorbereitungszeit vorzulegen.

3. Wird die Auswahl an jedem Prüfungstag vor Beginn der Prüfungsrunden für alle Prüflinge des Tages getroffen, erfahren die Prüflinge erst in ihrem Termin, in welchem Prüfungsgebiet und Fall sie geprüft werden und müssen sich im Vorfeld auf alle vier Prüfungsgebiete vorbereiten. Ebenso ist dies der Fall, wenn für jeden Prüfling unmittelbar vor dessen Termin entschieden wird.

4.8 Erstellung der Situation/Fälle

Festgelegt werden sollte im Vorfeld der Prüfungen durch die zuständigen Ausschüsse bzw. die zuständige Kammer:

- ob,
- durch wen und
- auf welche Weise

die Erstellung der Situationen/Fälle für den Prüfungsbereich „Mandantenbetreuung" erfolgt.

Müssen Situationen/Fälle im Vorfeld erstellt und zur Verfügung gestellt werden?

Es ist durch die ReNoPat-Ausbildungsverordnung **nicht** explizit vorgeschrieben, dass vorformulierte Fälle vorliegen, welche den Prüflingen in Schriftform ausgehändigt werden. Das mündliche Vortragen von Situationen/ Fällen durch den Prüfer erfordert große Routine, vor allem bei Gruppenprüfungen. Der Fall müsste dann genau, nachvollziehbar und klar formuliert werden. Es ist auch nicht ausgeschlossen, dass die Situation/der Fall im Laufe des Gesprächs erst aufgebaut wird. Dies erfordert ein hohes Maß an Konzentration des Prüfers, welcher durch Antworten des Prüflings nicht vom ausgewählten Prüfungsgebiet abweichen darf.

Ein Mitglied der Prüfungskommission stellt den Prüfling durch die Beschreibung einer Situation aus dem Kanzleialltag vor die Bewältigung praxisorientierter Aufgaben. Zusammen mit dem Prüfling werden Fachfragen, fachliche Sachverhalte und Vorgehensweisen sowie Probleme und Lösungen zu Fachfragen erörtert. Anschließend können dem Prüfling noch weitere Anschlussfragen zu dem für ihn ausgewählten Prüfungsgebiet gestellt werden.

Die Kommission kann sich dafür entscheiden, dass jeweils ein bestimmtes Ausschuss-Mitglied für die Formulierung des Falls für eines der vier Prüfungsgebiete zuständig ist und die Anschlussfragen durch alle Mitglieder der Kommission gestellt werden können. Ebenfalls denkbar ist es, dass nur das eine Kommissionsmitglied Fragen stellt und die anderen Mitglieder bewerten. Vor- und Nachteile haben beide Vorgehensweisen.

Falls Situationen/Fälle im Vorfeld der Prüfung erstellt werden und schriftlich vorliegen sollen, stellt sich die Frage:

Wer erstellt die Fälle?

Es bieten sich folgende Möglichkeiten an:

- Jedes Kommissionsmitglied formuliert für sich selbst für jedes der vier Prüfungsgebiete Fälle, welche den Prüflingen in der konkreten Prüfungssituation in Papierform vorgelegt werden können oder mündlich vorgestellt und Fragen dazu gestellt werden können.
- Der Aufgaben-/Prüfungsausschuss der zuständigen Rechtsanwaltskammer ist für die Erstellung und Pflege der Fälle (mit Lösungsvorschlägen) zuständig. Dieser Pool von Fällen steht für die Prüfungskommission zur Verfügung.
- Die Verantwortlichkeiten für die fortlaufende Pflege und Erweiterung des Aufgabenpools müssen geregelt sein, die Kommissionsmitglieder auf die Geheimhaltungspflicht hingewiesen werden.

Wie werden die Fälle gestaltet und erstellt?

* Für die Gestaltung und Erstellung der Fälle kann eine einheitliche Struktur gewählt werden; denkbar ist hier die Aufteilung in Situationsteil/Fall und Aufgabenteil (offene Fragestellungen).
* Für die Fälle werden Lösungs- und Bewertungshinweise für die Prüfer/innen zur Verfügung gestellt.
* Im Aufgabenteil sollte darauf geachtet werden, dass die Handlungskompetenz berücksichtigt wird, auf theoretische Fragen und abstrakte Begriffe ohne Bezug zum Fall sollte verzichtet werden.

Das Fallbezogene Fachgespräch kann sich in zwei Teile gliedern:

* Erst stellt der Prüfling das Bearbeitungsergebnis für seine Situation/seinen Fall vor. Diese/r Situation/Fall, die/den der Prüfling zu bearbeiten hatte, ist Ausgangspunkt für das weitere Prüfungsgespräch und die Zusatzfragen der Prüfungskommission.
* Im weiteren Gespräch können ein oder mehrere Mitglieder des Prüfungsausschusses einzelne zusammenhängende Elemente des Ausgangssachverhalts bzw. des vom Prüfling erarbeiteten Ergebnisses aufgreifen und vertiefen. Auch Anschlussfragen aus dem Prüfungsgebiet, die nicht unmittelbar mit dem Fall zusammenhängen, sind hier denkbar. Dabei sollen auch die kommunikativen Fähigkeiten des Prüflings beobachtet und bewertet werden.

Die Gesprächsführung liegt beim Fallbezogenen Fachgespräch bei den/dem Prüfer(n). Dabei **kann** ein Mitglied der Kommission (der gesprächsführende Prüfer) eine bestimmte Rolle übernehmen. Dadurch lassen sich berufstypische Situationen nachempfinden, so dass der Prüfling zeigen kann, dass er Arbeitsergebnisse mandantenorientiert darstellen und entsprechend kommunizieren und kooperieren kann. Das gesprächsführende Kommissionsmitglied (falls man sich dafür entschieden hat, einem Mitglied diese Aufgabe zuzuweisen) sollte diese Fähigkeiten dem Prüfling abverlangen, um anschließend eine entsprechende Beurteilung und Bewertung vornehmen zu können. Der Prüfer kann sich dabei in folgende Rollen versetzen:

* Rechtsanwalt/Rechtsanwältin (Ausbilder/Ausbilderin)
* Kollege/Kollegin
* Mandant/Mandantin

Dabei sollte stets der Bezug zum Mandanten hergestellt sein.

Da die Zahl der Fallgestaltungen je Fachgebiet begrenzt ist und die Zuordnung der Fälle/Situationen zu den einzelnen Prüflingen durch die Prüfungskommissionen zufällig erfolgen kann, ist es denkbar, dass ein und derselbe Fall an einem Prüfungstag ein weiteres Mal einem anderen Prüfling vorliegen kann. Das wäre nach unserer Ansicht jedoch unschädlich, da sich aus jedem Fall auch Variationen im Gespräch entwickeln lassen.

Der Stoffpool der Fälle für die Durchführung eines Prüfungsjahrganges soll aus unserer Sicht vor dem Hintergrund der Gleichbehandlung derselbe sein. Daher ist es zwingend erforderlich, dass die Fälle/Situationen nach Abschluss der Vorbereitungs- bzw. Prüfungszeit wieder eingesammelt werden.

Der bzw. die prüfenden Ausschüsse sollten alle Situationen/Fälle für das Fallbezogene Fachgespräch zur Verfügung haben, am besten bereits einige Wochen vor der konkreten Durchführung des Prüfungsgesprächs.

4.9 Problembehandlung

In der Ausbildungsverordnung steht, dass der Prüfungsausschuss für das Fallbezogene Fachgespräch **eines der** [folgenden – vier] **Gebiete** auswählt.

Zu klären bleibt hier, ob es die Ausbildungsverordnung zulässt, dass der Prüfungsausschuss von dem von ihm gewählten Gebiet abweichen darf, wenn er feststellt, dass der Prüfling auf dem gewählten Gebiet „blank" ist.

Ebenfalls muss geklärt werden, ob der Prüfungsausschuss mehrere Gebiete oder Situationen wählen kann und dem Prüfling unter diesen Themen dann aber das Wahlrecht lassen kann. Nach unserer Auffassung verbietet sich dies jedoch wegen § 7 IV Nr. 2 ReNoPatAusV – dort steht explizit „... wählt **eines** der folgenden Gebiete aus".

Es muss außerdem eine Entscheidung getroffen werden, wann dem Prüfling das gewählte Thema für das Prüfungsinstrument „Fallbezogenes Fachgespräch" bekannt zu geben ist. Davon abhängig ist auch, wann die Auswahl des Gebietes stattfindet bzw. umgekehrt.

Für die Bewertung des Fallbezogenen Fachgesprächs können oder sollen Kriterien bestimmt werden, nach denen die Benotung erfolgen wird (Vortragsstil, fachliche Inhalte, Lösungskompetenz).

5. Gestaltung des Fallbezogenen Fachgesprächs

5.1 Allgemeines

Das Fallbezogene Fachgespräch lässt sich unterschiedlich gestalten. Im Nachfolgenden stellen wir zunächst vor, wie das Fallbezogene Fachgespräch mit Vorbereitungszeit ablaufen kann. In einem weiteren Kapitel widmen wir uns der Möglichkeit des Fallbezogenen Fachgesprächs ohne Vorbereitungszeit.

5.2 Fallbezogenes Fachgespräch mit Vorbereitungszeit

Hat sich der Ausschuss mit der zuständigen Kammer dafür entschieden, dem Prüfling Zeit zu geben, sich auf das Fallbezogene Fachgespräch vorzubereiten, dann sind aus unserer Sicht folgende Überlegungen bei der Planung von Bedeutung.

5.2.1 Organisatorische Überlegungen

Bei der Durchführung der Prüfung muss beachtet werden, dass es einen (Prüfungs-) Raum gibt, in dem sich die Prüflinge vorbereiten, ohne sich austauschen zu können. Dort können eventuell auch **ersatzweise** Hilfsmaterialien (z.B. Gesetzestexte) zur Verfügung gestellt werden. Für diesen Raum ist eine Aufsicht erforderlich, bei welcher sich der Auszubildende ausweisen muss. Von dieser Aufsichtsperson erhält der Prüfling den

Sachverhalt, anhand dessen dann das Fallbezogene Fachgespräch geführt wird. Er wird auf das Verbot des Unterschleifs und die Folgen hingewiesen. Er wird befragt, ob er die Prüfung antreten möchte und darauf hingewiesen, dass ein späterer Rücktritt nicht akzeptiert werden kann und diese Prüfung zählt. Die Abschlussprüfung kann gem. § 29 der Musterprüfungsordnung der Bundesrechtsanwaltskammer zweimal wiederholt werden. Die individuelle Ausgestaltung der Prüfungsordnungen der jeweiligen Rechtsanwaltskammern ist zu beachten.

In der Vorbereitungszeit soll der Prüfungsteilnehmer mit den zugelassenen Hilfsmitteln den Sachverhalt beurteilen und Lösungen aufzeigen. Stichwortartige Notizen auf zur Verfügung gestelltem Papier sind erlaubt. An die Vorbereitungszeit (die nach unserer Empfehlung 15–20 Minuten dauern sollte) schließt sich das eigentliche Fallbezogene Fachgespräch mit 15 Minuten Prüfungsdauer an.[13]

Neben dem Vorbereitungsraum ist ein Prüfungsraum erforderlich, in welchem dieser Teil der Abschlussprüfung tatsächlich stattfindet.

Die **Auswahl des Bereiches**, in dem geprüft wird, obliegt gemäß Ausbildungsverordnung dem Prüfungsausschuss. Denkbar ist hier ein **bewusstes** Auswählen des Ausschusses aus den vier Gebieten (zivilrechtliches Mandat, zwangsvollstreckungsrechtliches Mandat, Vergütung und Kosten im zivilrechtlichen Mandat oder Zahlungsverkehr), aber auch das **„blinde" Ziehen** eines Falls aus vier verschiedenen Bereichen. Es wird hier erforderlich sein, dass die Prüfungsausschüsse eine vorher ausgearbeitete Anzahl an Fällen bereithalten. Erforderlich sind für jeden der vier Bereiche mehrere Möglichkeiten. Es muss geregelt werden, wer für die Ausarbeitung der Fälle mit Lösungsvorschlägen zuständig ist. Wird Vorbereitungszeit gewährt, wirkt sich dies auch auf die Art und Weise der Fälle mit den dazugehörigen Fragestellungen aus.

5.2.2 Vor- und Nachteile einer Vorbereitungszeit

Vorteile einer Vorbereitungszeit:
- Durch Gewährung einer Vorbereitungszeit ist es dem Prüfling möglich, sich in Ruhe mit dem Fall zu beschäftigen und sich eine Lösungsstrategie zu erarbeiten.
- Das Fachwissen kann durch Methodenkompetenz – z.B. den Umgang mit dem Gesetzestext oder zur Verfügung gestellten Unterlagen – ergänzt werden.

Nachteile einer Vorbereitungszeit:
- Die Gewährung von Vorbereitungszeit benötigt einen höheren organisatorischen, zeitlichen und personellen Aufwand für die Durchführung des Prüfungsbereichs Mandantenbetreuung.

5.2.3 Ablauf des Fallbezogenen Fachgesprächs mit Vorbereitungszeit

- Auswahl des Falls, durch den Prüfungsausschuss, auf Grund dessen das Fallbezogene Fachgespräch geführt werden wird (Möglichkeiten siehe im vorherigen Kapitel).
- Vorlage der durch den Prüfungsausschuss ausgewählten Aufgabe.
- Vorbereitung des Fallbezogenen Fachgesprächs durch den Prüfling (15 Minuten), eventuell mit Notizen.

---

13 Vgl. dazu § 7 IV Nr. 5 ReNoPatAusbV v. 29.08.2014, BGBl. I, 1490.

- Durchführung des Prüfungsgespräch anhand der ausgewählten Aufgabe mit Anschlussfragen.
- Dauer des Prüfungsgesprächs: 15 Minuten.
- Bewertung der Leistung durch den Prüfungsausschuss und eventuell anschließend Mitteilung des Prüfungsergebnisses.

Zur Organisation von Einzelprüfungen: Pro Prüfling wären in diesem Fall ca. 45 Minuten zu veranschlagen; dies kann bei Einzelprüfungen auch überlappend organisiert werden. Wenn das Ergebnis im Anschluss an das FFG nicht mitgeteilt wird, verringert sich der zeitliche Umfang.

Die veränderten Anforderungen im Beruf und die daraus abgeleiteten neuen Inhalte der Ausbildungsverordnung für das Berufsbild „Rechtsanwaltsfachangestellte/r" erfordern auch eine neue Gestaltung der Abschlussprüfung, welche die berufliche Handlungsfähigkeit der Auszubildenden abbildet. Daher wurde im Rahmen der Neuordnung auch die Prüfungsstruktur geändert.

Neben Fachkompetenz sollen auch Aussagen über die Fähigkeit der Auszubildenden zur selbstständigen Bearbeitung und Lösung komplexer Aufgaben in betrieblichen Handlungssituationen gemacht werden können.

Beim Fallbezogenen Fachgespräch *kann* ein Prüfer die Gesprächsführung übernehmen. Der Prüfer soll das Vorgehen bei der Lösung der Fragen zum Fall hinterfragen und so überprüfen, ob der Prüfling den Fall unter verschiedenen Aspekten, wie z.B. Problemlösungsfähigkeit und Ergebnisbewertung, bearbeiten kann.

Falls vorbereitete bzw. vorgegebene Fälle mit dazugehörigen Fragen verwendet werden, kann von dem/n Kommissions-Mitglied(ern) im Gespräch eine Ergänzung oder Abwandlung der Fragen stattfinden. Ein derartiges Vorgehen entwickelt sich häufig aus der Prüfungssituation heraus. Zu diesem Zweck können auch Zusatz- oder Alternativfragen vorbereitet vorliegen, aber selbstverständlich können die Mitglieder der Prüfungskommission auch selbst entwickelte Fragen einsetzen oder aus der jeweiligen Situation heraus reagieren. Der Prüfungsverlauf liegt im Ermessen der Prüfungskommission.

Fachliche Kenntnisse der Prüfer zu allen Wahlbausteinen sind nicht notwendig, da weniger das Fach-, sondern vielmehr das Prozesswissen geprüft wird. Obwohl im Fallbezogenen Fachgespräch nicht vordergründig Fachwissen abgefragt werden soll, können gute Ergebnisse aber nur dann erzielt werden, wenn der Prüfling fachlich fundierte Kenntnisse aufweisen kann, die dann im Zusammenhang mit dem jeweiligen Fall angewandt werden.

Die Fähigkeit des Prüfers, situationsgerecht zu hinterfragen, ist für eine ergebnisgenaue und zuverlässige Bewertung dieses Prüfungsbereichs unerlässlich.

5.2.4 Hinweise zur Vorbereitung des Falls für Prüflinge

Im Folgenden haben wir eine Art „Checkliste" für die Prüflinge zusammengestellt, die bei der Vorbereitung und Durchführung des Fallbezogenen Fachgesprächs hilfreich sein kann:

- Lesen Sie die Situation/den Fall ruhig und gründlich durch.
- Wichtiger als Notizen ist, dass Sie den Fall und die Fragestellung verstanden haben. Verstehen Sie den Fall nach dem ersten Lesen nicht, lesen Sie ihn noch einmal.

- Der Fall muss in der vorgegebenen Zeit bearbeitet werden. Dazu empfiehlt es sich, lediglich Stichworte auf dem Blatt zu notieren.
- Halten Sie sich nicht mit Detailfragen auf; die Vorbereitungszeit ist in der Regel kurz bemessen.
- Achten Sie darauf, dass die konkrete Fragestellung beantwortet wird.
- Verlieren Sie sich nicht in Detailfragen, die nicht gestellt wurden.
- Ihre Notizen und Stichworte dienen als Gesprächsleitfaden.
- Der Lösungsweg ist im Fachgespräch zu präsentieren.
- Die Notizen und Stichworte sind dem Ausschuss nach Abschluss der Prüfung auszuhändigen – bewertet wird allerdings nur das gesprochene Wort bzw. die vorgetragene Lösung und nicht diese schriftlichen Notizen.
- In die Bewertung werden nicht nur die inhaltliche Richtigkeit im Verlauf des Fachgesprächs einbezogen, sondern auch Ihre kommunikativen Fähigkeiten und Ihre Lösungskompetenz.

5.3 Fallbezogenes Fachgespräch ohne Vorbereitungszeit

Denkbar ist auch eine Prüfungssituation, in welcher der Prüfling ohne Vorbereitungszeit in eine praxisbezogene Aufgabe versetzt wird, zu der die Prüfer dann Fragen stellen.

Diese praxisbezogene Situation/der Fall kann dem Prüfling

1. ebenfalls in schriftlicher Form vorliegen oder
2. ausschließlich in mündlicher Form von den Kommissions-Mitgliedern (oder federführend einem Kommissionsmitglied) an den Prüfling gerichtet werden.

Dabei ist sowohl denkbar, dass ein in sich abgeschlossener Fall/eine in sich abgeschlossene Situation geschildert wird, als auch der Aufbau eines Falls bzw. einer Situation im Rahmen der Fragestellungen.

Wird ein in sich abgeschlossener Fall/eine in sich abgeschlossene Situation geschildert, ist die fehlende Vorbereitungszeit zu berücksichtigen.

Nach unserer Auffassung empfiehlt es sich nicht, einen solchen Fall/eine solche Situation aus „dem Kopf heraus" zu schildern. Denn auch wenn ein Prüfer sehr routiniert ist und viele Jahre Erfahrung hat, ist damit zu rechnen, dass im Laufe eines langen Prüfungstags die Fälle/Situationen in Strukturiertheit und gleichmäßigem Schwierigkeitsgrad nachlassen. Wir würden daher eine entsprechende Erstellung geeigneter Situationen/Fälle im Vorfeld ausdrücklich empfehlen. Dies erleichtert auch die erforderliche Protokollierung erheblich.

Aus den vorgenannten Gründen würden wir persönlich daher auch nicht empfehlen, den Fall/die Situation erst im Fallbezogenen Fachgespräch zu entwickeln. Die Gefahr von Abweichungen von dem einen ausgewählten Prüfungsthema (Voraussetzung laut ReNoPatAusbV) ist sehr groß und die Protokollierung sehr erschwert. Aber nochmals: Vorgaben macht die ReNoPatAusbV hierzu nicht, es steht daher den Kommissionen frei, das Fallbezogene Fachgespräch auszugestalten.

5.4 Kennzeichen von handlungsorientierten Aufgaben für das Fallbezogene Fachgespräch

Zum Inhalt:

In der Situation/dem Fall, an Hand dessen das Fachgespräch geführt wird, sollen typische Arbeits- und Handlungsabläufe einer Kanzlei dargestellt werden, möglichst eine komplette Handlung, aber zumindest betriebliche Arbeitsaufträge und/oder Fallbeispiele. Es wird exemplarisch eine Situation aus einem der vier Prüfungsgebiete (siehe Ausbildungsverordnung) beschrieben, und wie durch die Fachangestellte in der Kanzlei regelmäßig gehandelt werden soll. Sie soll im Verantwortungs- und Zuständigkeitsbereich einer Mitarbeiterin/eines Mitarbeiters liegen. Aus diesem konkreten kanzleitypischen Vorfall sollen Arbeitsaufträge resultieren. Das Fallgespräch dient nicht zur bloßen Wissensfeststellung, sondern Fragen nach Fachwissen sollen in eine Kanzleiaufgabe eingebunden werden. Denkbar ist auch die Einbeziehung von geschwärzten Originalunterlagen aus dem Kanzleialltag; die Verschwiegenheitspflicht ist zu beachten. Vor Aufgabenstellung muss überlegt werden, welche Kompetenzen und Qualifikationen geprüft werden sollen.

Bei der Erstellung von Fällen mit dazugehörigen Fragestellungen bzw. Aufgabenstellungen ist ein Bezug zur Ausbildungsordnung und zum Rahmenlehrplan herzustellen.[14]

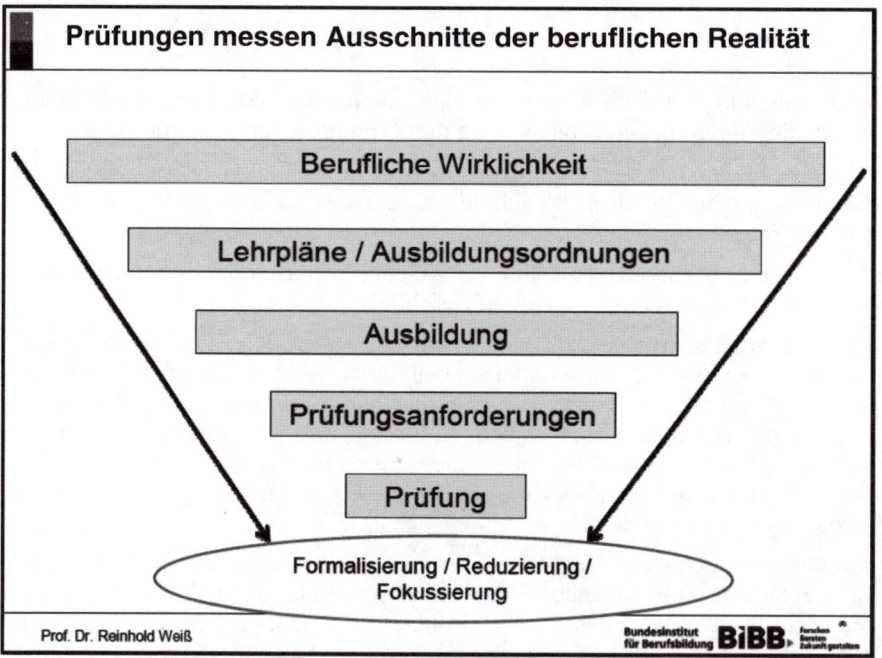

Prüfungen messen Ausschnitte der beruflichen Realität

- Berufliche Wirklichkeit
- Lehrpläne / Ausbildungsordnungen
- Ausbildung
- Prüfungsanforderungen
- Prüfung

Formalisierung / Reduzierung / Fokussierung

Prof. Dr. Reinhold Weiß

Bundesinstitut für Berufsbildung **BiBB** forschen beraten Zukunft gestalten

---

14 www.bibb.de/werkzeugkasten.

Anforderungen an „gute" Prüfungen

➡ Prüfungen müssen relevante Aufgaben und Anforderungen aus der beruflichen Praxis abbilden.

➡ Prüfungen müssen gültig sein, das heißt genau das messen, was sie messen sollen.

➡ Prüfungen dürfen nicht nur reproduzierbares Wissen abfragen, sondern die Möglichkeit geben, Wissen auf neue Fragen oder Situationen anzuwenden, unter Umständen sogar neue Lösungen zu entwickeln.

➡ Prüfungen müssen eine differenzierte Bewertung von Leistungen bei einem mittleren Schwierigkeitsgrad zulassen.

➡ Die Verfahren, Kriterien und Bewertungen müssen fair, transparent und nachvollziehbar sein.

➡ Prüfungen müssen unabhängig vom Prüfer / von der Prüfungskommission sein.

➡ Prüfungen müssen praktikabel und mit vertretbarem Aufwand realisierbar sein.

Prof. Dr. Reinhold Weiß   Bundesinstitut für Berufsbildung BiBB ▸ Forschen Beraten Zukunft gestalten

Schaubilder aus:
Präsentation/Vortrag von Prof. Dr. Reinhold Weiß „Handlungsorientiert prüfen – Anspruch und Umsetzung auf dem 2. Prüfertag der HWK Konstanz am 20. April 2012 in der Bildungsakademie Singen

Zum Umfang:

Es muss auch darauf geachtet werden, dass die Aufgaben nicht zu umfangreich gestaltet werden. Die Prüfungszeit ist gemäß Ausbildungsverordnung auf genau 15 Minuten festgelegt.

Zu etwaigen Hilfsmitteln:

Im Vorfeld sollte geklärt sein, ob und ggf. welche Hilfsmittel und Informationen für das Fallbezogene Fachgespräch zugelassen werden. Im Rechtsanwaltsbereich werden dies vor allem Gesetzestexte, Schriftsätze, Belege, Dokumente und Taschenrechner sein.

5.5 Bewertung des Fallbezogenen Fachgesprächs

Die Bewertungsskala des Endergebnisses von Prüfungsleistungen ist bisher in den Prüfungsordnungen folgendermaßen ausgestaltet gewesen und wird wohl beibehalten:

Note	in Worten		Bewertung der Leistung nach Punkten
Note 1	sehr gut	eine besonders anzuerkennende Leistung	92–100
Note 2	gut	eine den Durchschnitt überragende Leistung	81–91
Note 3	befriedigend	eine den Anforderungen im Allgemeinen entsprechende Leistung	67–80
Note 4	ausreichend	eine Leistung, die zwar Mängel aufweist, aber im Ganzen den Anforderungen entspricht	50–66
Note 5	mangelhaft	eine an erheblichen Mängeln leidende, im Ganzen nicht mehr brauchbare Leistung	30–49
Note 6	ungenügend	eine völlig unbrauchbare Leistung	0–29

Dezimalstellen werden ab 0,5 auf- und darunter abgerundet.

Um am Ende die Leistung des Prüflings in eine dieser Kategorien der Skala einordnen zu können, haben im Vorfeld einige Überlegungen stattzufinden. Wie generell jede Prüfung hat auch die Beurteilung des Fallbezogenen Fachgesprächs anhand objektiv nachvollziehbarer Bewertungskriterien zu erfolgen.[15]

Es empfiehlt sich, für das Fallbezogene Fachgespräch einen **Bewertungsbogen** zu erstellen, welcher von den Prüfern in der Prüfungssituation verwendet werden *kann* – einerseits um den Prüfern nach Durchführung des Fallbezogenen Fachgesprächs die Bewertung zu erleichtern, andererseits zu Dokumentations- und Beweiszwecken im Sinne einer Protokollierung.

Dabei kann ein chronologischer Verlauf der Prüfung in Stichworten festgehalten werden. Dieser kann ganz oder teilweise durch die Fragestellungen zum Fall geschehen oder durch die Kommission vorgenommen werden.

Kurze Hinweise auf die Qualität der Aussagen des Prüflings im Bewertungsbogen oder bei der Protokollierung reichen aus (Stichworte, „vollständig, richtig, spontan, teilweise …, unvollständig, auch die sehr kurze Kommentierung +/–/0 ist möglich).

Auf dem Bewertungsbogen werden während des Fachgespräches die beobachteten Leistungen protokolliert und schließlich die Leistungsbewertung für den Prüfungsbereich „Mandantenbetreuung" vorgenommen. Verwendet die Kommission keinen Bewertungsbogen, hat eine ausführliche Protokollierung ohne Formular stattzufinden.

Beispiele für Bewertungskriterien im Fachgespräch können folgende Aspekte sein:[16]

- Ist die Aufgabe in ihrer gesamten Komplexität verstanden?
- Kann der Prüfling den gegebenen Sachverhalt erfassen?

---

15 Mündlich geführte Prüfungen: Arten, Besonderheiten, Bewertung (Hinweise) (Prüfung-2000plus, Handwerkskammer Hannover), Stand: Dezember 2014.

16 Teilweise angelehnt an: Prüfung-2000plus; u.a. aus Werner Selbeck, Seminare & Training sowie aus Karlheinz Müller, BiBB-Fachtagung 2006, Workshop 1.

- Benötigt er Hilfestellung während des Fachgesprächs?
- Wie geht er an die Aufgabenstellungen heran?
- Falls möglich, benennt er Lösungsalternativen?
- Erkennt er die notwendigen Lösungs- bzw. Arbeitsschritte im logischen Ablauf?
- Inwieweit gelingt eine sach-, fach- bzw. situationsgerechte (theoretische) Lösung?
- Verfügt er über das notwendige Grundwissen (z.B. im Zivilrecht, Kostenrecht, Fachbegriffe etc.) zur fachkompetenten Lösung der Situation?
- Inwieweit ist der Prüfling in der Lage, die Arbeitsaufgabe sach- und fachgerecht darzustellen?
- Kann sich der Prüfling selbst korrigieren?

Bewertet werden soll, wie der Prüfling eine komplexe Aufgabe aus seinem Arbeitsumfeld bewältigt. Neben dem fachlich richtigen Vorgehen spielen auch andere Kategorien wie zum Beispiel die Mandantenorientierung eine wichtige Rolle.

> **Beispiel:** Thema: Gerichtliche Beitreibung ausstehender Forderungen aus dem Bereich „Zivilrechtliches Mandat"
>
> Der Prüfling wird in die kanzleitypische Situation gestellt, dass die Kanzlei von Mandant X beauftragt wird, eine Forderung in Höhe von Y € aus einem Z-Vertrag einzutreiben.
>
> Für die Lösung ist nicht nur das bloße Fachwissen erforderlich, sondern auch entscheidend, ob und wie umfassend die Lösung unter Anwendung des Fachwissens angegangen wird. Dabei sollte der Prüfling gegebenenfalls verschiedene Lösungswege anbieten und begründen, warum er sich für ein bestimmtes Vorgehen entschieden hat. Mitbewertet wird dabei auch, wie er seine Lösung strukturiert und vorstellt.
>
> Der Prüfungsteilnehmer soll zeigen, dass er
>
> 1. die Aufgabenstellung verstanden hat, den Fall erörtern kann und in die betrieblichen Vorgänge einbindet.
> 2. mit Hilfe der betrieblichen Erfahrung oder schulischen Voraussetzungen und dem fachlichen Hintergrund Lösungen findet.
> 3. bei der Lösung auf rechtliches Fachwissen zurückgreift.
> 4. die Kenntnisse situations- oder mandantenorientiert vermittelt.
> 5. Gesprächsanstöße des Prüfungsausschusses aufgreift und umsetzt.

Die **folgenden Ausführungen** sollen Anregungen sein, welche Aspekte im Fallbezogenen Fachgespräch einbezogen werden können und wie deren Bewertung stattfinden könnte. Diese Überlegungen können dabei helfen, individuelle Lösungen für die Prüfungskommissionen zusammenzustellen und zu gestalten. Es können dabei auch einzelne Bestandteile herausgenommen und neu kombiniert werden.

Mögliche Skalierungen bei der Bewertung des Fallbezogenen Fachgesprächs:

Nicht immer lässt sich das Ergebnis, welches der Prüfling präsentiert mit „falsch" oder „richtig" bewerten.

Beim Fallbezogenen Fachgespräch geht es neben der

- fachlichen Richtigkeit auch um das
- Problemlöseverhalten und
- soziale Kompetenzen des Prüflings.

Mögliche Skalierungen:

	1	2	3	4	5	6
	100–92 %	91–1 %	80–67 %	66–50 %	49–30 %	29–0 %
oder						
	+++	++	+	-	--	---
verständlich						
nachvollziehbar/ einleuchtend						
transparent						
folgerichtig						
vollständig						

Bewertungshilfen

Fachliche Bearbeitung

	+++	++	+	-	--	---
Sachverhalts- erfassung						
Sachgerechte Lösung						

Darstellung

	+++	++	+	-	--	---
Logischer Aufbau						
Situative mandanten-orien- tierte Darstellung						
Fallbezogene Begründung						

Berufstypische Kommunikation und Adressatenorientierung

	+++	++	+	-	--	---
Einstieg in das FFG						
Strukturierte Lösung						
Sprachwahl						
Reaktion auf Nachfragen und Bemerkungen						
Verständnis für Einwendungen						
Weiterführende Hinweise für Mandanten						
Bestreben andere Lösungswege aufzuzeigen (falls möglich)						
Abschluss des FFG						

Beispiel für Bewertungsbogen:

Bewertungsbogen für das Fallbezogene Fachgespräch, Prüfer: _____

Name: _____   Vorname: _____

Datum: _____

Prüfungszeit: _____ bis _____ Uhr

Prüfungsgebiet: Beispiel: _____

„Zivilrechtliches Mandat" _____ Fall-Nr. _____

Bewertungs-kriterien: Adres-satengerechte Darstellung, Kommunikation und Kooperation in berufstypischen Situationen	Bewertung						
	trifft in besonderem Maße zu	trifft voll zu	trifft im Allge-meinen zu	trifft trotz Mängeln im Ganzen zu	trifft eher nicht zu	trifft nicht zu	Punkte
	1	2	3	4	5	6	
	100–92	91–81	80–67	66–50	49–30	29–0	
a) kann Mandanten serviceorientiert betreuen							
b) kann Anliegen von Mandanten erfassen							
c) kann Gespräche mit Mandanten adressatenorientiert führen							
d) kann Auskünfte einholen und erteilen							
e) kann Konflikt-situationen bewältigen							
Bewertungskrite-rien: Fachliche Richtigkeit bei der Lösung des Falls	Bewertung						
	Sehr gut	Gut	Befrie-digend	Ausrei-chend	Man-gelhaft	Ungenü-gend	Punkte
	1	2	3	4	5	6	
	100–92	91–81	80–67	66–50	49–30	29–0	
Dabei eingesetztes Fachwissen							
Fachbezogene Anwendung der englischen Sprache							
Gesamtpunktezahl Fallbezogenes Fachgespräch:							

Beispiel:

Abschlussprüfung für Rechtsanwaltsfachangestellte Prüfungsbereich: Mandantenbetreuung – Fallbezogenes Fachgespräch Bewertungshilfe/Bewertungsbogen

Name, Vorname des Prüflings:	Prüfungsdatum:	
Aufgabe/Fall-Nr.:	Beginn (Uhrzeit):	Ende (Uhrzeit):

Themengebiet: ❐ Zivilrechtliches Mandat ❐ Zwangsvollstreckungsrechtliches Mandat ❐ Vergütung und Kosten im zivilrechtlichen Mandat ❐ Zahlungsverkehr

Bewertungsgegenstand:	Notizen:
Fachliche Bewertung	
Sachliche und fachliche Richtigkeit	
Tiefe und Breite der Ausführung	
Adressatengerechte Darstellung, Kommunikation und Kooperation in berufstypischen Situationen	
a) Mandanten serviceorientiert betreuen	
b) Anliegen von Mandanten erfassen	
c) Gespräche mit Mandanten adressatenorientiert führen	
d) Auskünfte einholen und erteilen	
e) Konfliktsituationen bewältigen	
Fachbezogene Anwendung der englischen Sprache	
Ergebnis **Fallbezogenes Fachgespräch**	
Gewichtung:	15 % des Gesamtergebnisses
Zeitdauer	15 Minuten
Gesamtergebnis:	

Mögliche Skala innerhalb der Notizen:	++	+	0	-	--

Beispiel:[17]

A. Fachkompetenz	
Angesprochene Aspekte/Inhalte	
Sach- und fachgerechte Darstellung der Lösung	
Anbieten von passenden Problemlösungen/Alternativen	
Sichere Verwendung der geeigneten Fachbegriffe	
Erkennen von Fehlern aufgrund von Hinweisen und Aufzeigen von Maßnahmen zu deren Behebung	
B. Verhaltens-, Gesprächs- und Methodenkompetenz	
I. Kontaktverhalten	
Aufbau von Kontakt zum Prüfer (Mandanten) (z.B. Blickkontakt, Gestik), angemessene Körpersprache	
Verwendung einer verständlichen Sprache	
II. Informations- und Analyseverhalten	
Behandlung von Wünschen und Bedürfnissen des Mandanten	
Einfache und verständliche Erläuterung der Sachverhalte	
Konzentriertes Zuhören, Prüfer ausreden lassen	
Strukturierung des Gesprächs	
Angemessenes Aufgreifen alternativer Vorschläge und Eingehen auf Rückfragen	
III. Methodenkompetenz	
Erkennen der richtigen Herangehensweise an die Aufgabe	
Erkennen der notwendigen Arbeitsschritte im logischen Ablauf	

---

17 Angelehnt an: Prüfung-2000plus; u.a. aus Werner Selbeck, Seminare & Training sowie aus Karlheinz Müller, BiBB-Fachtagung 2006, Workshop 1.

Teil 2
Musterfachgespräche mit Lösungsvorschlägen

1. Einführung

Hier sollen Vorschläge gemacht werden, wie Fallbezogene Fachgespräche gestaltet werden können. Wie die einzelnen Prüfungsausschüsse dabei vorgehen, wird individuell zu regeln sein. Dabei können die hier zu findenden „**Musterfachgespräche**" als Anregungen dienen.

Beabsichtigt ist hier keine vollständige Abdeckung der möglichen Inhalte, sondern eine Schwerpunktsetzung. Je nachdem, ob Vorbereitungszeit eingeräumt wird oder nicht, hat auch eine andere Gestaltung der (Muster-)Situationen für die Fachgespräche und deren Durchführung stattzufinden.

Für jedes der **vier Auswahlgebiete** sind mehrere Fälle vorzuhalten, welche vor jeder Prüfung überarbeitet und aktualisiert werden.

2. Vom Prüfungsausschuss ausgewähltes Gebiet für den Prüfungsbereich Mandantenbetreuung

Übersicht und Begrifflichkeiten

Prüfungsbereiche (§ 7 II ReNoPatAusbV)				
Geschäfts- und Leistungsprozesse	**Mandantenbetreuung**	Rechtsanwendung im Rechtsanwaltsbereich	Vergütung und Kosten	Wirtschafts- und Sozialkunde
als Fallbezogenes Fachgespräch (§ 7 IV Nr. 3 ReNoPatAusbV)				
Auswahlgebiete des Fallbezogenen Fachgesprächs (§ 7 IV Nr. 2 ReNoPatAusbV)				
a) Zivilrechtliches Mandat	b) Zwangsvollstreckungsrechtliches Mandat	c) Vergütung und Kosten im zivilrechtlichen Mandat	d) Zahlungsverkehr	
Berücksichtigung der fachbezogenen Anwendung der englischen Sprache (§ 7 IV Nr. 4 ReNoPatAusbV)				

Es ist aus der Ausbildungsverordnung nicht eindeutig herauszulesen, dass die Details aus Teil B des Ausbildungsrahmenplans für den Prüfungsbereich Mandantenbetreuung anzuwenden sind. Aus unserer Sicht ist es ein denkbares Vorgehen, bei den Überlegungen und der Gestaltung von Situationen für das Fallbezogene Fachgespräch diese Details heranzuziehen, welche daher im Folgenden dargestellt werden.

Gegenstand der Berufsausbildung sind mindestens die im Ausbildungsrahmenplan (Anlage der AusbV) genannten Fertigkeiten, Kenntnisse und Fähigkeiten (**berufliche Handlungsfähigkeit**).

Dieser **Ausbildungsrahmenplan (ARP)** findet sich in der Anlage (zu § 3 I) der AusbV für die Berufsausbildungen zum Rechtsanwaltsfachangestellten und zur Rechtsanwaltsfachangestellten, zum Notarfachangestellten und zur Notarfachangestellten, zum Rechtsanwalts- und Notarfachangestellten und zur Rechtsanwalts- und Notarfachangestellten sowie zum Patentanwaltsfachangestellten und zur Patentanwaltsfachangestellten.

Dort sind die **berufsprofilgebenden Fertigkeiten, Kenntnisse und Fähigkeiten** (**Teil B** für Rechtsanwaltsfachangestellte) detailliert ausgeführt. Dieser Teil B ist in genau die vier Auswahlgebiete des Fallbezogenen Fachgesprächs gegliedert (= Ausbildungsberufsbild) (§ 4 III AusbV):

1. Zivilrechtliches Mandat
2. Zwangsvollstreckungsrechtliches Mandat
3. Vergütung und Kosten im zivilrechtlichen Mandat
4. Zahlungsverkehr

Diese Ausführungen können aus unserer Sicht als Themenpool bei der Erstellung der Mustersituationen für den Prüfungsbereich Mandantenbetreuung dienen.

3. Themengebiete für das Fallbezogene Fachgespräch

3.1 Einführung

Die Themengebiete für das Fallbezogene Fachgespräch ergeben sich aus der Anlage zu § 3 I ReNoPatAusbV vom 29.08.2014, BGBl. I, S. 1490, Geltung ab 01.08.2015.

3.2 Zivilrechtliches Mandat

Rechtsanwendung im Bereich des bürgerlichen Rechts

a) Ansprüche aus Kauf-, Miet-, Darlehens-, Dienst- und Werkvertrag begründen
b) Mahn- und Kündigungsschreiben entwerfen
c) Ansprüche aus unerlaubter Handlung und ungerechtfertigter Bereicherung unterscheiden
d) Arten, Erwerb, Belastung und Untergang von Besitz und Eigentum an beweglichen und unbeweglichen Sachen unterscheiden und bei der Bearbeitung von Fachaufgaben berücksichtigen
e) Ansprüche aus Erb- und Unterhaltsrecht prüfen

Rechtsanwendung in den Bereichen des Wirtschafts- und Europarechts

a) Haftungs- und Vertretungsumfang der Kaufleute und Unternehmensformen bei der Prüfung und Durchsetzung von Ansprüchen berücksichtigen
b) Gesellschaftsverträge für Personen- und Kapitalgesellschaften vorbereiten
c) Besonderheiten des Handelskaufs, auch im europäischen Bezug, berücksichtigen
d) Kreditarten nach Verwendungsmöglichkeiten und Sicherheiten unterscheiden
e) europäisches Mahnverfahren anwenden

Rechtsanwendung im Bereich des Zivilprozesses

a) Voraussetzungen für das Mahnverfahren prüfen sowie Anträge auf Erlass von Mahn- und Vollstreckungsbescheiden entwerfen und einreichen
b) Zuständigkeiten der Gerichte bei verschiedenen Klagearten prüfen
c) außergerichtliches Aufforderungsschreiben unter Berücksichtigung der Ziele und Folgen formulieren, auch in englischer Sprache
d) Anträge auf Bewilligung der Prozesskosten- und Beratungshilfe fertigen; Beschluss prüfen
e) Klageschrift entwerfen
f) den Mandanten den Ablauf eines zivilrechtlichen Verfahrens erläutern, auch in englischer Sprache, und entsprechende Maßnahmen einleiten
g) Folgen gerichtlicher Endentscheidungen einschließlich Rechtsmitteln und Rechtsbehelfen prüfen und entsprechende Maßnahmen einleiten
h) Verfahrensfristen erfassen, berechnen und kontrollieren sowie Fristverlängerungs- und Terminverlegungsanträge entwerfen
i) Rechtsmittel- und Rechtsbehelfsschrift erstellen
j) Anträge auf einstweiligen Rechtsschutz vorbereiten

k) alle allgm. Notizen aufschr.

3.3 Zwangsvollstreckungsrechtliches Mandat

a) Verfahren der Zwangsvollstreckung unterscheiden; Organe, Arten und Voraussetzungen der Zwangsvollstreckung ermitteln

b) Zwangsvollstreckung wegen einer Geldforderung in das bewegliche und unbewegliche Vermögen des Schuldners einleiten

c) sonstige Vollstreckungsanträge entwerfen

d) Auszüge aus Schuldnerverzeichnissen einholen

e) Anträge auf Abgabe der Vermögensauskunft sowie auf Haft stellen

f) Einwendungen in der Zwangsvollstreckung unterscheiden, Fristen berechnen und Anträge erstellen, insbesondere sofortige Beschwerde und Erinnerung

g) Zwangsvollstreckung aus europäischen Titeln einleiten; deutsche Titel im europäischen Ausland vollstrecken

3.4 Vergütung und Kosten im zivilrechtlichen Mandat

Vergütungsgrundsätze

a) Unterschiede zwischen gesetzlichen Gebühren und Vergütungsvereinbarungen gegenüber Mandanten erläutern

b) Vergütungsvereinbarungen entwerfen und Honorare abrechnen

c) Gegenstandswerte bestimmen, Wertfestsetzung beantragen und gesetzliche Gebühren und Auslagen unter Berücksichtigung der Anrechnungsvorschriften berechnen, auch für mehrere Auftraggeber

Vergütung im Zivilprozess

a) Gebühren und Auslagen berechnen, dabei Vorschriften über dieselben und verschiedene Angelegenheiten berücksichtigen

b) Wertänderungen im Verfahrensverlauf beachten

c) Gebühren und Auslagen in Rechtsbehelfs- und Rechtsmittelverfahren ermitteln und berechnen

Vergütung in Prozesskosten- und Beratungshilfeverfahren

a) Mandanten über die Risiken eines Prozesskostenhilfeverfahrens aufklären

b) Anträge auf Erstattung der Vergütung nach bewilligter Prozesskostenhilfe erstellen

c) Beratungshilfe abrechnen

Vergütung in der Zwangsvollstreckung

a) Zwangsvollstreckungsmaßnahmen unter Berücksichtigung besonderer Angelegenheiten abrechnen

b) Gegenstandswerte für Vollstreckungsmaßnahmen ermitteln

Kostentragung und Kostenfestsetzung

a) Kostenanträge entwerfen

b) Kostenfestsetzungs- und Kostenausgleichsanträge erstellen

c) Festsetzung der Vergütung gegen den Mandanten beantragen

Gerichtskosten

a) Gerichtskostenvorschüsse zu verschiedenen Verfahrensarten berechnen

b) Gerichtskostenrechnungen kontrollieren

3.5 Zahlungsverkehr

a) Zahlungsvorgänge abwickeln, überwachen, kontrollieren und dokumentieren
b) elektronischen Zahlungsverkehr mit Gerichten und Mandanten durchführen

3.6 Einbezug der englischen Sprache

Zusätzlich ist die fachbezogene Anwendung der **englischen Sprache** zu berücksichtigen.

Ausführungen/Beispiele hierzu finden Sie unter II. Ziff. 7 ab Seite 164.

4. Allgemeine Tipps für Prüfungen in mündlicher Form

Einige Verhaltensempfehlungen für den Prüfling, der sich in einer mündlich durchgeführten Prüfung befindet – insbesondere hier im Fallbezogenen Fachgespräch – sollen helfen, dass die Prüfungssituation positiv gestaltet wird und sogenannte „soft-skills", welche in die Bewertung einfließen, ebenfalls positiv beeinflusst werden.

1. Erscheinen Sie pünktlich zum Termin – Sie bringen sich sonst um wertvolle Vorbereitungszeit!
2. Achten Sie auf Ihr äußeres Erscheinungsbild – dem Anlass angemessen.
3. Lassen Sie die Mitglieder der Prüfungskommission ausreden und unterbrechen Sie sie nicht.
4. Sprechen Sie langsam, ruhig, deutlich und nicht zu leise, formulieren Sie keine zu langen und verschachtelten Sätze.
5. Legen Sie Atem- und Gedankenpausen ein.
6. Wenn Sie eine Frage nicht verstanden haben, ist Nachfragen und Bitten um Wiederholung, eventuell auch mit anderen Worten, erlaubt.
7. Achten Sie auf Blickkontakt zu der/dem Sie befragenden Prüferin/Prüfer, halten Sie aber auch Blickkontakt zu den anderen Prüferinnen und Prüfern. Sie können an deren Reaktionen unter Umständen auch ablesen, ob Sie auf dem „richtigen Weg" sind!
8. Bewerten Sie Nachfragen des Prüfungsausschusses auf Ihre Ausführungen oder Antworten nicht als negativ – dies kann auch bedeuten, dass Sie mit Ihren Ausführungen naheliegende Bereiche angeschnitten haben, die Kommission noch mal genauer nachfragt.
9. Benutzen Sie keine Fachbegriffe bzw. schneiden Sie keine Themengebiete an, die Sie im Zweifel nicht näher erläutern könnten.
10. Nehmen Sie konkret Bezug auf den Fall oder die Frage, welche Ihnen vorgelegt oder gestellt wird. Nehmen Sie sich angemessen Zeit, zu antworten und schweifen Sie nicht ab.

5. Tipps für die Arbeit mit den Musterfachgesprächen und das Fallbezogene Fachgespräch im Besonderen

5.1 Tipps für Prüfungsteilnehmer

Die Musterfachgespräche in diesem Buch sind auf eine Vorbereitungszeit von ca. 15 Minuten und auf eine Prüfungszeit von 15 Minuten ausgelegt. Die sich dem Gespräch anschließenden weiteren möglichen Fragen der Prüfer sind **weder abschließend noch bei der Zeitvorgabe berücksichtigt** worden. Sie bieten einfach die Möglichkeit, sich auf Fragen aus unterschiedlichen Bereichen einzustellen und eine Idee davon zu bekommen, welche Fragen sich anschließen könnten. Wir empfehlen Ihnen ausdrücklich NICHT, diese Fragen und Antworten auswendig zu lernen. Wesentlich wichtiger ist, dass Sie die Inhalte verstanden haben. Hierzu können die Verweise auf die Paragrafen in den Fußnoten hilfreich sein. Prüflinge sollten frühzeitig den Umgang mit dem Gesetz lernen und sich ggf. Wissen auch aus dem Studium der Gesetzestexte erschließen.

Die Lösungsvorschläge zu den Aufgabenstellungen bzw. Fragen sind daher häufig nur Möglichkeiten und schließen ein anderes Vorgehen nicht aus.

Falls eine Vorbereitungszeit vorgesehen ist, empfehlen wir Prüfungsteilnehmern, sich lediglich Stichworte für das Prüfungsgespräch aufschreiben – eine Lösung, wie in den folgenden Musterfachgesprächen, ist in der konkreten Prüfungssituation aus Zeitgründen nicht möglich. Die ausführlichen Angaben dienen daher lediglich als Anregung und zur Vorbereitung auf die Prüfung im Prüfungsbereich Mandantenbetreuung als Fallbezogenes Fachgespräch.

5.2 Tipps für Prüfer

Die nachstehenden Ausführungen in Kapitel 6 bitten wir, als Anregung zu verstehen, wie man das neue System der „mündlichen Prüfung" gestalten kann. Wir gehen nach dem Wortlaut der ab 01.08.2015 geltenden ReNoPatAusbV davon aus, dass Fragen nur noch zu dem gewählten Prüfungsgebiet gestellt werden dürfen. Ob der Wortlaut der ab 01.08.2015 geltenden ReNoPatAusbV sowie der von den Kammern erstellten Prüfungsordnungen eine andere Auslegung zulässt, möchten wir nicht beurteilen.

Wir halten es für alle an der Ausbildung und Prüfung Beteiligten für sinnvoll, wenn zumindest innerhalb eines Kammerbezirks einheitliche Vorgehensweisen bekannt gegeben werden, so dass sich Prüflinge und Prüfer, aber auch Ausbilder und Lehrkräfte frühzeitig auf die neue Situation einstellen können.

6. Musterfachgespräche

6.1 Hinweise

**Musterfachgespräche
zu dem jeweils ausgewählten Gebiet mit Lösungsvorschlägen**

Hinweise zu den Musterfachgesprächen

1. Die folgenden Fälle sind meist konzipiert für eine Prüfung **mit Vorbereitungszeit**. Sie können jedoch auch in gekürzter Form ohne Vorbereitungszeit verwendet werden. Wir haben uns bei den Fällen auf Themenbereiche konzentriert, die wir schwerpunktmäßig selbst bearbeiten. Bitte berücksichtigen Sie, dass diese Musterfachgespräche nur eine Auswahl der prüfungsrelevanten Themen darstellen.

2. Im Hinblick auf die tatsächliche Prüfungszeit von 15 Minuten wird davon ausgegangen, dass eine Vorbereitungszeit die Prüfungszeit nicht übersteigen sollte. Aus diesem Grund sind wir bei der etwaigen **Vorbereitungszeit** ebenfalls von **15 Minuten** ausgegangen.

3. Die **Lösungen** der Fälle sind in ausführlicher Form gestaltet. Es ist davon auszugehen, dass bei einer Vorbereitungszeit von 15 Minuten die Prüflinge lediglich **Stichpunkte** notieren können.

4. Die Stichpunkte bzw. schriftliche Ausarbeitung dienen lediglich der Unterstützung des Prüflings in der Prüfungssituation. Sie fließt nicht in die Bewertung mit ein. Nach der mündlichen Prüfung sollten diese Aufzeichnungen eingesammelt und vernichtet werden.

5. Zur Berücksichtigung der fachbezogenen Anwendung der **englischen Sprache** befinden sich gesammelte Hinweise in **Kapitel 7**.
   Bei **einzelnen** Musterfachgesprächen finden sich bereits integriert **mögliche** Fragen zur Einbeziehung der englischen Sprache.

6. Je nachdem, ob **Hilfsmittel** zugelassen sind oder nicht, findet eine Nennung der gesetzlichen Vorschriften (§§) statt. Ob dies erforderlich sein soll, werden die jeweiligen Prüfungsausschüsse entscheiden.

Wir haben in unseren Musterfachgesprächen die möglichen Lösungen der denkbaren Anschlussfragen ohne §§-Angaben gestaltet (diese befinden sich teilweise in den Fußnoten, zur Prüfungsvorbereitung). Bitte beachten Sie, dass die denkbaren Anschlussfragen auch nur eine Anregung darstellen; selbstverständlich ist es nicht möglich, ein komplettes Prüfungsgespräch vorzugeben. Es ist auch nicht unsere Absicht. Wir möchten vielmehr Anregungen für Prüfer und Prüflinge geben, wie mögliche Anschlussfragen sich gestalten können. Je nach Stichwort ist ein Umschwenken in eine völlig andere Richtung (solange themenbezogen) möglich. **Hinweis an Prüflinge:** Es ist daher **nicht** sinnvoll, die Fragen und Antworten auswendig zu lernen. Bedenken Sie auch, dass die Prüfungszeit vorgegeben ist und weitere Fragen möglich sind.

6.2 Musterfachgespräche „Zivilrechtliches Mandat"

6.2.1 Musterfachgespräch 1

(Ausgewähltes Gebiet: Zivilrechtliches Mandat)

Situation:

Sie haben im Auftrag Ihres Arbeitgebers, Herrn RA Schöller, einen neuen Drucker für die Kanzlei bestellt, welcher am 14.08.2017 geliefert wird. Nach einer Woche bezahlen Sie unter Ausnutzung von Skonto die Rechnung. Bereits nach zwei Wochen ist das Druckbild schlecht lesbar. Nachdem sich nach Einlegen einer neuen Tonerkassette das Druckbild nicht verbessert, melden Sie diesen Mangel telefonisch nach drei Wochen beim Druckerhersteller.

Die Lösungen zu folgenden Aufgabenstellungen sind mit Begründung und Angabe von gesetzlichen Bestimmungen zu präsentieren:

1. Stellen Sie fest, um welche Art von Mangel nach dem BGB es sich hier handelt!
2. Beurteilen Sie, ob es problematisch ist, dass zwischen Lieferung und Ihrer Mängelanzeige bereits drei Wochen vergangen sind!
3. (E) Formulieren Sie sinngemäß auf Englisch: „Die Mängelanzeige hat unverzüglich zu erfolgen."

Lösungsvorschlag:

1. Der Mangel war bei Lieferung am 14.08. nicht sofort erkennbar, erst bei Benutzung ist dieser Mangel nach zwei Wochen aufgetreten, § 434 BGB.
    Es handelt sich um einen Mangel in der Beschaffenheit, da der Drucker nicht den Erwartungen entspricht, nämlich, dass mit dem Drucker lesbar gedruckt werden kann.
    [Erläuterung für den Prüfling: § 434 BGB definiert nicht den Mangel als solchen, sondern sagt, dass eine Sache frei von Sachmängeln ist, wenn sie bei Gefahrübergang die vereinbarte Beschaffenheit hat. Die Parteien bestimmen danach die Soll-Beschaffenheit der verkauften Sache. Weicht die Ist-Beschaffenheit nach erfolgter Übergabe von der vereinbarten Soll-Beschaffenheit ab, liegt ein Mangel vor.]

2. Gemäß § 377 HGB ist ein Kaufmann verpflichtet, die erhaltene Ware unverzüglich (d.h. ohne schuldhafte Verzögerung) zu prüfen und gegebenenfalls zu rügen, d.h. den Mangel anzuzeigen. Geschieht dies nicht, verliert der Käufer die Ansprüche. Dies spielt hier keine Rolle, da es sich beim Käufer nicht um einen Kaufmann i.S.d. HGB handelt. Die Mängelanzeige nach einer Woche ist daher hier unproblematisch.

3. (E) Mögliche Formulierung: The notice of defects has to be made immediately.

Diese ergänzenden Fragen könnten beispielhaft gestellt werden:

Ihr Prüfer möchte wissen, welche Pflichten der Kaufvertrag in diesem Fall für Verkäufer und Käufer grundsätzlich beinhaltet.

Mögliche Antwort: Durch den Kaufvertrag wird der Druckerhersteller (= Verkäufer) verpflichtet, der Kanzlei (= Käufer) die Sache zu übergeben und das Eigentum an der

Sache frei von Sach- und Rechtsmängeln zu verschaffen.[18] Die Kanzlei muss den Kaufpreis bezahlen.

Ihr Prüfer möchte wissen, wann es denn zu spät wäre, den Anspruch geltend zu machen.

Mögliche Antwort: Mängelansprüche verjähren 2 Jahre nach Ablieferung der Sache.[19] Hier sind erst drei Wochen vergangen. Hier ist es also auch aus dieser Sicht noch nicht zu spät, den Mangel zu rügen, da der Mangel bereits nach drei Wochen gerügt wurde.

[***Erläuterung für den Prüfling:*** Bei Bauwerken und mit Bauwerken in Verbindung stehende Sachen Verjährung nach 5 Jahren, nach 30 Jahren bei im Grundbuch eingetragenen Rechten oder bei beispielsweise gestohlenen Sachen; bei arglistig verschwiegenen Mängeln gilt die regelmäßige (normale) Verjährungsfrist, diese beträgt 3 Jahre und beginnt mit Ende des Jahres, in dem der Mangel entdeckt wurde.]

---

18 § 433 I BGB.
19 § 438 I Nr. 3 BGB.

6.2.2   Musterfachgespräch 2

(Ausgewähltes Gebiet: Zivilrechtliches Mandat)

Situation:

Sie haben im Auftrag Ihrer Kanzlei bei einem Elektrofachmarkt einen neuen Kühlschrank für die Kanzleiküche bestellt und diesen nach Lieferung auch innerhalb von zwei Wochen bezahlt. Bereits sechs Wochen nach Lieferung kühlt das Gerät nicht mehr, der Motor ist defekt. Sie melden diesen Mangel bei dem Elektrofachmarkt, der den Kühlschrank geliefert hat und verlangen eine Lösung des Problems.

Die Lösungen zu folgenden Aufgabenstellungen sind mit Begründung und Angabe von gesetzlichen Bestimmungen zu präsentieren:

1. Prüfen Sie, ob in diesem Fall der Kaufvertrag zwischen Ihrer Kanzlei und dem Kühlschranklieferanten erfüllt wurde!

2. Die Servicezentrale des Elektrofachmarktes schlägt eine Neulieferung vor. Stellen Sie fest, ob Sie noch andere Möglichkeiten hätten, und beurteilen Sie, welche Möglichkeit in diesem Fall sinnvoll ist!

3. (E) What are the two parties of a contract of sale?

Lösungsvorschlag:

1. Der Kühlschranklieferant (Verkäufer) ist verpflichtet, Ihrer Kanzlei (Käufer) die Sache zu übergeben und das Eigentum an der Sache frei von Sach- und Rechtsmängeln zu verschaffen, § 433 I BGB. Nachdem der Kühlschrank bereits nach vier Wochen nicht mehr kühlt, liegt ein Mangel vor → Kaufvertrag ist nicht erfüllt, da der Kühlschranklieferant die Sache nicht mängelfrei geliefert hat.

2. Ohne Nachfristsetzung kann entweder Neulieferung oder Nachbesserung (Reparatur) verlangt werden – also Nacherfüllung des Kaufvertrages. Dabei ist das Verschulden des Verkäufers unerheblich.
   Der Elektrofachmarkt *könnte* die gewählte Nacherfüllung verweigern, wenn sie unverhältnismäßige Kosten verursachen würde. Der Käufer muss sich dann mit der verbleibenden Möglichkeit zufrieden geben. Hier ist es nicht sinnvoll, den Kühlschrank reparieren zu lassen, der Elektrofachmarkt würde diese Möglichkeit wahrscheinlich wegen zu hoher Kosten ablehnen. Hier ist die Neulieferung am Sinnvollsten, § 439 I u. III BGB

3. (E) The two parties are the vendee and the vendor/buyer/purchaser and seller.

Diese ergänzenden Fragen könnten beispielhaft gestellt werden:

Ihr Prüfer möchte wissen, wer die Versandkosten für die Rücksendung bzw. Neulieferung des neuen Kühlschranks bezahlen muss.

Mögliche Antwort: Der Elektrofachmarkt hat alle Kosten, die bei der Nacherfüllung entstehen, zu tragen (Transport-, Wege-, Arbeits- und Materialkosten).[20]

---

20 § 439 II BGB.

Ihr Prüfer möchte, dass Sie einer neuen Auszubildenden in der Kanzlei erklären, welche zwei rechtlichen Bestandteile ein Kaufvertrag hat und dass Sie diese näher erläutern.

Mögliche Antwort: Der Kaufvertrag besteht aus Verpflichtungs- und Verfügungsgeschäft. Der Kaufvertrag (Antrag und Annahme) stellt das Verpflichtungsgeschäft dar, die Eigentumsübertragung an der gekauften Sache und die Übergabe des Kaufpreises das Verfügungsgeschäft.

Ihr Prüfer möchte wissen, ob ein Werbeprospekt des Elektrofachmarktes bereits einen Antrag (im Sinne des Kaufvertrages) darstellt.

Mögliche Antwort: Die Angaben im Prospekt beinhalten kein konkretes Angebot, sondern lediglich die Aufforderung zur Abgabe eines Angebots. Mit der Bestellung für die Kanzlei kommt diese der Aufforderung zur Abgabe eines Angebots nach. Der Käufer gibt ein konkretes Kaufangebot ab. Nimmt der Elektrofachmarkt dieses Angebot an, dann kommt es zum Vertragsschluss.

(Ausgewähltes Gebiet: Zivilrechtliches Mandat)

Situation:

Ihre Kanzlei bekommt von Frau Jane Stone den Auftrag, sie in folgender Problematik zu beraten. Frau Stone hatte ein neues Surfbrett im Surfsportladen CocoLoco GmbH gekauft. Nach 4 Monaten stellt sie im Urlaub Mängel fest, welche sie bei ihrer Rückkehr aus dem Urlaub im Sportgeschäft anzeigt. Sie gibt das Surfbrett zurück und verlangt Rückzahlung des Kaufpreises. Die Angestellte des Surfsportladens nimmt das Surfbrett zwar an, ist jedoch nicht bereit die Auszahlung des Kaufpreises vorzunehmen, da dazu die Zustimmung des Geschäftsführers erforderlich wäre.

Die Lösungen zu folgenden Aufgabenstellungen sind mit Begründung und Angabe von gesetzlichen Bestimmungen zu präsentieren:

1. Prüfen Sie zunächst, ob die Rückgabe des Surfbrettes hier das passende Vorgehen war!

2. Stellen Sie fest, wann die Ansprüche von Jane verjähren würden.

3. (E) Frau Stone lebt zwar lange in Deutschland, versteht aber die Fachbegriffe „Rücktritt vom Vertrag" und „Nachfrist zur Nacherfüllung" „… Nachfrist setzen" nicht. Übersetzen Sie diese ins Englische bzw. umschreiben Sie diese auf Englisch!

Lösungsvorschlag:

1. Zunächst muss geklärt werden, ob Jane überhaupt zum Rücktritt berechtigt war. Die CocoLoco GmbH ist verpflichtet, Jane Stone ein mangelfreies Surfbrett zu übergeben, § 433 I 2 BGB.
    Ein Rücktritt ist nur möglich, wenn
    *   die gekaufte Sache zum Zeitpunkt der Übergabe einen Mangel hat, § 434 BGB,
    *   der Verkäufer seiner Verpflichtung zur Nacherfüllung – Nachbesserung oder Neulieferung nach Wahl des Käufers – nicht nachkommt, §§ 437, 439 BGB,
    *   eine vom Käufer gesetzte Nachfrist zur Nacherfüllung ergebnislos verstrichen ist, § 323 I BGB, oder
    *   die Frist aufgrund eines Sachverhaltes entbehrlich ist, vgl. §§ 323 II, 440 BGB.

    Der Mangel wurde von Jane nach 4 Monaten festgestellt. Es liegt somit ein Mangel gem. § 434 BGB vor.
    Jane hat ein Recht auf Nacherfüllung, d.h. sie kann von der CocoLoco GmbH entweder kostenlose Reparatur oder kostenlosen Austausch des fehlerhaften Surfbretts gegen ein fehlerfreies Board der gleichen Marke verlangen. Für die Nachbesserung muss der CocoLoco GmbH eine angemessene Nachfrist gesetzt werden.
    Erst nach fruchtlosem Ablauf der Nacherfüllungsfrist ist Jane zum Rücktritt berechtigt.
    Eine Nacherfüllungsfrist entfällt, wenn weder Reparatur oder Neulieferung möglich wären oder die CocoLoco GmbH die Nacherfüllung verweigern würde.
    Jane gibt der CocoLoco keine Möglichkeit der Nacherfüllung; sie verlangt sofort Rücktritt vom Vertrag. Hierzu ist sie nicht berechtigt.

2.	Ansprüche auf Nacherfüllung verjähren nach 2 Jahren ab der Übergabe des Surfbretts, § 438 I Nr. 3 BGB. Das Surfbrett wurde am 30. August gekauft, die Ansprüche verjähren am 30. August zwei Jahre später.

3. (E) Rücktritt vom Vertrag   cancellation of a contract; withdrawal from a contract

Nachfrist zur Nacherfüllung   period of grace for cure/supplementary performance

Nachfrist setzen   to set a final deadline

Diese ergänzenden Fragen könnten beispielhaft gestellt werden:

Ihr Prüfer möchte wissen, ob Jane Stone die Rückzahlung des Kaufpreises verlangen kann.

Mögliche Antwort: Nachdem Jane Stone in dieser Phase noch nicht zum Rücktritt berechtigt war, ist sie auch nicht berechtigt, die Rückzahlung des Kaufpreises zu verlangen.

Ihr Prüfer möchte wissen, ob es in diesem Fall relevant ist, dass der Mangel sofort entdeckt und gerügt wird.

Mögliche Antwort: Nachdem es sich bei Jane Stone um eine Privatperson handelt, ist sie – im Vergleich zum Vorgehen bei einem Handelskauf – nicht verpflichtet, die Ware unverzüglich zu prüfen, ob sie Mängel aufweist. Sie verliert daher auch nicht die Gewährleistungsansprüche.

6.2.4 Musterfachgespräch 4

(Ausgewähltes Gebiet: Zivilrechtliches Mandat)

Situation:

Am 17.08.2017 bittet Herr Huber die Partnerin Ihrer Kanzlei, Rechtsanwältin Grau, um Rechtsauskunft. Er hat eine Wohnung an den Mieter Schrott für 560,00 € zuzüglich Nebenkosten (fällig jeweils zum 1. eines Monats) vermietet. Herr Schrott kündigte den Mietvertrag am 09.03.2017 zum 30.06.2017. Für die Monate April bis Juni erfolgten keine Mietzahlungen mehr. Herr Schrott ist am 12.06.2017 ausgezogen.

Nach verschiedenen telefonischen und schriftlichen Mahnungen, die ohne Wirkung blieben, beauftragt Herr Huber Rechtsanwältin Grau, ein Aufforderungsschreiben an Herrn Schrott aufzusetzen, in dem sowohl die ausstehenden Mietzahlungen als auch alle angefallenen Kosten gefordert werden. Eventuell soll später ein gerichtliches Mahnverfahren eingeleitet werden.

Die Lösungen zu folgenden Aufgabenstellungen sind mit Begründung und Angabe von gesetzlichen Bestimmungen zu präsentieren:

1.   Klären Sie, wann die Ansprüche des Herrn Huber aus rückständigen Mietzahlungen verjähren.

2.   Stellen Sie dar, welche Forderungen Ihre Kanzlei insgesamt gegenüber Herrn Schrott geltend machen wird!

3. (E) Erklären Sie einer Praktikantin auf Englisch, worum es sich bei einem Mahnbescheid handelt.

Lösungsvorschlag:

1.   Ansprüche aus Vermietung unterliegen der regelmäßigen Verjährung von 3 Jahren, § 195 BGB.
Die Frist beginnt mit dem 31.12. des Jahres, in dem die Ansprüche entstanden sind – hier mit dem 31.12.2017 – und mit der Kenntnis der Umstände durch Herrn Schrott, § 199 I BGB.
Die Ansprüche entstehen im Jahre 2017, die Verjährung beginnt am 31.12.2017 und endet am 31.12.2020. Verjährt sind die Ansprüche am 01.01.2021.

2.   Es muss geprüft werden, ob und wann Mieter Schrott in Verzug ist, um neben der Hauptforderung einen Verzugsschaden feststellen zu können. Anspruchsgrundlage für einen Schadensersatz ist § 280 BGB i.V.m. § 286 BGB. Ein Zahlungsverzug liegt vor, wenn trotz Fälligkeit nicht geleistet wurde, § 286 I BGB, ein Verschulden vorliegt § 286 IV BGB, gemahnt wurde § 286 I BGB.
Da die Miete zum 1. eines Monats zu zahlen war, ist Schrott mit Ablauf des 1. eines Monats in Zahlungsverzug. In dem Aufforderungsschreiben werden daher folgende Ansprüche aufgelistet:
• Hauptforderung: Miete für Monate April bis Juni 2017,
• Nebenforderungen: Verzugszinsen in Höhe von 5 %-Punkten über dem Basiszinssatz
ab dem 2. April für die Aprilmiete von 560,00 €,
ab dem 2. Mai für die Maimiete von 560,00 €,
ab dem 2. Juni für Junimiete von 560,00 €.

• alle Mahnkosten, weil die Kosten nach Eintritt des Verzugs entstanden sind. [***Erläuterung für Prüfling:*** Eine Mahnung kann entfallen, wenn ein Zahlungstermin kalendermäßig bestimmbar ist, eine 30-tägige Frist ab Erhalt einer Rechnung verstrichen ist – dies ist ohne Bedeutung, wenn bereits vor Ablauf von 30 Tagen der Verzug eingetreten ist. Dies gilt gegenüber einem Verbraucher jedoch nur, wenn er auf diese Folgen in der Rechnung oder Zahlungsaufstellung besonders hingewiesen worden ist, § 286 III S. 1 BGB.]

3. (E) A court order/default summons/legal order to pay requires someone to pay a certain amount of money by court order.

Diese ergänzenden Fragen könnten beispielhaft gestellt werden:

Ihr Prüfer möchte wissen, wie sich ein ergangener Mahnbescheid auf die Verjährung auswirken würde.

Mögliche Antwort: Durch die Zustellung eines Mahnbescheides wird die Verjährung gehemmt[21], d.h. der Zeitraum der Hemmung wird in die Verjährungszeit nicht eingerechnet.

Ihr Prüfer möchte wissen, wie die Zuständigkeit im Falle eines Antrags auf Erlass eines Mahnbescheids geregelt ist.

Mögliche Antwort: Sachlich sind für den Erlass eines Mahnbescheids die Amtsgerichte zuständig.[22] Örtlich ist das Amtsgericht zuständig, bei dem der Antragsteller seinen allgemeinen Gerichtsstand hat.[23] Die Landesregierungen wurden ermächtigt, durch Rechtsverordnung Mahnverfahren einem Amtsgericht für die Bezirke mehrerer Amtsgerichte zuzuweisen.[24] In Bayern ist das zuständige Amtsgericht das AG Coburg.

Es könnten sich hier auch Fragen zu folgenden Themen anschießen (nur beispielhaft):

Fragen zur Rückwirkung des Hemmungszeitpunkts nach § 167 ZPO, zum Inhalt eines Aufforderungsschreibens, den Unterschied zwischen Anhängigkeit und Rechtshängigkeit oder das Mahnverfahren im Gesamten.

---

21 § 204 I Nr. 3 BGB.
22 § 689 I ZPO.
23 § 689 II ZPO.
24 § 689 III ZPO.

6.2.5 Musterfachgespräch 5

(Ausgewähltes Gebiet: Zivilrechtliches Mandat)

Situation:

Ihre Kanzlei wird von einem Vertreter der Firma Schöller GmbH aufgesucht. Das Unternehmen hatte eine Rechnung für eine Lieferung versandt und der Schuldner hat diesen Betrag bis heute nicht beglichen. Ihre Kanzlei soll nun folgende Sachverhalte im Rahmen einer Beratung und außergerichtlichen Vertretung für diesen Mandanten bearbeiten und prüfen.

Folgenden Beleg stellt der Mandant zur Verfügung:

Schöller GmbH   **30. Oktober 2017**

Fällige Posten

Beleg Nr.	Schuldner	Beschreibung	Fälligkeit	Restbetrag
20170046 vom 22.09.2017	137 Bürosysteme GmbH	Schreibtisch Schreibtischstuhl	20.10.2017	1.960,00 €

Die Lösungen zu folgenden Aufgabenstellungen sind mit Begründung und Angabe von gesetzlichen Bestimmungen zu präsentieren:

1. Prüfen Sie, ob hier Zahlungsverzug vorliegt!

2. Stellen Sie fest, welche Ansprüche die Schöller GmbH grundsätzlich hat und beurteilen Sie, für welche Möglichkeit sinnvollerweise die Entscheidung fallen wird!

3. **(E)** Erklären Sie einer Praktikantin auf Englisch, dass im Falle eines Zahlungsverzugs Verzugszinsen berechnet werden.

Lösungsvorschlag:

1.   Prüfung der Fälligkeit der Zahlung:
      Die Zahlung ist am 20.10.2017 fällig (kalendarisch bestimmter Zahlungstermin), eine Mahnung zur Inverzugsetzung ist nicht erforderlich. Außerdem sind 30 Tage nach Rechnungszugang verstrichen. Es handelt sich um einen zweiseitigen Handelskauf – also zwischen 2 Unternehmern – der Hinweis darauf ist also nicht erforderlich → Zahlungsverzug liegt vor, §§ 271, 286 BGB.

2.   Die Schöller GmbH hat gem. § 433, 280 II, 323, 281 BGB grundsätzlich folgende Rechte:
      •   Erfüllung = Zahlung fordern und Verzugszinsen berechnen – keine Nachfrist notwendig
      •   Rücktritt vom Vertrag (und Schadenersatz) → Nachfrist notwendig (entfällt, wenn Zahlungstermin kalendarisch bestimmt ist und bei Zahlungsverweigerung)
      •   Schadenersatz (Verzugszinsen, evtl. höher als gesetzlich/Vertragsstrafen und entstandene Kosten/Ersatz für vergebliche Aufwendungen – Nachfrist notwendig (entfällt, bei Zahlungsverweigerung)
      Hier: Zahlung fordern und Verzugszinsen berechnen, evtl. Nachfrist setzen und bei nicht Begleichung der Rechnung zusätzlich Schadenersatz fordern.

---

3. (E) In case of default of payment there has to be paid interest for late payment. **Alternativ:** If a debtor fails to meet his financial obligations, there has to be paid interest for late payment.

Diese ergänzenden Fragen könnten beispielhaft gestellt werden:

Ihr Prüfer möchte wissen, welche Verjährungsfrist dabei beachtet werden muss.

Mögliche Antwort: Der Anspruch ist am 20.10.2017 entstanden. Die Verjährungsfrist beginnt mit Ablauf des Jahres, in dem der Anspruch entstanden ist, also am 31.12.2017. Die Verjährungsfrist läuft am 31.12.2020 ab.[25]

Ihr Prüfer möchte wissen, welche Vorkehrungen die Schöller GmbH gegen Zahlungsverzug treffen kann.

Mögliche Antworten: *[Für den Prüfungsverlauf genügt es, wenn der Prüfling davon 2–3 Möglichkeiten der im folgenden aufgeführten Maßnahmen anspricht.]*

Sicherung und Durchsetzung von Ansprüchen **im Voraus**:
- Eigentumsvorbehalt (einfach, erweitert, verlängert)
- Vorauskasse
- Überprüfung der Bonität des Kunden
- Anzahlungen
- Zahlung bei Lieferung
- Zahlungsausfallversicherung
- Forderungsabtretung

Sicherung und Durchsetzung von Ansprüchen **im Nachhinein**:
- außergerichtliches Mahnverfahren in mehreren Mahnstufen:
  – höfliche Zahlungserinnerung
  – erste Mahnung (höfliche Aufforderung zur Zahlung, evtl. in Verzugssetzung des Schuldners)
  – zweite Mahnung (mit Kopie der Rechnung)
  – dritte Mahnung, Hinweis auf Neulieferung nur unter Eigentumsvorbehalt oder gegen Vorauskasse
  – letzte Mahnung (Terminbrief) mit Androhung des gerichtlichen Mahnverfahrens (Mahnbescheid bis zur Zwangsvollstreckung)

Ihr Prüfer möchte wissen, wie Sie die Verzugszinsen berechnen.

Mögliche Antwort: Zunächst muss der aktuelle Basiszinssatz ermittelt werden.[26]
Aktueller Basiszinssatz = −0,88 (Stand 01.07.2017)
Berechnung der Verzugszinsen mit der kaufmännischen Zinsberechnung:[27]
Rechnungszugang:
22.09.2017; Fälligkeit: 20.10.2017; Heute: 29.10.2017
Verzugszeit: 10 Tage
$z = (p * t * k / 360 * 100)$ $8{,}17 \times 10 \times 1.960{,}00\,€ / 360 \times 100 = 4{,}45\,€$

---

25 §§ 195, 199 I Nr. 1 BGB.
26 Quelle: www.basiszinssatz.info.
27 §§ 288, 247, 187, 188 BGB.

[**_Erläuterung für den Prüfling:_**   Der Basiszinssatz verändert sich je nach Zinssatz für Hauptrefinanzierungsgeschäfte der EZB, er wird zweimal jährlich (Januar und Juli) angeglichen. Aus dem Basiszinssatz berechnet sich der Verzugszinssatz: bei Verbrauchsgüterkauf: Basiszinssatz + 5 %-Punkte, bei zweiseitigem Handelskauf: Basiszinssatz + 9 %-Punkte, für Forderungen die ab dem 29.07.2014 fällig geworden sind; vorhergehend 8 %-Punkte, Art. 229 § 34 EGBGB. Für vor dem 29.07.2014 begründete Dauerschuldverhältnisse gilt der neue höhere Zinssatz zwischen Unternehmern nur, soweit die Gegenleistung nach dem 30.06.2016 erbracht wird].

6.2.6 Musterfachgespräch 6

(Ausgewähltes Gebiet: Zivilrechtliches Mandat)

Situation:

Ihre Kanzlei wird von einem Vertreter der Firma K + S GmbH mit Sitz in München aufgesucht. Das Unternehmen hatte eine Rechnung für die Lieferung von 4 Computern versandt und die Schuldnerin, die Schneck OHG mit Sitz in Stuttgart, hat den Betrag von 5.800,00 € bis heute nicht beglichen und befindet sich im Zahlungsverzug.

Nach mehrfachen Mahnungen durch Ihre Kanzlei, erhalten Sie nun den Auftrag, die Forderung im gerichtlichen Mahnverfahren geltend zu machen. Ihre Kanzlei hat Inkassovollmacht. Es wurde bereits festgelegt, dass Klage eingereicht werden soll, wenn die Gegenseite im gerichtlichen Mahnverfahren Rechtsbehelf einlegen sollte.

Die Lösungen zu folgenden Aufgabenstellungen sind mit Begründung und Angabe von gesetzlichen Bestimmungen zu präsentieren:

1. Erklären Sie, aus welchen Gründen sich Ihr Mandant eher für ein gerichtliches Mahnverfahren als für eine Klage entscheiden wird!

2. Beurteilen Sie, in welchem Fall es für Ihren Mandanten trotz der Vorteile eines gerichtlichen Mahnverfahrens sinnvoll wäre, sofort Klage zu erheben!

3. Ermitteln Sie die sachliche und örtliche Zuständigkeit für das gerichtliche Mahnverfahren in diesem Fall!

4. (E) Ihre Kollegin bittet Sie, ihr zu helfen, sinngemäß folgenden Inhalt für ein Mahnschreiben (vor gerichtlichem Mahnverfahren) in englischer Sprache auszudrücken. *„Sollten innerhalb der gesetzten Frist die 5.800,00 € nicht auf unserem Konto eingegangen sein, werden wir das gerichtliche Mahnverfahren gegen Sie einleiten."*

Lösungsvorschlag:

1. Das Mahnverfahren läuft schneller ab (keine mündliche Verhandlung, keine Beweisaufnahme), es ist einfacher durchzuführen (nur Online-Formular ausfüllen) und billiger (nur eine 0,5 Gerichtsgebühr, mind. 32,00 € gem. Nr. 1100 KV GKG)

2. Wenn mit Einwendungen des Schuldners, in diesem Fall der Schneck OHG, gegen den beantragten Mahnbescheid zu rechnen ist.

3. Ausschließlich zuständig ist das Amtsgericht, § 689 I ZPO, an welchem die Firma K + S GmbH (Antragstellerin) ihren allgemeinen Gerichtsstand hat, § 689 II ZPO. Allgemeiner Gerichtsstand ist gem. § 12, 17 ZPO der Geschäftssitz der K + S GmbH, hier in München. Ausschließlich zuständiges zentrales Mahngericht für das maschinelle Mahnverfahren in Bayern ist Coburg, § 689 III ZPO.

4. (E) Mögliche Formulierung: If you fail to settle the account by [date], we shall consult with our clients regarding legal (dunning) proceedings against you.

Diese ergänzenden Fragen könnten beispielhaft gestellt werden:

Ihr Prüfer möchte wissen, welche Aspekte in diesem Fall die Zulässigkeit des Mahnverfahrens begründen.

Mögliche Antwort: In diesem Fall ist ein Mahnverfahren zulässig, da es sich um einen Anspruch auf eine bestimmte Geldsumme in Euro handelt.[28] Überdies ist die Gegenleistung bereits erbracht worden.[29]

Ihr Prüfer möchte wissen, wer gesetzlicher Vertreter der K + S GmbH ist und wer gesetzlicher Vertreter der Schneck OHG ist!

Mögliche Antwort: Gesetzlicher Vertreter der K + S GmbH ist der Geschäftsführer, gesetzlicher Vertreter der Schneck OHG sind die Gesellschafter der Schneck OHG.

Hier könnten sich Fragen zu den Vertretungsverhältnissen anderer Rechtsformen, dem gesamten Mahnverfahren, weiteren Vorteilen eines Mahnverfahrens im Gegensatz zu einem Klageverfahren, dem Inhalt einer Klageschrift, der örtlichen Zuständigkeit des Mahnverfahrens, den Parteibezeichnungen im Mahnverfahren u.a. anschließen (nur beispielhaft!).

---

28 § 688 I ZPO.
29 § 688 II Nr. 2 ZPO.

6.2.7 Musterfachgespräch 7

(Ausgewähltes Gebiet: Zivilrechtliches Mandat)

Situation:

Ihre Kanzlei vertritt die Firma K + S GmbH mit Sitz in München. Das Unternehmen hatte eine Rechnung für die Lieferung von 4 Computern versandt und die Schuldnerin, die Schneck OHG mit Sitz in Stuttgart, hat den Betrag von 5.800,00 € bis heute nicht beglichen und befindet sich im Zahlungsverzug.

Nach mehrfachen Mahnungen durch Ihre Kanzlei erhalten Sie nun den Auftrag, die Forderung im gerichtlichen Mahnverfahren geltend zu machen. Ihre Kanzlei hat Inkassovollmacht. Es wurde bereits festgelegt, dass Klage eingereicht werden soll, wenn die Gegenseite im gerichtlichen Mahnverfahren Rechtsbehelf einlegen sollte.

Die Lösungen zu folgenden Aufgabenstellungen sind mit Begründung und Angabe von gesetzlichen Bestimmungen zu präsentieren:

1. Der Mahnbescheid wird der Schneck OHG am 17.07.2017 zugestellt. Notieren Sie die Frist, innerhalb der Sie noch damit rechnen müssen, dass die Gegenseite Rechtsbehelf gegen den Mahnbescheid einlegt!

2. Worauf müssen Sie achten, wenn Sie für Ihre Mandantin Antrag auf Erlass eines Vollstreckungsbescheids stellen wollen?

3. (E) Sie sollen für ein Mandanten-Infoblatt folgenden Satz in englischer Sprache ausdrücken: *„Das Unternehmen befindet sich im Zahlungsverzug".*

Lösungsvorschlag:

1. Bis 30.07.2017 müssen Sie damit rechnen, dass die Schneck OHG (Antragsgegnerin) Widerspruch erhebt, § 692 I Nr. 3 ZPO. Nach Ablauf dieser Frist wäre der Widerspruch noch rechtzeitig, solange der Vollstreckungsbescheid nicht verfügt ist, § 694 ZPO.

2. Der Vollstreckungsbescheid muss innerhalb von sechs Monaten seit Zustellung des Mahnbescheids beantragt werden, sonst verliert der Mahnbescheid seine Wirkung, § 701 ZPO.

3. (E) Mögliche Formulierung: The company is in delay of payment.

Diese ergänzenden Fragen könnten beispielhaft gestellt werden:

Ihr Prüfer möchte wissen, an welchem Tag Sie frühestens den Antrag auf Erlass eines Vollstreckungsbescheids stellen können!

Mögliche Antwort: Vollstreckungsbescheid kann frühestens nach Ablauf der Widerspruchsfrist beantragt werden.[30] Das heißt für die Fristberechnung Ablauf von 2 Wochen ab Zustellung des Mahnbescheids plus 1 Tag.

---

30 § 699 I ZPO.

Ihr Prüfer möchte, dass Sie die Frist notieren, innerhalb der die Gegenseite gegen einen Vollstreckungsbescheid Rechtsbehelf einlegen kann! Die Schneck OHG hatte keinen Widerspruch erhoben.

Mögliche Antwort: Die Antragsgegnerin kann gegen den Vollstreckungsbescheid Einspruch innerhalb einer Notfrist von 2 Wochen ab Zustellung einlegen. Der Vollstreckungsbescheid ist dem Versäumnisurteil gleich gestellt.[31]

---

31 §§ 700, 338, 339 ZPO.

6.2.8 Musterfachgespräch 8

(Ausgewähltes Gebiet: Zivilrechtliches Mandat)

Situation:

Ihre Kanzlei wird mit der Vertretung der Firma K + S GmbH mit Sitz in München beauftragt. Das Unternehmen hatte eine Rechnung für die Lieferung von 4 Schreibtischen versandt und die Schuldnerin, die Schneck OHG mit Sitz in Stuttgart, hat den Betrag von 5.800,00 € bis heute nicht beglichen und befindet sich im Zahlungsverzug.

Sie erhalten nun den Auftrag, die Forderung im gerichtlichen Mahnverfahren geltend zu machen. Ihre Kanzlei hat Inkassovollmacht. Es wurde bereits festgelegt, dass Klage eingereicht werden soll, wenn die Gegenseite im gerichtlichen Mahnverfahren Rechtsbehelf einlegen sollte.

Die Lösungen zu folgenden Aufgabenstellungen sind mit Begründung und Angabe von gesetzlichen Bestimmungen zu präsentieren:

1. Sie sollen nun den Mahnbescheid beantragen. Müssen Sie den Anspruch ihrer Mandantschaft im Antrag auf Erlass des Mahnbescheids begründen? [Ohne gesetzliche Bestimmung]

2. Welches Gericht muss im Antrag für den Fall angegeben werden, dass die Gegnerin dem Mahnbescheid widerspricht?

3. (E) Sie sollen für ein Mandanten-Infoblatt folgenden Satz in englischer Sprache ausdrücken: *„Wenn die Gegenseite nicht bezahlt, soll Klage eingereicht werden."*

Lösungsvorschlag:

1. Im Antrag auf Erlass des Mahnbescheides muss nur der Anspruch konkret bezeichnet werden. Eine Begründung des Anspruchs ist nicht erforderlich.

2. Nach der Einlegung des Widerspruchs geht das Verfahren auf Antrag in das streitige Verfahren über. Der Abgabeantrag kann bereits im Antrag auf Erlass des Mahnbescheids gestellt werden. Für den Fall des Widerspruchs muss im Antrag für das streitige Verfahren das sachlich und örtlich zuständige Gericht angegeben werden, § 690 I Nr. 5 ZPO.

   Hier: Landgericht, §§ 23, 71 I GVG, am allgemeinen Gerichtsstand der Beklagten, Stuttgart, da dort die Schneck OHG ihren Sitz hat, §§ 12,17 ZPO.

3. (E) Mögliche Formulierung: If the opposing party does not pay, suit should be filed/ action should be filed.

Diese ergänzenden Fragen könnten beispielhaft gestellt werden:

Ihr Prüfer möchte wissen, auf welche Weise Sie dabei den Anspruch im Antrag auf Erlass des Mahnbescheids bezeichnen.

Mögliche Antwort: Im automatisierten Mahnverfahren werden die Angaben zum Anspruch durch Schlüsselzahlen bzw. Katalognummern bezeichnet.

Ihr Prüfer möchte wissen, welche Folge es haben kann, wenn der Antragsgegner die Widerspruchsfrist nicht einhält.

Mögliche Antwort: Wird Widerspruch nicht innerhalb der Frist von 2 Wochen eingelegt, kann der Rechtspfleger auf Antrag den Vollstreckungsbescheid verfügen.[32] Ein verspäteter Widerspruch wird als Einspruch gegen den Vollstreckungsbescheid gewertet. Falls noch kein Vollstreckungsbescheid beantragt ist, ist der Widerspruch noch möglich, solange der Vollstreckungsbescheid nicht verfügt ist.

---

32 § 699 I ZPO.

6.2.9 Musterfachgespräch 9

(Ausgewähltes Gebiet: Zivilrechtliches Mandat)

Situation:

Ihre Kanzlei vertritt die Zweirad-Sport GmbH München, welche der Firma Gürtler OHG Landshut (Gesellschafter Max und Moritz Gürtler) 5 Mountain-Bikes zu je 1.100,00 € verkauft und am 06.03.2017 geliefert hatte. Zunächst lautet der Auftrag, die Forderung geltend zu machen und eine Titulierung herbei zu führen. Nach erfolglosem Aufforderungsschreiben beantragen Sie Mahnbescheide, die am 14.08.2017 zugestellt werden. Die Mandantin wird ungeduldig und möchte endlich vollstrecken.

Die Lösungen zu folgenden Aufgabenstellungen sind mit Begründung und Angabe von gesetzlichen Bestimmungen zu präsentieren:

1. Gegen wen machen Sie im Mahnverfahren die Forderung Ihrer Mandantin geltend? [ohne gesetzliche Bestimmungen]

2. Klären Sie die Zuständigkeit für die Beantragung des Mahnbescheids!

3. Erklären Sie der ungeduldigen Mandantin, wie lange Sie warten müssen, um die Vollstreckungsbescheide beantragen zu können.

4. (E) Sie erklären einer Praktikantin auf Englisch, dass der Mahnbescheid beim (zuständigen) Amtsgericht zu beantragen ist.

Lösungsvorschlag:

1. Die Forderung wird sowohl gegen die rechts- und parteifähige Gürtler OHG als auch gegen jeden ihrer Gesellschafter geltend gemacht. Damit kann die Vollstreckung in das Vermögen der Gesellschaft und auch in das Privatvermögen der Gesellschafter betrieben werden.

2. Zuständig ist ausschließlich das Amtsgericht, in dessen Bezirk der Antragsteller seinen Wohnsitz hat.[33] Das maschinelle Verfahren wird von einem zentralen Mahngericht erledigt. Da die Antragstellerin ihren Sitz in München hat, ist das Amtsgericht Coburg zuständig. §§ siehe Mustergespräch 6.

3. Die Vollstreckungsbescheide können frühestens nach Ablauf der Widerspruchsfrist von 2 Wochen beantragt werden, § 699 ZPO. Die Mahnbescheide sind am 14.08.2017 zugestellt worden, die Frist läuft am 28.08.2017 ab. Die Vollstreckungsbescheide können frühestens am 29.08.2017 beantragt werden.

4. (E) „The application for an order for payment of a debt has to be entered at the competent local court/magistrates' court." Alternativ:
„The summons/writ for payment is to be applied for at the competent local court/magistrates' court."

---

33 § 689 II ZPO.

Diese ergänzenden Fragen könnten beispielhaft gestellt werden:

Ihr Prüfer möchte wissen, welches Gericht Sie angeben, falls die Gegenseite Widerspruch einlegt und die Angelegenheit in das streitige Verfahren gehen soll.

Mögliche Antwort: Für den Fall des Widerspruchs muss im Antrag das sachlich und örtlich zuständige streitige Gericht angegeben werden.[34] Sachlich ist bei Streitigkeiten über Ansprüche über 5.000,00 € das Landgericht zuständig.[35] Örtlich zuständig ist das Gericht, in dessen Bezirk der Beklagte seinen allgemeinen Gerichtsstand hat.[36] Da die Zweirad-Sport GmbH einen Anspruch über 5.000,00 € geltend macht und die Beklagten ihren allgemeinen Gerichtsstand in Landshut haben, ist das Landgericht Landshut als streitiges Gericht anzugeben.

Ihr Prüfer möchte wissen, welchen zeitlichen Aspekt Sie hier für die Beantragung der Vollstreckungsbescheide beachten müssen und welchen Grund dies hat.

Mögliche Antwort: Die Vollstreckungsbescheide müssen innerhalb von sechs Monaten ab Zustellung der Mahnbescheide beantragt werden, sonst verlieren die Mahnbescheide ihre Wirkung.[37] Hier läuft die 6-Monatsfrist am 14.02.2018 ab. Die Vollstreckungsbescheide müssen spätestens an diesem Tag beantragt werden.

---

34 § 690 I Nr. 5 ZPO.
35 §§ 23 Nr. 1, 71 GVG.
36 §§ 12, 13 ZPO.
37 § 701 ZPO.

6.2.10 Musterfachgespräch 10

(Ausgewähltes Gebiet: Zivilrechtliches Mandat)

Situation:

Sie haben für Ihren Mandanten Müller, Wohnsitz in München, Klage auf Zahlung von 4.500,00 € gegen dessen Kunden Schöller, mit Wohnsitz in Landshut, erhoben. Das Gericht erließ nach streitiger Verhandlung ein Endurteil, wonach der Beklagte zur Zahlung von 2.500,00 € verurteilt wurde. Im Übrigen wurde die Klage abgewiesen. Dieses Endurteil wurde vollständig am 14.07.2017 zugestellt. Ihr Mandant beauftragt Ihre Kanzlei, dieses Urteil durch Rechtsmittel anzufechten. Sie bereiten die Rechtsmittelschrift vor und reichen diese auftragsgemäß ein.

Die Lösungen zu folgenden Aufgabenstellungen sind mit Begründung und Angabe von gesetzlichen Bestimmungen zu präsentieren:

1. Entscheiden Sie, bei welchem Gericht Sie die Klageschrift (1. Instanz) einreichen!

2. Überlegen Sie anhand der Angaben, welches Rechtsmittel Ihre Kanzlei für Ihren Mandanten einlegen kann!

3. Notieren Sie die Rechtsmittel- und die Rechtsmittelbegründungsfrist (mit Fristbeginn und Fristende als Datumsangabe)!

4. (E) What are the two parties of a civil action called?

Lösungsvorschlag:

1. In erster Instanz ist das Amtsgericht zuständig, §§ 23 Nr. 1 GVG, 71 I GVG, da der Streitwert 5.000,00 € nicht übersteigt. Die Klageeinreichung findet am allgemeinen Gerichtsstand (= Wohnsitz bei natürlichen Personen oder Sitz bei juristischen Personen) des Beklagten Schöller statt, §§ 12, 13, 17 ZPO.
Daneben sind besondere Gerichtsstände oder ausschließliche Gerichtsstände denkbar. Die Situation macht aber hierzu keine Vorgaben, so dass davon auszugehen ist, dass solche nicht vorliegen. Da der Beklagte Schöller seinen Wohnsitz in Landshut hat, ist das Amtsgericht Landshut zuständig.

2. Berufung, möglich gegen erstinstanzliche Endurteile, da hier die Mindestbeschwer von 600,00 € überstiegen ist, § 511 I u. II Nr. 1 ZPO.

3. Die Berufungsfrist beträgt einen Monat (Notfrist) und beginnt mit der Zustellung des in vollständiger Form abgefassten Urteils, § 517 ZPO.
Fristbeginn: 15.07.2017 §§ 187 I BGB, 222 I ZPO, 00.00 Uhr
Fristende: 14.08.2017 §§ 188 II BGB, 222 I ZPO, 24.00 Uhr[38]
Die Berufungsbegründungsfrist beträgt zwei Monate und beginnt mit Zustellung des in vollständiger Form abgefassten Urteils, § 520 II ZPO.
Fristbeginn: 15.07.2017 §§ 187 I BGB, 222 I ZPO, 00.00 Uhr
Fristende: 14.09.2017 §§ 188 II BGB, 222 I ZPO, 24.00 Uhr

4. (E) They are called the plaintiff and the defendant.

---

38 Genau genommen lt. Rechtsprechung des *BGH* Beschl. v. 08.05.2007, Az. VI ZB 74/06, um 23.59 und 59 Sekunden. In Prüfungen wird meist als Fristablauf 24.00 Uhr verlangt und angegeben.

Diese ergänzenden Fragen könnten beispielhaft gestellt werden:

Ihr Prüfer möchte wissen, ob sich Ihr Mandant Müller bei vorliegender Ausgangssituation sicher sein kann, dass die Gegenseite nach ungenutztem Ablauf der Rechtsmittelfrist das Urteil nicht mehr anficht.

Mögliche Antwort: Anschlussberufung ist bis zum Ablauf der dem Berufungsbeklagten gesetzten Frist zur Berufungserwiderung möglich, verliert allerdings ihre Wirkung, wenn die Berufung zurückgenommen, verworfen oder zurückgewiesen wird (unselbstständig).[39]

Ihr Prüfer möchte wissen, bei welchem Gericht Sie die Rechtsmittelschrift einreichen müssen.

Mögliche Antwort: In zweiter Instanz ist für die Einlegung des Rechtsmittels das Landgericht sachlich zuständig[40], da dies Berufungsgericht für in den vor den Amtsgerichten verhandelten bürgerlichen Rechtsstreitigkeiten ist, soweit nicht die Zuständigkeit der Oberlandesgerichte begründet ist. Örtlich zuständig ist das Landgericht in Landshut.

---

39 § 524 ZPO.
40 § 72 I GVG.

| 6.2.11   Musterfachgespräch 11 |

(Ausgewähltes Gebiet: Zivilrechtliches Mandat)

Situation:

Ihr Ausbilder RA Kohl vertritt den Mandanten Keller wegen einer Forderung in Höhe von 1.760,00 €. Das zuständige Gericht erlässt auf Antrag von RA Kohl ein Urteil, da die Gegenseite zur mündlichen Verhandlung nicht erscheint. Dieses Urteil wird am 14.08. 2017 zugestellt.

Nach Einlegung des möglichen Rechtsbehelfs gegen dieses Urteil erscheint die säumige Partei zum Verhandlungstermin am 30.11.2017 erneut nicht. RA Kohl beantragt erneut eine gerichtliche Entscheidung.

Die Lösungen zu folgenden Aufgabenstellungen sind mit Begründung und Angabe von gesetzlichen Bestimmungen zu präsentieren:

1.   Entscheiden Sie, welches Gericht für die Einreichung der Klage sachlich zuständig ist.

2.   Stellen Sie fest, welche gerichtliche Entscheidung im zweiten Termin ergeht und ob Sie in diesem Fall noch damit rechnen müssen, dass die Gegenseite Rechtsmittel ggf. welches einlegt!

3.   Notieren Sie die dazugehörige Frist, innerhalb derer Sie mit dessen Einlegung rechnen müssen.

4. (E) Für eine kanzleiinterne Vokabelliste sollen Sie die Begriffe „Versäumnisurteil" und „Einspruch" ins Englische übersetzen.

Lösungsvorschlag:

1.   Amtsgericht, da der Streitwert 5.000,00 € nicht übersteigt, § 23 Nr. 1 GVG.

2.   Hier ergeht ein zweites Versäumnisurteil, gegen das Berufung gem. §§ 514 II, 511 I ZPO möglich ist. Begründung nur, dass kein schuldhaftes Versäumnis vorgelegen habe, Wert des Beschwerdegegenstandes von 600,01 € (§ 511 II Nr. 1 ZPO) muss nicht erreicht sein, § 514 II 2 ZPO.

3.   Fristbeginn: 01.12.2017   §§ 187 I BGB, 222 I ZPO, 00.00 Uhr
   Fristende: 30.12.2017 (Sa)   →   02.01.2018, 24.00 Uhr
                               §§ 188 II, 193 BGB, 222 I, II ZPO

   Erläuterung für den Prüfling: Dass eine Frist nicht an einem Samstag, Sonntag oder gesetzlichen Feiertag ablaufen kann, regeln sowohl § 222 II ZPO als auch § 193 BGB. In einer Prüfung zur ZPO ist § 222 II ZPO die speziellere Norm, die § 193 BGB vorgeht. Aus diesem Grund müsste nach unserer Ansicht in dieser Aufgabe § 193 BGB nicht zitiert werden. Er wird jedoch in vielen Kammerbezirken verlangt. Daher erkundigen Sie sich bitte, welche Norm in Ihrem Kammerbezirk geprüft wird.

4. (E) Versäumnisurteil = default judgement   Einspruch = objection

Diese ergänzenden Fragen könnten beispielhaft gestellt werden:

Ihr Prüfer möchte wissen, warum der Rechtsanwalt seinem Mandanten vor Klageerhebung empfiehlt, den Gegner zur Leistung aufzufordern.

Mögliche Antwort: Der Kläger trägt die Kosten des Verfahrens, wenn der Beklagte den Anspruch sofort anerkennt und keine Veranlassung zur Klage gegeben hat. Wegen dieses Kostenrisikos rät der Rechtsanwalt seinem Mandanten, den Gegner vor Klageerhebung zur Leistung aufzufordern.[41]

Ihr Prüfer möchte wissen, innerhalb welcher Frist das zweite Versäumnisurteil angefochten werden kann.

Mögliche Antwort: Nachdem hier die Berufung möglich ist, ist diese innerhalb 1 Monats ab Zustellung des vollständigen Urteils einzulegen.[42]

---

41 § 93 ZPO.
42 §§ 514 II , 511 I ZPO i.V.m. § 517 ZPO.

6.2.12 Musterfachgespräch 12

(Ausgewähltes Gebiet: Zivilrechtliches Mandat)

Situation:

Ihre Ausbilderin RAin Kohl vertritt den Mandanten John Smith wegen einer Forderung in Höhe von 1.260,00 €. Da die Gegenseite zur mündlichen Verhandlung nicht erscheint, erlässt das zuständige Gericht antragsgemäß ein Versäumnisurteil. Die beantragte Ausfertigung dieses Urteils befindet sich am 30.08.2017 im Posteingang der Kanzlei.

Ihre Ausbilderin beauftragt Sie nun, die weiteren Arbeitsschritte vorzunehmen.

Die Lösungen zu folgenden Aufgabenstellungen sind mit Begründung und Angabe von gesetzlichen Bestimmungen zu präsentieren:

1. Überlegen Sie die ersten organisatorischen, kanzleiinternen Arbeitsschritte, nachdem Sie das Versäumnisurteil in Händen halten. Welche inhaltlichen Prüfungen des Versäumnisurteils werden Sie dabei auch vornehmen?

2. Welche Schriftsätze bzw. Anträge müssen jetzt vorbereitet bzw. gestellt werden, um das Verfahren im Zweifel weiterbetreiben zu können?

3. Welche Wiedervorlagen werden Sie eintragen?

4. **(E)** Da Ihr Mandant zwar relativ gut Deutsch spricht, aber den Begriff Versäumnisurteil nicht kennt, versuchen Sie, ihm kurz auf Englisch zu erklären, worum es sich dabei handelt.

Lösungsvorschlag:

1. Eingangsstempel auf das Schriftstück und Zuordnung des Versäumnisurteils zur Akte. Es muss überprüft werden, ob das Versäumnisurteil wie beantragt erlassen wurde oder nur über einen Teil der Forderung. Der Mandant wird über das erfreuliche Ergebnis und über die Möglichkeiten der Einleitung von Vollstreckungsmaßnahmen informiert. Sollte der Mandant Rechtsschutz versichert sein, wird die Rechtsschutzversicherung informiert. Es erfolgt eine Abrechnung der Sache mit dem Mandanten; die Kosten werden bei der Rechtsschutzversicherung eingefordert.

2. Der Schriftsatz auf Erteilung einer vollstreckbaren Ausfertigung des Versäumnisurteils muss vorbereitet werden und der Kostenfestsetzungsantrag muss gestellt werden.

3. Die Wiedervorlage für den Eingang der vollstreckbaren Ausfertigung des VU und des Kostenfestsetzungsantrages werden eingetragen.

4. **(E)** Judgement by default; default decree; default judgement = Versäumnisurteil
Mögliche Erklärung: A judgement by default is possible against the plaintiff or against the defendant if he does not appear at the hearing.

Diese ergänzenden Fragen könnten beispielhaft gestellt werden:

Ihr Prüfer möchte wissen, welche Inhalte Sie in eine Benachrichtigung des Mandanten über den Verfahrensstand aufnehmen und wie Sie das weitere Vorgehen erläutern.

Mögliche Antwort: Der Mandant wird über den Eingang des Versäumnisurteils informiert und darüber, dass dieses antragsgemäß ergangen ist. Weiter setzen Sie ihn in Kenntnis darüber, dass Sie die vollstreckbare Ausfertigung des Versäumnisurteils beantragt und den Kostenfestsetzungsantrag gestellt haben. Die vollstreckbare Ausfertigung ist erforderlich, falls er die Zwangsvollstreckung aus dem Urteil betreiben muss und der Kostenfestsetzungsantrag ist notwendig, um bezüglich der Kosten des Verfahrens einen vollstreckbaren Titel in Händen zu halten.

Ihr Prüfer möchte wissen, wie lange denn der Zahlungspflichtige Zeit hat, die festgesetzten Kosten auszugleichen.

Mögliche Antwort: Der Zahlungspflichtige hat die Zahlung binnen 2 Wochen ab Zustellung des Kostenfestsetzungsbeschlusses vorzunehmen.[43]

Ihr Prüfer möchte wissen, wie sich der Zahlungspflichtige gegen die Festsetzung der Kosten wehren kann.

Mögliche Antwort: Der Zahlungspflichtige erhält bereits im Kostenfestsetzungsverfahren Gelegenheit, Stellung zum Kostenfestsetzungsantrag der Gegenseite zu nehmen. Sobald ihm der Kostenfestsetzungsbeschluss zugestellt worden ist, kann er binnen einer Frist von 2 Wochen, Notfrist, ein Rechtsmittel oder einen Rechtsbehelf einlegen. Sofern der Wert des Beschwerdegegenstands 200,00 € übersteigt, wäre das richtige Rechtsmittel die sofortige Beschwerde;[44] bleibt der Wert bis 200,00 €, wäre es die Rechtspflegererinnerung.[45]

Ihr Prüfer bittet um Erläuterung, wo Sie den Kostenfestsetzungsantrag einreichen.

Mögliche Antwort: Der Kostenfestsetzungsantrag wird beim Prozessgericht 1. Instanz eingereicht.

Ihr Prüfer fragt nach, ob dies anders wäre, wenn das Versäumnisurteil erst in 2. Instanz ergangen wäre.

Mögliche Antwort: Kostenfestsetzungsanträge werden immer beim erstinstanzlichen Gericht eingereicht, auch für die Kosten der Rechtsmittelinstanzen.

---

43 § 798 ZPO
44 §§ 104 III, 567 I Nr. 1, II , 569 I ZPO.
45 § 11 II RPflG.

6.2.13 Musterfachgespräch 13

(Ausgewähltes Gebiet: Zivilrechtliches Mandat)

Situation:

Die Kanzlei, in welcher Sie beschäftigt sind, vertritt die Schöller OHG in einer Zivilsache (Streitwert: 40.000,00 €). In diesem Fall erlässt das Oberlandesgericht München am 23.10.2017 ein Endurteil. In diesem wird die Berufung des Klägers kostenpflichtig zurückgewiesen, Revision wurde nicht zugelassen. Ihre Mandantin, die Schöller OHG möchte trotzdem noch nicht aufgeben.

Lösungen zu folgenden Aufgabenstellungen/Fragen sind mit Begründung und Angabe von gesetzlichen Bestimmungen zu präsentieren:

1.   Prüfen Sie, welche Möglichkeit es für die Schöller OHG noch gibt, das Berufungsurteil des OLG anzufechten!

2.   Notieren Sie die dazugehörige Frist! Gehen Sie davon aus, dass das Urteil in vollständiger Form am 28.11.2017 zugestellt wurde.

3.   Erklären Sie, welche Bedeutung es hat, wenn schließlich dem von Ihnen ausgewählten Rechtsmittel stattgegeben wird!

4. (E) Da Ihre Mandantin zwar relativ gut Deutsch spricht, aber den Begriff Rechtsmittel und Berufung nicht kennt, versuchen Sie, ihm kurz auf Englisch zu erklären, worum es sich dabei handelt.

Lösungsvorschlag:

1.   Nichtzulassungsbeschwerde, § 544 ZPO, zulässig, da die Beschwer einen Wert von 20.000,00 € übersteigt, § 26 Nr. 8 EGZPO.[46]

2.   Frist zur Einlegung der Nichtzulassungsbeschwerde: innerhalb einer Notfrist von einem Monat nach Zustellung des in vollständiger Form abgefassten Urteils, § 544 I ZPO
     Fristbeginn: 29.11.2017   §§ 187 I BGB, 222 I ZPO, 00.00 Uhr
     Fristablauf: 28.12.2017   §§ 188 II BGB, 222 I ZPO, 24.00 Uhr

3.   Wird der Nichtzulassungsbeschwerde stattgegeben, so wird das Beschwerdeverfahren als Revisionsverfahren fortgesetzt. In diesem Fall gilt die form- und fristgerechte Einlegung der Nichtzulassungsbeschwerde als Einlegung der Revision. Mit der Zustellung der Entscheidung beginnt die Revisionsbegründungsfrist zu laufen, § 544 VI ZPO.

4. (E) You can file a remedy in a case in a higher court where it is reviewed. This is called appeal and is a kind of remedy, that is legal compensation for a wrong.

---

46 Die Wertgrenze war zum Zeitpunkt der Drucklegung noch zeitlich beschränkt bis zum 30.06.2018 geregelt; ab dem 01.07.2018 ist zu prüfen, ob die Wertgrenze noch existiert und/oder ggf. z.B. in § 544 ZPO aufgenommen wurde.

Diese ergänzenden Fragen könnten beispielhaft gestellt werden:

Ihr Prüfer möchte wissen, worauf Sie bei der Fristnotierung achten müssen, wenn keine Zustellung des Urteils in vollständiger Form stattgefunden hat.

Mögliche Antwort: Nichtzulassungsbeschwerde ist spätestens bis zum Ablauf von sechs Monaten nach Verkündung des Urteils beim Revisionsgericht einzulegen, da diese Frist fünf Monate nach Verkündung zu laufen beginnt.[47]

Ihr Prüfer möchte wissen, welches Gericht für dieses Verfahren zuständig ist und wo es sich befindet.

Mögliche Antwort: Revisionsgericht/Bundesgerichtshof,[48] der sich in Karlsruhe befindet.

---

47 § 544 I ZPO.
48 § 133 GVG.

| 6.2.14 Musterfachgespräch 14 |

(Ausgewähltes Gebiet: Zivilrechtliches Mandat)

Situation:

Ihr Ausbilder RA Schöller vertritt den Mandanten Sommer wegen einer Forderung in Höhe von 1.760,00 €. Sie betreiben das gerichtliche Mahnverfahren für den Mandanten.

Dem zahlungsunwilligen Antragsgegner wurde am 28.04.2017 der Vollstreckungsbescheid zugestellt.

Die Lösungen zu folgenden Aufgabenstellungen sind mit Begründung und Angabe von gesetzlichen Bestimmungen zu präsentieren:

1. Worauf weisen Sie den Mandanten Sommer hin, nachdem der Gegenseite der Vollstreckungsbescheid zugestellt wurde?

2. Notieren Sie in diesem Zusammenhang die Frist!

3. Ihr Mandant wird bereits ungeduldig und möchte nun, da er ja einen vollstreckbaren Titel in Händen hält, sofort vollstrecken. Können Sie diesem Wunsch sofort nach Zustellung nachkommen?

4. (E) Da Ihr Mandant zwar relativ gut Deutsch spricht, aber den Begriff Vollstreckungsbescheid nicht kennt, versuchen Sie, ihm kurz auf Englisch zu erklären, worum es sich dabei handelt.

Lösungsvorschlag:

1. Darauf, dass die Gegenseite gegen den Vollstreckungsbescheid Einspruch einlegen kann, § 700 I ZPO i.V.m. § 338 ZPO binnen 2 Wochen ab Zustellung des Vollstreckungsbescheids.

2. Die Frist beginnt mit Zustellung des Vollstreckungsbescheids zu laufen, § 339 I ZPO, endet also am 12.05.2017.

3. Der Vollstreckungsbescheid steht einem Versäumnisurteil gleich, § 700 I ZPO. Aus diesem kann sofort nach Zustellung die Vollstreckung betrieben werden, § 750 I ZPO.

4. (E) An enforcement order/notice is a written document made by a court that says you must follow an order or else the matter will become more serious, e.g. it is used to enforce an unpaid sum of money plus any added costs.

Diese ergänzenden Fragen könnten beispielhaft gestellt werden:

Ihr Prüfer möchte wissen, worauf Sie bei der Ermittlung des für das gerichtliche Mahnverfahren zuständigen Gerichts achten müssen.

Mögliche Antwort: Die Zuständigkeit für das gerichtliche Mahnverfahren orientiert sich ausschließlich nach dem Wohnsitz Ihres Mandanten Sommer, welcher Antragsteller ist. Ausschließlich zuständig ist das Amtsgericht, bei dem der Antragsteller seinen Wohnsitz hat. Die Landesregierungen sind ermächtigt, durch Rechtsverordnung Mahnverfahren einem Amtsgericht für die Bezirke mehrerer Amtsgerichte zuzuweisen = zentrale Mahngerichte.[49]

Ihr Prüfer möchte wissen, auf welche Art und Weise Sie das gerichtliche Mahnverfahren für die Kanzlei betreiben.

Mögliche Antwort: Der Antrag auf Erlass eines Mahnbescheids kann von einer Kanzlei nur in maschinell lesbarer Form an das zuständige Gericht übermittelt werden.[50]

Mit Hilfe des online-Mahnantrags können Antragsteller und Prozessbevollmächtigte Anträge auf Erlass eines Mahnbescheids im automatisierten gerichtlichen Mahnverfahren mit Hilfe des Internets erstellen.[51] Möglich ist dabei die elektronische Übermittlung der Antragsdaten per qualifizierter elektronischer Signatur oder per Ausdruck als Barcode-Antrag auf Blanko-Papier.

---

49 § 689 I–III ZPO.
50 § 690 III ZPO.
51 www.online-mahnantrag.de.

6.2.15 Musterfachgespräch 15

(Ausgewähltes Gebiet: Zivilrechtliches Mandat)

Situation:

In Ihre Kanzlei kommt Sigi Sieger, welcher der Kanzlei den Auftrag erteilen möchte, ihn in einer Zivilstreitigkeit zu vertreten. Er sieht sich wirtschaftlich nicht in der Lage, die Kosten der Prozessführung aufzubringen, Sie wollen daher für Ihren Mandanten für das erstinstanzliche Verfahren Prozesskostenhilfe beantragen. Das Gericht lehnt die beantragte Prozesskostenhilfe durch Beschluss ab, dieser Beschluss wird am 14.07.2017 zugestellt.

Die Lösungen zu folgenden Aufgabenstellungen sind mit Begründung und Angabe von gesetzlichen Bestimmungen zu präsentieren:

1. Mit welchem Rechtsmittel können Sie Ihrem Mandanten eventuell doch noch zur Prozesskostenhilfe verhelfen?

2. Notieren Sie die Frist, welche für die Einlegung des Rechtsmittels gewahrt werden muss!

3. **(E)** Formulieren Sie auf Englisch: „Das Gericht lehnt die Gewährung der Prozesskostenhilfe ab."

Lösungsvorschlag:

1. Der das PKH-Gesuch ablehnende Beschluss ist mit der sofortigen Beschwerde anfechtbar, vorausgesetzt der Streitwert der Hauptsache übersteigt 600,00 € (§ 511 ZPO), wobei die Wertgrenze nicht gilt, wenn das Gericht ausschließlich wegen fehlender persönlicher und wirtschaftlicher Voraussetzungen die PKH verneint hat. Dieses Rechtsmittel ist nicht möglich, wenn das Gericht ausschließlich die persönlichen oder wirtschaftlichen Voraussetzungen für die Prozesskostenhilfe verneint, §§ 567 I, 127 II 2 ZPO.

2. Die sofortige Beschwerde gegen den Zurückweisungsbeschluss auf Gewährung der Prozesskostenhilfe ist innerhalb einer Notfrist von 1 Monat nach Zustellung des Beschlusses einzulegen, §§ 127 II 3, 569 I ZPO
   Fristbeginn: 15.07.2017, §§ 187 I BGB, 222 I ZPO, 00.00 Uhr
   Fristende: 14.08.2017, §§ 188 II BGB, 222 I ZPO, 24.00 Uhr

3. **(E)** An application for legal aid is unsuccessful. / Court dismisses the motion for legal aid.

Diese ergänzenden Fragen könnten beispielhaft gestellt werden:

Ihr Prüfer möchte wissen, aus welchen Gründen die Gewährung der Prozesskostenhilfe versagt bleiben könnte.

Mögliche Antwort: Ein Grund für eine Versagung der Prozesskostenhilfe könnte sein, dass die beabsichtigte Rechtsverfolgung oder -verteidigung nicht hinreichend Aussicht auf Erfolg bietet und mutwillig erscheint.[52]

[Erläuterung für den Prüfling: Mutwilligkeit würde vorliegen, wenn eine Partei, die keine PKH beansprucht, bei verständiger Würdigung aller Umstände von der Rechtsverfolgung oder -verteidigung absehen würde, obwohl eine hinreichende Aussicht auf Erfolg besteht.[53]]

Ebenfalls Verneinungsgrund könnte sein, dass die persönlichen oder wirtschaftlichen Voraussetzungen des Mandanten für die Prozesskostenhilfe nicht vorliegen.

[Erläuterung für den Prüfling: Prozesskostenhilfe wird auf Antrag gewährt, wenn eine Partei die Kosten der Prozessführung nach ihren persönlichen und wirtschaftlichen Verhältnissen nicht, nur zum Teil oder nur in Raten aufbringen kann.]

Ihr Prüfer möchte wissen, warum der Gesetzgeber die Möglichkeit der Prozesskostenhilfe eingeführt hat.

Mögliche Antwort: Niemand soll aus finanziellen Gründen gezwungen sein, auf die Wahrnehmung seiner Rechte zu verzichten.

---

52 § 114 I ZPO.
53 § 114 II ZPO.

6.2.16 Musterfachgespräch 16 ✓

(Ausgewähltes Gebiet: Zivilrechtliches Mandat)

Situation:

In Ihre Kanzlei kommt Sigi Sieger, welcher der Kanzlei den Auftrag erteilen möchte, ihn in einer Mietstreitigkeit zu vertreten. Er sieht sich wirtschaftlich nicht in der Lage, die Kosten für die Prozessführung aufzubringen. Sie wollen daher für Ihren Mandanten für das erstinstanzliche Verfahren Prozesskostenhilfe beantragen.

Die Lösungen zu folgenden Aufgabenstellungen sind mit Begründung und Angabe von gesetzlichen Bestimmungen zu präsentieren:

1. Stellen Sie dar, welche Angaben und Unterlagen Sie vom Mandanten benötigen, um den Antrag auf Prozesskostenhilfe stellen zu können!

2. Klären Sie im Gesetz, wovon eine Bewilligung der Prozesskostenhilfe abhängt!

3. (E) Formulieren Sie auf Englisch: „Abhängig von der Einkommenssituation des Antragstellers deckt die Prozesskostenhilfe entweder voll oder zum Teil den Beitrag des Antragstellers zu den Gerichtskosten oder Anwaltskosten ab."

Lösungsvorschlag:

1. Folgende Unterlagen/Angaben sind erforderlich:
    *   Belege über laufendes Einkommen (Lohnabrechnungen, Renten- oder sonstige Bescheide, Belege über anderweitige Einkommen bzw. Zusatzeinkommen)
    *   Zahlungsbelege/Kontoauszüge zu laufenden Ausgaben (Miete, Nebenkosten, Strom, Versicherungen etc.)
    *   Unterlagen, aus denen sich vorhandene Vermögenswerte ergeben (Sparbuch, Lebensversicherung etc.)
    *   Personalausweis oder Reisepass
    *   Kreditverträge/Vereinbarungen aus denen sich Ratenzahlungen auf gewährte Kredite ergeben
    *   Angaben zum erlernten/ausgeübten Beruf, Geburtsdatum, Geburtsname, Familienstand, Angehörige
    *   Angaben zu einem eventuellen PKW

2. Die Bewilligung hängt davon ab, ob eine Partei nach ihren persönlichen und wirtschaftlichen Verhältnissen die Kosten der Prozessführung nicht, nur zum Teil oder nur in Raten aufbringen kann. Die beabsichtigte Rechtsverfolgung oder Rechtsverteidigung muss hinreichende Aussicht auf Erfolg bieten und nicht mutwillig erscheinen, § 114 I ZPO.

3. (E) Depending on the applicants income situation legal aid can cover either fully or in part the applicant's contribution to legal costs and lawyer costs.

Diese ergänzenden Fragen könnten beispielhaft gestellt werden:

Ihr Prüfer möchte wissen, wovon es abhängt, ob der Mandant die Prozesskosten in Raten zurückzahlen muss.

Mögliche Antwort: Dies hängt vom sogenannten einzusetzenden Einkommen ab (= von dem nach den Abzügen verbleibenden Teil des monatlichen Einkommens). Daraus sind Monatsraten in Höhe der Hälfte des einzusetzenden Einkommens festzusetzen; die Monatsraten sind auf volle Euro abzurunden (Monatsraten weniger als 10,00 € – keine Monatsraten festgesetzt). Bei einem einzusetzenden Einkommen von mehr als 600,00 € beträgt die Monatsrate 300,00 € zuzüglich des Teils des einzusetzenden Einkommens, der 600,00 € übersteigt, höchstens 48 Monatsraten.[54]

Ihr Prüfer möchte wissen, wer die Kosten des Verfahrens trägt, wenn Prozesskostenhilfe gewährt wird.

Mögliche Antwort: Die Bewilligung der PKH bewirkt, dass die Staatskasse (Landes- oder Bundeskasse) die Kosten des Verfahrens trägt.[55]

---

54 § 115 II ZPO.
55 § 122 I ZPO.

| 6.2.17 Musterfachgespräch 17 |

(Ausgewähltes Gebiet: Zivilrechtliches Mandat)

Situation:

Sie öffnen die Eingangspost für die Kanzlei. Das Landgericht hat in einer Zivilsache einen Termin zur mündlichen Verhandlung bestimmt. Aus der Ladung können Sie entnehmen, dass das persönliche Erscheinen des Mandanten angeordnet ist. Der Termin soll bereits in zwei Wochen stattfinden. Sie haben erst vorgestern mit dem Mandanten telefoniert, der Ihnen erklärt hat, dass er nun die nächsten vier Wochen unerreichbar im Ausland sein wird. Daher ist es für Ihren Mandanten nicht möglich, den Termin wahrzunehmen.

Die Lösung zu folgender Aufgabenstellung ist mit Begründung und Angabe von gesetzlichen Bestimmungen zu präsentieren:

Beschreiben Sie, wie Sie vorgehen können, um dieses Problem zu lösen.

Lösungsvorschlag:

Zunächst einmal prüfe ich, ob die Ladungsfrist eingehalten worden ist. Im Verfahren vor dem Landgericht herrscht gem. § 78 I ZPO Anwaltszwang. Im Anwaltsprozess beträgt die Ladungsfrist gem. § 217 ZPO eine Woche. Die Ladungsfrist ist in diesem Fall also eingehalten.

Ich würde sodann mit dem Anwalt Rücksprache halten, ob nach seiner Auffassung das persönliche Erscheinen des Mandanten zum Termin aus seiner Sicht zwingend erforderlich ist. Sodann würde ich einen Schriftsatz an das Gericht richten und mitteilen, dass es dem Mandanten nicht möglich ist, der Anordnung Folge zu leisten, da er sich in Urlaub befindet. Ich würde das Gericht auf das Datum der Rückkehr des Mandanten hinweisen und bitten, den Termin zu verlegen, § 227 ZPO. Sofern der Anwalt der Ansicht ist, dass evtl. auf das persönliche Erscheinen der Partei verzichtet werden kann, würde ich dem Gericht vorschlagen, alternativ die Anordnung des persönlichen Erscheinens aufzuheben. Zudem würde ich das Gericht darauf hinweisen, dass wegen der Urlaubsabwesenheit des Mandanten die Erteilung einer Vollmacht gem. § 141 III ZPO nicht möglich ist.

Diese ergänzenden Fragen könnten beispielhaft gestellt werden:

Prüfer: Sie bitten in Ihrem Lösungsvorschlag um Aufhebung des Termins. Ist es daher noch notwendig, den Termin zu notieren?

Mögliche Antwort: Selbstverständlich muss der Termin notiert werden. Gerichtstermine, die angeordnet worden sind, sind immer zu notieren. Erst wenn das Gericht den Termin aufhebt und verlegt, ist der neue Termin einzutragen und der alte zu streichen.

Prüfer: Würden Sie weitere Vorkehrungen treffen, um sicherzugehen, dass das Gericht auch rechtzeitig über den Verlegungsantrag entscheiden kann? Immerhin soll der Termin bereits in zwei Wochen stattfinden.

Mögliche Antwort: Ich würde auf dem bei Gericht einzureichenden Schriftsatz einen Vermerk anbringen, der wie folgt lautet: „Eilt sehr! Bitte sofort vorlegen! Termin am … (Datum einsetzen)." Ggf. würde ich auch einige Tage vor dem Termin bei der Geschäftsstelle telefonisch nachfragen, ob der Richter über den Verlegungsantrag schon entschieden hat, wenn wir noch keine Nachricht erhalten haben.

Prüfer: **Angenommen, Ihr Anwalt nimmt einen solchen Gerichtstermin wahr und dieser findet an einem anderen Ort statt als dem Ort des Kanzleisitzes. Können Sie uns hier etwas zu den Reisekosten des Anwalts sagen?**

Mögliche Antwort: Die Reisekosten, die der Anwalt gegenüber dem Mandanten abrechnen kann, ergeben sich aus Teil 7 VV RVG. Der Anwalt kann z.B. bei einer Geschäftsreise, die er mit dem eigenen Pkw antritt, 0,30 € pro gefahrenen Kilometer abrechnen. Fährt er mit der Bahn oder muss er fliegen, kann er auch die Bahn- oder Flugkosten geltend machen. Auch Parkgebühren oder notwendige Übernachtungskosten können dem Mandanten in Rechnung gestellt werden.

Prüfer: **Muss der Gegner solche Reisekosten erstatten?**

Mögliche Antwort: Wenn man den Prozess gewinnt, muss der Gegner auch notwendige Reisekosten eines Anwalts zum Gerichtstermin erstatten.

Erläuterung für den Prüfling: Fragen zum Erstattungsrecht werden in mündlichen Prüfungen zur Rechtsanwaltsfachangestellten oft nur zurückhaltend gestellt, da es hier viel Rechtsprechung gibt. Sollten Sie sich in diesem Gebiet auskennen, dürfen Sie das gerne dem Prüfer zu erkennen geben, da dies sicherlich sehr positiv bewertet wird.

6.2.18 Musterfachgespräch 18

(Ausgewähltes Gebiet: Zivilrechtliches Mandat)

Situation:

Die Kanzlei, in welcher Sie beschäftigt sind, vertritt die Schmidt GmbH in einer Zivil-streitsache (Streitwert: 65.000,00 €) gegen die Bauer KG. Die Bauer KG besteht aus Rolf Bauer, welcher Komplementär der KG ist, und Hans Haller sowie Peter Plötz, die beide Kommanditisten sind.

Die Lösungen zu folgenden Aufgabenstellungen sind mit Begründung und Angabe von gesetzlichen Bestimmungen zu präsentieren:

1. Erklären Sie, wo Sie Informationen darüber bekommen, wie die Vertretungsbe-fugnisse in der Bauer KG geregelt sind.

2. Wie sind die Vertretungsbefugnisse der Bauer KG grundsätzlich geregelt?

3. Ihr Mandant möchte wissen, wer für seine Forderungen haftet, wenn die Bauer KG zur Zahlung der 65.000,00 € verurteilt wird.

4. (E) Übersetzen Sie die Begriffe „offene Handelsgesellschaft" und „Kommanditge-sellschaft" in englischer Sprache.

Lösungsvorschlag:

1. Aus dem Handelsregister, Abteilung A, da es sich bei der Bauer KG um eine Per-sonengesellschaft handelt.

2. Der Komplementär als persönlich haftender Gesellschafter der Kommanditgesell-schaft hat sowohl im Innen- als auch Außenverhältnis die Rechtsstellung der Ge-sellschafter einer OHG. Seine Stellung bestimmt sich deshalb nach dem Recht der OHG, insbesondere §§ 128 f. HGB. Für die Vertretung der KG durch ihren Kom-plementär gelten die für die OHG maßgebenden im Verhältnis zu Dritten nicht abdingbaren Regelungen (§§ 125 ff. HGB). Rolf Bauer ist zur Geschäftsführung und Vertretung der Gesellschaft befugt.
   Die Kommanditisten sind nach § 170 HGB von der Vertretung der Gesellschaft ausgeschlossen. Diese Regelung ist zwingend. Die gesellschaftsrechtliche (organ-schaftliche) Vertretungsmacht kann ihnen auch nicht durch den Gesellschaftsver-trag eingeräumt werden.

3. Bei der Kommanditgesellschaft ist die Haftung gegenüber den Gesellschaftsgläubi-gern bei den/dem Kommanditisten auf den Betrag einer bestimmten Vermögens-einlage beschränkt, während bei den Komplementären (persönlich haftende Ge-sellschafter) keine Beschränkung der Haftung stattfindet.

4. (E)   Kommanditgesellschaft (KG)   limited partnership

         Offene Handelsgesellschaft (OHG)   registered partnership

Teil 2   Musterfachgespräche mit Lösungsvorschlägen

(Ausgewähltes Gebiet: Zivilrechtliches Mandat)

Situation:

Die Auszubildende in Ihrer Kanzlei hat mit einem neuen Mandanten einen Besprechungstermin ausgemacht. Leider hat die Auszubildende keine Rücksprache mit Ihnen oder dem Anwalt genommen, als sie den Termin mit dem Mandanten vereinbart hat. Im Terminkalender hat sie lediglich notiert „wegen Versäumnisurteil, neue Sache". Der Anwalt gibt Ihnen nun den Auftrag, beim Mandanten sofort alle erforderlichen Unterlagen anzufordern.

Die Lösung zu folgender Aufgabenstellung ist mit Begründung und Angabe von gesetzlichen Bestimmungen zu präsentieren:

1. Erstellen Sie eine Liste der Unterlagen, die beim Mandanten anzufordern sind und erläutern Sie, wozu diese Unterlagen erforderlich sind.

2. **(E)** Teilen Sie dem Mandanten kurz in Englisch mit, dass er sich gegen die Entscheidung des Gerichts wehren kann und dass der Rechtsbehelf beim selben Gericht eingelegt wird.

Lösungsvorschlag:

1. Ich fordere beim Mandanten folgende Unterlagen an:

   - Den „gelben" Umschlag (Postzustellungsurkunde), mit dem das Gericht dem Mandanten das Versäumnisurteil zugestellt hat.
   Die Postzustellungsurkunde ist wichtig, weil ich dieser das Datum entnehmen kann, wann dem Mandanten das Versäumnisurteil zugestellt worden ist. Gegen das Versäumnisurteil kann Einspruch eingelegt werden, binnen einer Notfrist von zwei Wochen ab Zustellung des Urteils, §§ 338, 339 ZPO.

   - Das Versäumnisurteil
   Das Versäumnisurteil wird benötigt, um Gericht und Aktenzeichen entnehmen zu können, damit der Einspruch bei diesem Gericht eingereicht werden kann. Anhand des Gerichts könnte man dann auch feststellen, ob in diesem Verfahren Anwaltszwang besteht.

   - Die Klage nebst Postzustellungsurkunde (PZU), die dem Mandanten vor Zustellung des Versäumnisurteils zugegangen sein muss.
   Aus der Klageschrift kann der Rechtsanwalt den Sachverhalt entnehmen. Da er den Einspruch begründen muss, § 340 ZPO, muss der Anwalt auch wissen, worum es konkret geht.

   Sodann notiere ich sofort die Einspruchsfrist. Diese ist eine Notfrist und kann nichtverlängert werden, § 224 ZPO, sie beträgt zwei Wochen und beginnt mit der Zustellung des Urteils zu laufen, §§ 338, 339 ZPO.

2. **(E)** If you disagree with the court's decision, you can appeal to the court. In this special case, you appeal to the same and not to a higher court.

Erläuterung für den Prüfling: Achten Sie darauf, dass Sie zunächst konkret gestellte Fragen als erstes beantworten. Sollte Ihnen noch Zeit in der Vorbereitungszeit verbleiben, können Sie ggf. weitere Aspekte, wie z.B. das Notieren der Einspruchsfrist erfassen. Notwendig ist aber grundsätzlich in erster Linie, dass Sie die gestellten Fragen beantworten. Sie müssen daher darauf achten, nicht völlig ab- und ausschweifend zu anderen, nicht gefragten Themen Ausführungen zu machen. Konzentrieren Sie sich unbedingt auf die gestellte Frage. Die Tatsache, dass Sie die Einspruchsfrist notieren, wäre z.B. dann auch im Rahmen der ergänzenden Fragen der Prüfer ggf. noch zu beantworten (siehe unten).

Diese ergänzenden Fragen könnten beispielhaft gestellt werden:

Prüfer: Angenommen, Ihr Mandant teilt Ihnen mit, dass er den gelben Briefumschlag nicht mehr in Besitz, sondern diesen in den Müll gegeben hat, da er dachte, dass dieser unwichtig sei. Wie würden Sie auf diese Mitteilung reagieren?

Mögliche Antwort: Ich rufe dann bei Gericht an und frage nach, wann unserem Mandanten das Versäumnisurteil zugestellt worden ist.

Prüfer: Angenommen, Sie stellen bei Einholung der Unterlagen beim Mandanten fest, dass die Einspruchsfrist bereits abgelaufen ist. Was wäre hier ggf. durch Ihre Kanzlei zu veranlassen?

Mögliche Antwort: Wird eine Notfrist versäumt, und um solche handelt es sich bei einem Einspruch, so kann man Wiedereinsetzung in den vorigen Stand beantragen.[56] Das Gericht wird allerdings nur dann eine Wiedereinsetzung in den vorigen Stand gewähren, wenn die Fristversäumnis unverschuldet war, z.B. weil der Mandant sich im Urlaub befunden hat, als ihm das Versäumnisurteil zugestellt worden ist.

Ihr Prüfer möchte wissen, was im Wiedereinsetzungsantrag vorzutragen ist.

Mögliche Antwort: Mit dem Wiedereinsetzungsantrag muss die versäumte Prozesshandlung nachgeholt werden. Zudem sind die Gründe für die Gewährung für die Wiedereinsetzung darzulegen und glaubhaft zu machen. In der Regel erfolgt die Glaubhaftmachung durch eidesstattliche Versicherung des Säumigen.

Prüfer: Angenommen, der Einspruch könnte noch fristgerecht eingelegt werden. Bei welchem Gericht wäre der Einspruch einzulegen, wenn die Entscheidung von einem Amtsgericht ergangen ist?

Mögliche Antwort: Der Einspruch ist immer bei dem Gericht einzulegen, das das Versäumnisurteil erlassen hat. Bei dem Einspruch handelt es sich um einen Rechtsbehelf, nicht um ein Rechtsmittel. Man bleibt daher bei Einlegung eines Einspruchs gegen ein Versäumnisurteil in derselben Instanz.

Ihr Prüfer möchte wissen, welchen Nachteil das erlassene Versäumnisurteil für Ihren Mandanten im Hinblick auf, z.B. eine Verurteilung zur Zahlung einer Geldsumme hat.

Mögliche Antwort: Ein Versäumnisurteil ist vorläufig vollstreckbar[57] ohne Sicherheitsleistung. Das bedeutet, dass die Gegenseite sofort gegen unseren Mandanten vollstrecken kann. Außerdem kann die Gegenseite einen Kostenfestsetzungsantrag stellen,

---

56 §§ 233 ff. ZPO.
57 § 708 Nr. 2 ZPO.

aus dem sie ebenfalls zwei Wochen nach Zustellung an unseren Mandanten die Zwangsvollstreckung betreiben kann.

Prüfer: **Könnte der Anwalt die Vollstreckung gegen den Mandanten verhindern?**

Mögliche Antwort: Der Anwalt kann mit einer Einlegung des Einspruchs beantragen, dass die Zwangsvollstreckung vorläufig eingestellt wird, bzw. vorläufig gegen Sicherheitsleistung eingestellt wird, sodass die Gegenseite nur nach Erbringung einer Sicherheitsleistung gegen den Auftraggeber vollstrecken könnte.

6.2.20 Musterfachgespräch 20

(Ausgewähltes Gebiet: Zivilrechtliches Mandat)

> **Situation:**
>
> In einem Zivilprozess hat Ihre Kanzlei für den Kläger, der durch Ihre Kanzlei vertreten wird, als Beweis für den klägerischen Sachvortrag mehrere Zeugen benannt. Das Gericht beabsichtigt nun, die Zeugen zu laden.

Die Lösung zu folgender Aufgabenstellung ist mit Begründung und Angabe von gesetzlichen Bestimmungen zu präsentieren:

1. Welche Informationen müssen Sie dem Mandanten im Hinblick auf die anstehende Ladung der Zeugen erteilen?

2. **(E)** Ihr Mandant fragt, ob alle Parteien Zeugen benennen dürfen. Bitte antworten Sie ihm auf Englisch.

> **Lösungsvorschlag:**
>
> 1. Für die Zeugen sind entweder Zeugenauslagen für etwaige Reisekosten zum Termin einzuzahlen oder aber eine Zeugenauslagenverzichtserklärung abzugeben. In der Regel setzt das Gericht für die Einzahlung eines Auslagenvorschusses bzw. der Einreichung der Zeugenauslagenverzichtserklärungen eine Frist, die dringend einzuhalten ist. Wird die Frist nicht eingehalten, wird das Gericht die Zeugen nicht laden. Der Prozess kann daher für den Mandanten negativ ausgehen.
>
> 2. **(E)** Yes, all parties may call witnesses.

Diese ergänzenden Fragen könnten beispielhaft gestellt werden:

Prüfer: Kennen Sie weitere Beweismittel der ZPO, außer dem Zeugenbeweis?

Mögliche Antwort: Weitere Beweismittel neben den Zeugen[58] sind der Augenschein,[59] die Urkundenvorlage,[60] die Parteieinvernahme[61] und der Sachverständigenbeweis[62]. Das Gericht kann darüber hinaus den Beweis in jeder geeigneten Form erheben (sog. Freibeweis).

Prüfer: Kann auch eine Partei im Prozess als Zeuge vernommen werden?

Mögliche Antwort: Eine Partei kann nicht als Zeuge im Prozess vernommen werden. Hier ist ausschließlich die sog. Parteieinvernahme möglich. Wenn sich der Gegner der Parteieinvernahme jedoch widersetzt, kann diese nicht erfolgen.

---

58 §§ 373 ff. ZPO.
59 §§ 371–372a ZPO.
60 §§ 415 ff. ZPO.
61 §§ 445 ff. ZPO.
62 §§ 402 ff. ZPO.

Prüfer: Welche Urkunden kommen z.B. im Rahmen des Urkundenbeweises in Frage?

Mögliche Antwort: Hier kann z.B. ein Mietvertrag oder ein anderer geschlossener Vertrag vorgelegt werden, aber auch z.B. schriftliche Erklärungen oder ein Schuldschein.

6.2.21 Musterfachgespräch 21

(Ausgewähltes Gebiet: Zivilrechtliches Mandat)

Situation:

Die Kanzlei, in der Sie arbeiten, vertritt den Mandanten in einem verkehrsrechtlichen Mandat. Der Mandant wurde bei einem Verkehrsunfall schuldhaft verletzt. Ihre Kanzlei soll nun die Ansprüche gegenüber der gegnerischen Haftpflichtversicherung geltend machen.

Die Lösungen zu folgenden Aufgabenstellungen sind mit Begründung und Angabe von gesetzlichen Bestimmungen zu präsentieren:

1. Welche Unterlagen benötigen Sie vom Mandanten?

2. Angenommen, die gegnerische Versicherung leistet auf die außergerichtliche Aufforderung hin nicht und es müsste Klage eingereicht werden. Welches Gericht wäre sachlich und örtlich für eine solche Klage zuständig?

3. **(E)** Teilen Sie Ihrem Mandanten bitte auf Englisch mit, dass Sie für ihn auch Schmerzensgeldansprüche geltend machen können, wenn er beim Unfall verletzt worden ist.

Lösungsvorschlag:

1. Wir benötigen vom Mandanten Schweigepflichtentbindungserklärungen für die behandelnden Ärzte, damit dort Gutachten eingeholt werden können, die dann der Gegenseite bzw. bei einer späteren Klage dem Gericht vorgelegt werden können. Die Ärzte sind grundsätzlich zur Verschwiegenheit verpflichtet und benötigen zur Auskunftserteilung eine derartige Schweigepflichtentbindungserklärung. Wir lassen uns darüber hinaus eine Vollmacht vom Mandanten unterschreiben, und zwar zunächst sowohl eine außergerichtliche Vertretungsvollmacht, als auch eine Strafprozessvollmacht. Da der Mandant bei dem Unfall verletzt worden ist, wird gegen den Unfallgegner ein strafrechtliches Ermittlungsverfahren wegen Körperverletzung im Straßenverkehr eingeleitet werden. Wir benötigen die Vollmacht, um Akteneinsicht zu nehmen. Hier ist die Vorlage einer Strafprozessvollmacht erforderlich. Dann fordern wir den Mandanten auf, uns eine Aufstellung sämtlicher Kosten, Fahrten zu Krankenhaus, Ärzten, Heilbehandlungskosten und – soweit Belege vorhanden – mit Belegen zu übermitteln.

2. Da es sich um eine Zivilsache handelt, sind die Gerichte der ordentlichen Gerichtsbarkeit zuständig.[63] Ob das Amts- oder das Landgericht zuständig sind, hängt von der Höhe der Klageforderung ab. Wird die Klage wegen eines Betrags bis einschließlich 5.000,00 € eingereicht, so ist sachlich das Amtsgericht zuständig.[64] Ab 5.000,01 € ist das Landgericht sachlich zuständig.[65]

---

63 § 13 ZPO.
64 § 23 Nr. 1 GVG.
65 § 71 I GVG.

Die Klage ist örtlich entweder bei dem Gericht einzureichen, in dessen Bezirk der Beklagte seinen allgemeinen Gerichtsstand hat (Wohnsitz oder Sitz)[66] oder aber beim besonderen Gerichtsstand der unerlaubten Handlung.[67] Der Kläger hätte die Wahl (= Wahlgerichtsstand), bei welchem örtlich zuständigen Gericht er die Klage einreicht.[68]

3. (E) So if you've been injured in this accident, you have the right to enforce damages claims for pain and suffering.

Diese ergänzenden Fragen könnten beispielhaft gestellt werden:

Prüfer: Angenommen, Sie müssen die Klage vorbereiten. Welche Inhalte sind in einer Klageschrift vorgeschrieben?

Mögliche Antwort: Man gibt ein Datum an und versieht die Klageschrift mit dem Wort Klage. Dann muss die Klageschrift die Bezeichnung der Parteien und des Gerichts enthalten. Man muss darlegen, wegen was man klagt (also z.B. „wegen Forderung" und muss die Klage begründen.[69] Dann gibt man den Wert der Klage an, denn man muss auch die Gerichtskosten berechnen und einzahlen. Außerdem gibt man noch an, ob eine außergerichtliche Streitbeilegung vor Klageeinreichung versucht wurde oder eine Mediation und ob es Gründe gibt, die dagegen sprechen. Aber es gibt darüber hinaus noch mehr, was man angeben muss.[70] Man muss z.B. auch seine Anträge ankündigen und die Beweismittel angeben. Der Anwalt muss die Klage unterschreiben. Und wenn man die Klage beim Landgericht einreicht, gibt man auch an, ob einer Übertragung der Sache auf den Einzelrichter Gründe entgegenstehen.

Prüfer: Sie sprechen die Beweismittel an. Welche Beweismittel kommen denn in einem Zivilprozess vor?

Mögliche Antwort: Hier gibt es fünf Beweismittel, die man auch mit Spauz oder Sapuz abkürzt. Das sind Sachverständigengutachten,[71] Parteieinvernahme,[72] Augenschein,[73] Urkundenbeweis[74] und Zeugeneinvernahme.[75] Aber neben diesen gibt es auch den sogenannten Freibeweis.

Prüfer: Was ist das denn?

Mögliche Antwort: Der Freibeweis bedeutet, dass das Gericht den Beweis in jeder ihm geeignet erscheinenden Weise erheben darf.[76]

---

66 §§ 12, 13, 17 ZPO.
67 § 32 ZPO.
68 § 35 ZPO.
69 § 253 ZPO.
70 § 130 ZPO.
71 §§ 402–414 ZPO.
72 §§ 445–455 ZPO.
73 §§ 371–372a ZPO.
74 §§ 415–444 ZPO.
75 §§ 371–401 ZPO.
76 § 284 ZPO.

Prüfer: Können Sie uns sagen, wie es nach der Klageeinreichung im Prozess weitergeht?

Mögliche Antwort: Ja. Das Gericht kann entscheiden, ob es einen frühen ersten Termin bestimmt, oder aber in das schriftliche Vorverfahren einsteigt. Gerade wenn die Sache etwas komplizierter ist, wird das Gericht erst einmal das schriftliche Vorverfahren anordnen. Denn dann können die Parteien noch Schriftsätze hin und her wechseln und das Gericht sammelt sozusagen erst einmal den Prozessstoff.

Prüfer: Angenommen, das Gericht ordnet das schriftliche Vorverfahren an. Was bedeutet das für den Beklagten?

Mögliche Antwort: Der Beklagte erhält die Klage zugestellt und muss nun innerhalb einer Notfrist von 2 Wochen anzeigen, dass er sich gegen die Klage verteidigen möchte. Innerhalb einer weiteren Frist von mindestens zwei Wochen muss er dann auf die Klage erwidern.[77]

Prüfer: Ist die Klageerwiderungsfrist auch eine Notfrist oder könnte man diese verlängern lassen?

Mögliche Antwort: Die Klageerwiderungsfrist ist keine Notfrist und man kann sie verlängern lassen. Das geschieht auch häufig in der Praxis, weil der Mandant die Unterlagen nicht rechtzeitig beibringen kann oder der Anwalt mit Arbeit überlastet ist.

---

77 §§ 276, 274 ZPO.

6.2.22 Musterfachgespräch 22

(Ausgewähltes Gebiet: Zivilrechtliches Mandat)

Situation:

In einer Zivilsache (I. Instanz) zeichnet sich im Prozess allmählich ab, dass die Klage möglicherweise abgewiesen wird. Ihr Chef hat den Mandanten schon im Vorfeld vorgewarnt und darauf hingewiesen, dass er wahrscheinlich mit der Klageabweisung rechnen muss. Ihr Mandant hat der Kanzlei gegenüber bereits signalisiert, dass er auf jeden Fall ein Rechtsmittel einlegen möchte. Sie rufen telefonisch die Entscheidung bei Gericht am Tag der Verkündung ab und erfahren, dass die Klage (Gegenstandswert: 17.000,00 €) kostenpflichtig abgewiesen worden ist und Ihr Mandant die Kosten des Verfahrens zu tragen hat.

Die Lösungen zu folgenden Aufgabenstellungen sind mit Begründung und ohne Angabe von gesetzlichen Bestimmungen zu präsentieren:

1.   Welche Hinweise sollten dem Mandanten im Anschreiben gegeben werden?

2.   Nach Erhalt Ihres Briefes fragt der Mandant, ob er die Kosten direkt an den Gegner überweisen soll. Was antworten Sie hierauf?

3. (E) Teilen Sie Ihrem Mandanten auf Englisch mit, dass er das Recht hat, beim nächst höheren Gericht Rechtsmittel einzulegen.

Lösungsvorschlag:

1.   Wir informieren den Mandanten schriftlich über das Ergebnis des Entscheidungsverkündungstermins und weisen den Mandanten darauf hin, dass gegen das Urteil das Rechtsmittel der Berufung eingelegt werden kann. Da wir jedoch das vollständige Urteil noch nicht zugestellt erhalten haben, beginnt die Berufungsfrist von einem Monat zunächst fünf Monate nach dem Verkündungstermin zu laufen, sodass innerhalb von sechs Monaten ab Entscheidungsverkündung das Rechtsmittel spätestens einzulegen ist. Weiter weisen wir den Mandanten darauf hin, dass wir allerdings damit rechnen, dass das Urteil vorher noch in vollständiger Form zugestellt wird und die Berufungsfrist dann einen Monat ab Zustellung des vollständigen Urteils betragen würde. Auch würden wir die Berufung sodann begründen müssen. Zurzeit sei jedoch zunächst nichts veranlasst, da wir die Zustellung des Urteils abwarten würden. Weiter weisen wir darauf hin, dass die Gegenseite nun sicherlich Kostenfestsetzungsantrag, bezogen auf die Kosten der I. Instanz, stellen wird und wir den Mandanten, sobald dies der Fall ist, weiter informieren würden. Da die Vergütung mit Abschluss der I. Instanz fällig geworden ist, würden wir dem Mandanten eine Kostenrechnung über die bei uns entstandenen Kosten und ggf. eingezahlten Gerichtskosten erstellen und gezahlte Vorschüsse hiervon abziehen.

2.   Ich teile dem Mandanten mit, dass die Gegenseite nach der gewonnenen Instanz nun Kostenfestsetzung beantragen kann[78] und wir Gelegenheit haben, hierzu Stellung zu nehmen. Erst wenn die Schriftsätze im Kostenfestsetzungsverfahren gewechselt wurden und das Gericht die Kosten durch einen Kostenfestsetzungsbe-

---

78   §§ 103 ff. ZPO.

> schluss festgesetzt hat, muss der Mandant innerhalb von 2 Wochen ab Zustellung des Kostenfestsetzungsbeschlusses die festgesetzten Kosten bezahlen.[79] Ich teile ihm also mit, dass er im Moment noch nichts bezahlen muss.
>
> **3. (E)** Due to this decision, you have the right to appeal to a higher court.

Diese ergänzenden Fragen könnten beispielhaft gestellt werden:

Prüfer: **Angenommen die Gegenseite würde die Kostenfestsetzung noch nicht sofort beantragen, sondern vielmehr erst einmal den Ausgang des Berufungsverfahrens abwarten. Welchen großen Nachteil hätte dies für die Gegenseite?**

Mögliche Antwort: Man kann mit dem Eingang des Antrags auf Kostenfestsetzung die Verzinsung der Kosten mit 5 Prozentpunkten über dem Basiszinssatz beantragen. Die Gegenseite erleidet also einen Zinsschaden, wenn sie mit dem Kostenfestsetzungsantrag zu lange wartet.

Prüfer: **Wie wäre denn die Rechtslage bezogen auf die Kostenerstattung, wenn die Gegenseite nur teilweise obsiegt hätte?**

Mögliche Antwort: Dann würde eine Kostenausgleichung durchgeführt werden,[80] d.h. die Gesamtkosten würden ermittelt und dann die entsprechende Quote gebildet, um nach Abzug der eigenen Kosten einer Partei festzustellen, ob sie einen Erstattungsanspruch hat oder Kosten erstatten muss.

Prüfer: **Sind denn alle in einem Prozess entstandenen Kosten auch erstattungsfähig?**

Mögliche Antwort: Nein. Es sind nur die Kosten erstattungsfähig, die zur zweckentsprechenden Rechtsverfolgung oder Rechtsverteidigung notwendig waren.[81]

Hinweis: Man könnte den Eindruck bekommen, dass in dieser Aufgabenstellung Kostenrecht gefragt wird. Tatsächlich sind aber alle Bestimmungen zur Kostenerstattung im Prozessrecht geregelt, so dass es sich tatsächlich um einen Fall aus dem „zivilrechtlichen Mandat" handelt.

---

79 § 798 ZPO.
80 § 106 ZPO.
81 § 91 ZPO.

(Ausgewähltes Gebiet: Zivilrechtliches Mandat)

Situation:

In einer mietrechtlichen Angelegenheit soll für den Mandanten Räumungsklage gegen den Mieter eingereicht werden. Der Mieter hat schon seit Monaten die Miete für die Wohnung in München nicht bezahlt. Sie haben dem Mandanten die Klage im Entwurf geschickt und ihn gebeten, mitzuteilen, ob er Änderungen oder Ergänzungen der Klageschrift wünscht. Der Mandant ruft in Ihrer Kanzlei an und teilt mit, dass er auf keinen Fall möchte, dass die Klage beim Amtsgericht in München eingereicht wird. Zum einen ist er der Meinung, dass doch der Gegenstandswert über 5.000,00 € liegt und die Sache auf jeden Fall so wichtig ist, dass die Klage beim Landgericht eingereicht werden müsste. Außerdem will er auf jeden Fall, dass die Klage in Hamburg eingereicht wird, damit er, wenn es zum Gerichtstermin kommt, nicht so weit reisen muss, da er, der Vermieter, ja in Hamburg lebt.

Die Lösung zu folgender Aufgabenstellung ist mit Begründung und Angabe von gesetzlichen Bestimmungen zu präsentieren:

Erläutern Sie, ob dem Wunsch des Mandanten entsprochen werden kann oder nicht und begründen Sie Ihre Antwort.

Lösungsvorschlag:

Die sachliche Zuständigkeit des Amtsgerichts ist hier ausschließlich. Streitwertunabhängig ist die Räumungsklage, da es sich um Wohnraum handelt, beim Amtsgericht einzureichen, § 23 Nr. 2 a) GVG. Ich beruhige den Mandanten aber, dass er nicht die Sorge haben muss, der Richter würde die Sache für weniger wichtig erachten, weil sie beim Amts- und nicht beim Landgericht eingereicht wird. Da es sich um eine ausschließliche Zuständigkeit handelt, gibt es auch keine Möglichkeit, dies irgendwie zu ändern.

Weiter weise ich den Mandanten darauf hin, dass die örtliche Zuständigkeit in Mietsachen, die Wohnraum betreffen, so wie hier, ebenfalls eine ausschließliche ist, § 29a I ZPO. Die Klage ist generell immer in solchen Verfahren bei dem Gericht einzureichen, in dessen Bezirk die Wohnung liegt. Hier hat der Kläger leider keine Wahl.

Diese ergänzenden Fragen könnten beispielhaft gestellt werden:

Prüfer: Vielen Dank für die Ausarbeitung des Falls. Das haben Sie ganz prima erledigt. Können Sie uns denn sagen, ob es sich anders verhalten würde, wenn es sich nicht um Wohnraum, sondern vielmehr um einen Gewerberaum handeln würde?

Mögliche Antwort: Sofern es sich um einen Gewerberaum handelt, wäre hier am allgemeinen Gerichtsstand des Beklagten zu klagen, dies wäre dann, wenn der Firmensitz des Beklagten in München wäre, in München. Die sachliche Zuständigkeit würde sich dann nach dem Gegenstandswert richten. Sofern der Wert über 5.000,00 € liegt, wäre die sachliche Zuständigkeit des Landgerichts gegeben.[82]

Prüfer: Was wäre denn der Mindestinhalt einer Klageschrift? Können Sie uns hierzu einige Punkte aufzählen?

Mögliche Antwort: Die Klageschrift muss die Bezeichnung der Parteien und des Gerichts; die bestimmte Angabe des Gegenstandes und des Grundes des erhobenen Anspruchs, sowie einen bestimmten Antrag enthalten. Die Klageschrift soll ferner die Angabe, ob der Klageerhebung der Versuch einer Mediation oder eines anderen Verfahrens der außergerichtlichen Konfliktbeilegung vorausgegangen ist, sowie eine Äußerung dazu, ob einem solchen Verfahren Gründe entgegenstehen; die Angabe des Wertes des Streitgegenstandes, wenn hiervon die Zuständigkeit des Gerichts abhängt und der Streitgegenstand nicht in einer bestimmten Geldsumme besteht; eine Äußerung dazu, ob einer Entscheidung der Sache durch den Einzelrichter Gründe entgegenstehen, enthalten.[83]

Prüfer: Könnte man in einer Klageschrift beim Beklagten auch eine Postfachadresse angeben?

Mögliche Antwort: Nein, das wäre nicht möglich, es muss in jedem Fall eine ladungsfähige Anschrift des Beklagten angegeben werden. Eine Postfachadresse ist keine ladungsfähige Anschrift.

Prüfer: Wie würde sich das Verfahren fortsetzen, wenn der Kläger die Klage eingereicht hat?

Mögliche Antwort: Sobald die Gerichtskosten eingezahlt sind, wird das Gericht dem Beklagten die Klage zustellen. Der Richter kann entweder einen frühen ersten Termin[84] anberaumen, oder das schriftliche Vorverfahren[85] anordnen.

Prüfer: Angenommen, das Gericht ordnet das schriftliche Vorverfahren an. Welche Aufforderung wird das Gericht dem Beklagten mit der Zustellung der Klage zukommen lassen?

Mögliche Antwort: Das Gericht wird den Beklagten auffordern, binnen einer Notfrist von zwei Wochen die Verteidigungsabsicht gegen die Klage anzuzeigen.[86] Ihm wird zudem aufgegeben, innerhalb einer weiteren Frist von mindestens weiteren zwei Wochen auf die Klage zu erwidern. Sollte die Klage bei einem Landgericht anhängig geworden sein, wird der Beklagte auch darauf hingewiesen, dass hier Anwaltszwang herrscht und er sich nur durch einen Rechtsanwalt vertreten lassen kann.[87]

---

82 §§ 8, 9 ZPO.
83 § 253 II, III ZPO.
84 § 275 ZPO.
85 § 276 I ZPO.
86 § 276 I ZPO.
87 § 78 I ZPO.

Prüfer: Kann man die beiden Fristen, d.h. die Frist zur Anzeige der Verteidigungs-absicht sowie die Klageerwiderungsfrist verlängern lassen?

Mögliche Antwort: Bei der Frist zur Anzeige der Verteidigungsabsicht handelt es sich um eine Notfrist, die nicht verlängert werden kann.[88] Die Klageerwiderungsfrist ist keine Notfrist und kann auf Antrag verlängert werden. Dabei ist darauf zu achten, dass der Antrag auf Fristverlängerung vor Ablauf der Frist bei Gericht eingeht.

Prüfer: Sofern der Beklagte sich in Urlaub befindet und von der Klagezustellung und diesen Fristen nichts erfährt; welche Folge hätte dies möglicherweise für den Beklagten?

Mögliche Antwort: Sofern der Kläger den Antrag auf Erlass eines Versäumnisurteils stellt,[89] diesen Antrag kann er bereits in der Klageschrift stellen, würde das Gericht nach fruchtlosem Ablauf der Frist das Versäumnisurteil gegen den Beklagten erlassen.

Prüfer: Kann der Beklagte ein solches Versäumnisurteil anfechten?

Mögliche Antwort: Ein solches Versäumnisurteil kann mit einem Einspruch ange-fochten werden, der innerhalb einer Notfrist von zwei Wochen ab Zustellung des Versäumnisurteils eingelegt werden müsste.[90]

Jetzt können sich z.B. weitere Fragen aus folgenden Bereichen anschließen:
- Inhalt einer Ladung,
- weiterer Fortgang des Verfahrens,
- möglicher Vergleich, der im Termin protokolliert wird[91] oder im Beschlusswege fest-gestellt wird,[92]
- Inhalt eines Versäumnisurteils,
- Möglichkeit eines zweiten Versäumnisurteils,
- Endurteil,
- etc.

---

88 § 224 I ZPO.
89 § 331 ZPO.
90 §§ 338, 339 ZPO.
91 § 160 IV ZPO.
92 § 278 VI ZPO.

6.2.24 Musterfachgespräch 24

(Ausgewähltes Gebiet: Zivilrechtliches Mandat)

Situation:

Durch Ihre Kanzlei soll eine Berufung beim Oberlandesgericht Frankfurt a.M. eingereicht werden. Ihr Chef weiß, dass er die Berufung als elektronisches Dokument auch über sein besonderes elektronisches Anwaltspostfach einreichen könnte, weil das Oberlandesgericht Frankfurt a.M. bereits am elektronischen Rechtsverkehr angeschlossen ist. Er hält aber nichts von diesem „neumodischen Kram" und möchte, weil es eine Fristsache ist, auf keinen Fall etwas falsch machen. Die Fristsache soll daher per Fax bei Gericht eingereicht werden. Ihre Kollegin, Frau Meyer, ist ausgebildete Rechtsanwaltsfachangestellte und erklärt Ihnen, wie man dabei vorgeht.

Die Lösungen zu folgenden Aufgabenstellungen sind mit Begründung und Angabe von gesetzlichen Bestimmungen zu präsentieren:

1. Frau Meyer möchte, dass Sie Ihr sagen, wo das „denn steht", dass die Einreichung per Fax rechtlich zulässig ist.

2. Frau Meyer bittet Sie, eine stichpunktartige Zusammenfassung mit mindestens 8 wichtigen Punkten zu erstellen, die bei der Versendung per Fax beachtet werden müssen."

3. **(E)** Der Mandant meldet sich telefonisch in Ihrer Kanzlei. Er ist Brite. Teilen Sie ihm mit, dass Sie die Berufung heute bei Gericht eingereicht haben.

Lösungsvorschlag:

1. § 130 Nr. 6 ZPO regelt, dass ein Schriftsatz unterschrieben sein muss und im Falle der Versendung per Fax die Wiedergabe der Unterschrift in Kopie enthalten muss. [***Erläuterung für den Prüfling:*** Obwohl das Fax ein elektronisches Übertragungsmittel ist, ordnet der Gesetzgeber im Verfahrensrecht die Versendung per Fax der schriftlichen Einreichung zu!]

2. • Überprüfung der Faxnummer des Empfängergerichts anhand eines Ortsverzeichnisses oder Schriftstückes des Gerichts
   – Überprüfung des Empfängergerichts
   – Überprüfung, ob der Schriftsatz vom Anwalt unterschrieben wurde
   – richtiges Auflegen des Dokuments im Faxgerät
   – vorherige Einstellung, dass ein Sendeprotokoll ausgedruckt werden soll, falls nicht bereits als Grundeinstellung vorhanden

   • Nach dem Senden Prüfung des Sendeprotokolls auf:
   – Sendezeit
   – Faxnummer
   – OK-Vermerk
   – Seitenzahl
   – Abzeichnen des Sendeprotokolls mit Prüfvermerk und Namenskürzel
   – Abheften/Speichern des Sendeprotokolls zur Akte

3. **(E)** Mögliche Formulierung: Today we filed an appeal for you to court.

Diese ergänzenden Fragen könnten beispielhaft gestellt werden:

Ihr Prüfer möchte wissen, welche besonderen elektronischen Postfächer neben dem beA Ihnen noch bekannt sind.

Mögliche Antwort: Für die Notare existiert ein besonderes elektronisches Notarpostfach (beN – oder auch beNo) und für die Behörden ein besonderes elektronisches Behördenpostfach (beBPo).

Ihr Prüfer möchte wissen, was denn das besondere an diesen „besonderen" Postfächern, insbesondere dem besonderen elektronischen Anwaltspostfach (beA) ist.

Mögliche Antwort: Das besondere elektronische Anwaltspostfach wird nur einem Rechtsanwalt oder einer Rechtsanwältin zur Verfügung gestellt. Somit ist sichergestellt, dass die Post auch wirklich von einem Anwalt kommt. Darüber hinaus verfügen diese Postfächer über einen technischen Standard, der mit dem EGVP (elektronisches Gerichts- und Verwaltungspostfach), das die Gerichte und Gerichtsvollzieher nutzen, kompatibel ist. Hier wird mittels Ende-zu-Ende-Verschlüsselung sicher und einfach Post versendet.

Ihr Prüfer möchte wissen, ob Ihnen bekannt ist, dass etwas Besonderes zu beachten ist, wenn man Schriftsätze über dieses Postfach bei Gericht einreichen möchte.

Mögliche Antwort: Es ist darauf zu achten, dass hier zwei Varianten der elektronischen Einreichbarkeit in § 130a ZPO geregelt sind. Entweder wird der Schriftsatz mit qualifizierter elektronischer Signatur versehen an das EGVP des Gerichts mittels OSCI-fähigem elektronischen Postfach versendet oder aber der verantwortliche Rechtsanwalt signiert den Schriftsatz einfach elektronisch (eingetippter Name unter dem Schriftsatz oder lesbare eingescannte Unterschrift des Anwalts) und sendet den Schriftsatz selbst aus seinem besonderen elektronischen Anwaltspostfach oder einem anderen sicheren Übermittlungsweg an das Gericht. Dabei müssen aber die einfache Signatur und der Postfachinhaber identisch sein und der Anwalt muss sich in seinem beA selbst anmelden und selbst den Senden-Button klicken.

Ihr Prüfer ist sehr begeistert über diese fundierte Antwort. Er hakt nach: Was sind denn andere sichere Übermittlungswege? Und was bedeutet hier „sicher"?

Mögliche Antwort: Sichere Übermittlungswege sind in § 130a Abs. 4 ZPO definiert. Das sind z.B. das DE-Mail-System (welches z.B. von der Telekom vertrieben wird), das beA, aber auch das beBPo (besondere elektronische Behördenpostfach) und das beN (besondere elektronische Notarpostfach) sowie künftige technische Standards, die als sichere Übermittlungswege noch deklariert werden. Diese elektronischen Postfächer gelten deshalb als sicher, weil die Herkunft sichergestellt ist. Nur ein zugelassener Rechtsanwalt bekommt ein beA, nur eine Behörde ein beBPo und nur ein Notar ein beN. Angeschlossen sind diese Postfächer an einen Verzeichnisdienst und hier ist im Grunde genommen eine Authentifizierung möglich. Man weiß also sicher, wenn ein Anwalt aus seinem beA etwas verschickt, dass das wirklich vom Anwalt kommt.

Ihr Prüfer möchte mehr zum Schriftsatz selbst wissen und fragt, ob Sie ihm denn auch etwas zu den zulässigen Dateiformaten sagen können?

Mögliche Antwort: Als zulässige Dateiformate sind nur PDF und TIFF-Dateien erlaubt. PDF-Dateien müssen sogar ab 01.07.2019 mit Texterkennung ausgestaltet sein. Dies ist in der ERVV geregelt, die seit dem 01.01.2018 bundesweit gilt (Elektronischer-

Rechtsverkehr-Verordnung). Aber das allein reicht noch nicht. Man muss sich zudem entweder im Bundesanzeiger oder unter www.justiz.de auch über die zulässige Dateiversion informieren. Nach § 5 ERVV werden diese zulässigen Dateiversionen hier veröffentlicht.

Ihr Prüfer nickt. Wunderbar. Dann fragt er Sie, was Sie dem Mandanten antworten würden, wenn dieser Sie fragt, ob denn jetzt auch in der Kanzlei alles nur noch „digital" läuft und man gar nicht mehr Post per Brief verschicken darf.

Mögliche Antwort: Briefe darf man noch eine ganze Weile verschicken, auch per Fax einreichen. Die Pflicht zur elektronischen Einreichung beginnt nach dem Gesetz erst zum 01.01.2022, allerdings können Bundesländer diesen Pflichttermin vorziehen auf den 01.01.2021 oder 01.01.2020. Bis 31.12.2019 darf man aber auf jeden Fall noch bei Gerichten Briefpost oder Fax-Nachrichten einreichen.

| 6.2.25 Musterfachgespräch 25 |

(Ausgewähltes Gebiet: Zivilrechtliches Mandat)

Situation:

Ihr Chef ist im Vollstress. Heute müsste er eine Berufungsbegründung beim Oberlandesgericht einreichen. Aber er hat seit Wochen so viel Arbeit wie nie zuvor. Nun diktiert er schon häppchenweise, damit einiges schon parallel geschrieben werden kann, aber wichtige Unterlagen vom Mandanten fehlen immer noch. Dabei hatte dieser angekündigt diese bis mittags zu schicken. Um 15.00 Uhr reicht es Ihrem Chef. Bevor hier noch etwas schiefgeht, möchte er nun lieber einen Fristverlängerungsantrag stellen. Er beauftragt Ihre Kollegin, die Quereinsteigerin ist, einen Fristverlängerungsantrag vorzubereiten. Sie denkt sich, dass es gut wäre, gleich mal 2 Monate Fristverlängerung zu beantragen, sonst gibt es am Ende wieder so einen Stress. Ihre Kollegin schreibt an das **Landgericht** folgenden Text:

„In Sachen Müller ./. Schmitz, Az.: 7 O 1256/18 beantragen wir, die Frist zur Berufungsbegründung um 2 Monate zu verlängern. Dr. Anton Mustermann, Rechtsanwalt"

Die Lösungen zu folgenden Aufgabenstellungen sind mit Begründung und Angabe von gesetzlichen Bestimmungen zu präsentieren:

1. Ihr Chef möchte, dass Sie der Kollegin erklären, was an diesem Fristverlängerungsantrag falsch ist. Nennen Sie ihr 3 Punkte.

2. Ihre Kollegin möchte wissen, ob man eigentlich eine Berufungsbegründungsfrist auch ein zweites Mal verlängern lassen kann.

Lösungsvorschlag:

1. Gem. § 520 II ZPO kann die Frist nur um bis zu einem Monat verlängert werden. Darüber hinaus muss der Antrag begründet werden und der Anwalt einen erheblichen Grund darlegen. Ein erheblicher Grund wäre z.B. Arbeitsüberlastung des alleinigen Sachbearbeiters. Der Antrag auf Verlängerung der Berufungsbegründung muss beim Rechtsmittelgericht, d.h. beim Oberlandesgericht eingereicht werden.

2. Die Frist kann ein zweites Mal verlängert werden, wenn der Gegner vorher einwilligt und die Einwilligungserklärung zusammen mit dem Fristverlängerungsantrag bei Gericht eingeht, § 520 II ZPO.

Diese ergänzenden Fragen könnten beispielhaft gestellt werden:

Ihr Prüfer möchte wissen, welche weiteren Gründe für eine Fristverlängerung gegeben sein könnten.

Mögliche Antwort: Wenn der Anwalt plötzlich erkrankt, kann der Fristverlängerungsantrag z.B. auch hierauf gestützt werden.

Ihr Prüfer möchte wissen, wie Sie vorgehen würden, wenn das Fax-Gerät der Kanzlei nicht funktioniert: Wie können Sie den Verlängerungsantrag dann einreichen?

Mögliche Antwort: Es sollte auf jeden Fall versucht werden, den Fristverlängerungsantrag rechtzeitig bei Gericht, d.h. vor Fristablauf, einzureichen. Das Gericht kann dann auch nach Fristablauf über die Verlängerung entscheiden. Wichtig ist aber, dass der Antrag eben vor Ablauf der Frist bei Gericht eingeht. Wie man vorgeht, wenn das Fax „streikt" hängt auch davon ab, an welchem Ort das Gericht ist, bei dem eingereicht werden muss und wieviel Uhr es schon ist. Man könnte z.B. die Fristsache auch auf der Geschäftsstelle des Gerichts abgeben oder nach Dienstschluss in den Nachtbriefkasten vor Ort geben, rechtzeitig vor Ablauf von 24.00 Uhr. Ist das Gericht nicht so weit weg, könnte man auch eine Fahrt zum Gerichtsort in Erwägung ziehen.

Ihr Prüfer hakt nach: Und wenn das Gericht 500 km weit entfernt ist?

Mögliche Antwort: Es bliebe noch die Möglichkeit zu prüfen, ob man bereits auf elektronischem Wege den Fristverlängerungsantrag bei Gericht einreichen kann. Falls das auch nicht geht, kann man versuchen, von einem anderen Fax-Gerät aus den Antrag zu faxen. Denkbar wäre es auch z.B. eine befreundete Kanzlei zu bitten, das Fax an das Gericht zu übermitteln.

Ihr Prüfer ist mit diesem Ideenreichtum schon sehr zufrieden, was Sie seinem Gesicht ablesen können. Nun möchte er wissen, was Sie veranlassen, wenn der Fristverlängerungsantrag sicher bei Gericht angekommen ist.

Mögliche Antwort: Ich notiere das hypothetische Fristende im Fristenkalender und sodann bei der heute ablaufenden Frist, dass ein Fristverlängerungsantrag gestellt wurde. Dabei gebe ich auch hier das hypothetische Fristende an.

Hieran anschließen könnten sich Fragen rund um das Thema Fristen, Wiedereinsetzung in den vorigen Stand, Inhalt einer Berufungsbegründungsschrift, Übermittlungswege und deren Wirksamkeit im elektronischen Zeitalter u.a.

6.3 Musterfachgespräche „Zwangsvollstreckungsrechtliches Mandat"

6.3.1 Musterfachgespräch 1

(Ausgewähltes Gebiet: Zwangsvollstreckungsrechtliches Mandat)

Situation:

Ein neuer Mandant meldet sich in Ihrer Kanzlei. Er hat schon vor vielen Jahren einen Titel gegen einen Schuldner erwirkt. Die damalige Zwangsvollstreckung ist fruchtlos verlaufen. Nun möchte der Mandant die Zwangsvollstreckung durch Ihre Kanzlei erneut betreiben lassen. Problem: Der Schuldner ist unbekannten Aufenthalts.

Die Lösung zu folgender Aufgabenstellung ist mit Begründung und Angabe von gesetzlichen Bestimmungen zu präsentieren:

Der Mandant möchte von Ihnen wissen, wie man den Aufenthaltsort des Schuldners ausfindig machen kann, um die Zwangsvollstreckung weiter gegen den Schuldner zu betreiben.

Lösungsvorschlag:

Es besteht die Möglichkeit, den Gerichtsvollzieher, der im Bezirk des letzten bekannten Aufenthaltsorts des Schuldners tätig ist, mit der Zwangsvollstreckung und der vorherigen Aufenthaltsermittlung zu beauftragen. Eine isolierte Aufenthaltsermittlung durch den Gerichtsvollzieher ist nicht möglich, vielmehr ist dem Gerichtsvollzieher gleichzeitig mit dem Auftrag zur Aufenthaltsermittlung nach § 755 ZPO ein wie auch immer gearteter Zwangsvollstreckungsauftrag zu erteilen. Der Gerichtsvollzieher kann gem. § 755 ZPO den Aufenthaltsort des Schuldners an vier Stellen ermitteln: Einwohnermeldeamt, Ausländer-Zentralregister, Kraftfahrt-Bundesamt und gesetzl. Rentenversicherung. Dabei ist zwingend eine Reihenfolge einzuhalten. Zuerst wird der Aufenthaltsort beim zuständigen Einwohnermeldeamt versucht zu ermitteln. Wenn dies scheitert, können die weiteren Auskünfte eingeholt werden. Beim Ausländerzentralregister erfolgt eine Auskunftseinholung nur, wenn der Schuldner Ausländer außerhalb des EU-Auslands ist (Ausnahme: Schuldner hat als EU-Bürger das Freizügigkeitsrecht verloren).

Ich weise den Mandanten darauf hin, dass die Aufenthaltsermittlung über den Gerichtsvollzieher jedoch nicht unerhebliche Kosten auslöst. So ist pro Auskunftseinholung der Betrag von 5,00 € bzw. 13,00 € (13,00 € bei Auskünfte des KBA, der Rentenversicherung und des Ausländerzentralregisters) an Gerichtsvollzieherkosten zu entrichten. Hinzu kommen die Kosten der entsprechenden Behörden. Sollte der Schuldner nicht zu ermitteln sein, wird der Gerichtsvollzieher auch eine Gebühr für die nicht erledigte Amtshandlung für den erteilten Vollstreckungsauftrag berechnen. Insgesamt muss der Mandant daher mit Kosten in Höhe von rund 80,00 € rechnen. Da dies je nach Höhe des zu vollstreckenden Titels sehr teuer ist, können wir dem Mandanten empfehlen, z.B. die Einwohnermeldeamtsauskunft auch durch die Kanzlei einholen zu lassen, sodass hier Kosten gespart werden können. Denkbar wäre aber auch, eine Auskunftei zu befragen. Hier gibt es verschiedene Anbieter am Markt, die teilweise kostengünstiger sind, als die Aufenthaltsermittlung über den Gerichtsvollzieher.

Erläuterung für den Prüfling: In diese Antwort fließt Praxiserfahrung ein, wie z.B. die Höhe der Gerichtsvollzieherkosten. Sofern man als Auszubildender in der Kanzlei mit der Zwangsvollstreckung nicht betraut ist, da die Kanzlei keine Vollstreckungsmandate hat, wird die Antwort sicherlich nicht so ausführlich ausfallen. Wichtig wäre hier aber in jedem Fall die Angabe des § 755 ZPO und der Hinweis, dass die Einwohnermeldeamtsauskunft beispielsweise auch selbst eingeholt werden kann. Sofern in eine solche Antwort Praxiserfahrungen einfließen, wird der Prüfer das sehr schnell bemerken. Dies kann zur Folge haben (muss natürlich nicht!), dass die anschließenden Fragen auch deutlich mehr an der Praxis als der Theorie ausgerichtet sind.

Diese ergänzenden Fragen könnten beispielhaft gestellt werden:

Prüfer: Nennen Sie doch bitte einmal ein bis zwei Beispiele, welchen Zwangsvollstreckungsauftrag der Gläubiger gleichzeitig mit der Aufenthaltsermittlung erteilen könnte, wenn der Gläubiger aus einem Zahlungstitel vollstreckt.

Mögliche Antwort: Der Gläubiger kann den Gerichtsvollzieher beauftragen, einen Termin zur Abnahme der Vermögensauskunft zu bestimmen.[93] Der Gerichtsvollzieher kann auch beauftragt werden, isoliert die gütliche Erledigung zu versuchen.[94] Auch der Auftrag z.B. zur Abnahme der Vermögensauskunft nach gescheiterter Sachpfändung wäre möglich.[95]

Prüfer: Angenommen, der Schuldner gibt in der Vermögensauskunft an, Arbeitslohn aus nichtselbstständiger Tätigkeit zu beziehen. Welche Zwangsvollstreckungsmaßnahme bietet sich nach diesem Hinweis an?

Mögliche Antwort: Es kann eine Lohnpfändung durch Beantragung eines Pfändungs- und Überweisungsbeschlusses[96] beim zuständigen Vollstreckungsgericht beantragt werden. Die Pfändung ist mit der Zustellung des Pfändungs- und Überweisungsbeschlusses an den Drittschuldner bewirkt. Die Zustellung wird durch den Gerichtsvollzieher vorgenommen.

Prüfer: Welche zusätzliche Maßnahme können Sie ergreifen, um die Ansprüche Ihres Mandanten möglichst frühzeitig zu sichern? Der Erlass eines Pfändungs- und Überweisungsbeschlusses kann ja erfahrungsgemäß einige Zeit dauern.

Mögliche Antwort: Man kann eine Pfändungsankündigung, ein sog. vorläufiges Zahlungsverbot[97] durch den Gerichtsvollzieher dem Drittschuldner und Schuldner zustellen lassen. Allerdings muss dann die Zustellung des Pfändungs- und Überweisungsbeschlusses innerhalb von einem Monat bewirkt werden, um das Pfändungspfandrecht ab dem Datum der Zustellung des vorläufigen Zahlungsverbots zu erhalten.

Jetzt könnten sich z.B. weitere Fragen aus folgenden Bereichen anschließen:

- Themenkomplex Pfändungs- und Überweisungsbeschluss,
- Drittschuldnererklärung,
- Formularpflicht,

---

93 § 802c ZPO.
94 § 802b ZPO.
95 § 807 ZPO.
96 §§ 829, 835 ZPO.
97 § 845 ZPO.

- Inhalte der Formulare,
- Inhalt eines Vermögensverzeichnisses, das der Schuldner im Rahmen der Vermögensauskunft abgibt,
- etc.

| 6.3.2 Musterfachgespräch 2 | |

(Ausgewähltes Gebiet: Zwangsvollstreckungsrechtliches Mandat)

Situation:

Ein Mandant kommt zu Ihnen in die Kanzlei und teilt mit, dass der Schuldner ihm als Handwerker eine Rechnung nicht bezahlt hat. Der Mandant hat den Schuldner schon dreimal gemahnt und Fristen gesetzt. Der Schuldner hat auf diese Mahnschreiben nicht reagiert. Der Mandant ist nun sehr verärgert und möchte, dass Sie sofort eine Kontenpfändung bei dem Schuldner vornehmen.

Die Lösungen zu folgenden Aufgabenstellungen sind mit Begründung und Angabe von gesetzlichen Bestimmungen zu präsentieren:

1. Kann dem Wunsch des Mandanten entsprochen werden?
2. Wie könnten Sie reagieren, um den sehr verärgerten Mandanten zu beruhigen?

Lösungsvorschlag:

1. Bei der Kontenpfändung handelt es sich um eine Zwangsvollstreckungsmaßnahme. Zwangsvollstreckungsmaßnahmen setzen voraus, dass ein Titel vorliegt, dieser zugestellt ist und der Titel über eine Vollstreckungsklausel verfügt (Titel,[98] Klausel,[99] Zustellung[100]). Da der Mandant bisher lediglich Mahnungen an den Schuldner geschickt hat, kann die Zwangsvollstreckung noch nicht eingeleitet werden. Unsere Kanzlei kann allerdings zunächst für die Titulierung der Forderung sorgen, z.B. in dem man den Erlass eines Mahnbescheids[101] beantragt oder eine Klage[102] einreicht.

2. Ich erkläre dem Mandanten, dass er in unserer Kanzlei sehr gut aufgehoben ist, und wir uns schnellstens um sein Anliegen kümmern. Ich weise ihn darauf hin, dass in der heutigen Zeit durch das automatisierte Mahnverfahren sehr schnell ein Titel erwirkt werden kann und wir, sobald der Titel vorliegt, die Zwangsvollstreckung gegen den Schuldner betreiben können. Ich lobe den Mandanten, dass er uns die Bankverbindung des Schuldners schon mitteilt und erkläre dem Mandanten, dass ich diese Bankverbindung zur Akte erfasse, sodass wir auch hier keine Zeit verlieren müssen und die Kontenpfändung beantragen können, sobald der Titel vorliegt.

Diese ergänzenden Fragen könnten beispielhaft gestellt werden:

Prüfer: **Ist es denn notwendig, dass der Schuldner vom Mandanten dreimal gemahnt wird, um ihn in Verzug zu setzen?**

Mögliche Antwort: Sofern die Leistung kalendermäßig bestimmt ist, befindet sich der Schuldner mit Ablauf des Kalendertags bereits in Verzug. Einer Mahnung würde es dann nicht mehr bedürfen. Bei einer Entgeltforderung, und bei der hier angesprochenen

---

98 Vgl. dazu z.B. §§ 704, 794 ZPO.
 99 §§ 724 ff. ZPO.
100 § 750 ZPO.
101 §§ 688 ff. ZPO.
102 § 253 ZPO.

Handwerkerrechnung handelt es sich um eine solche Entgeltforderung, gerät der Schuldner 30 Tage nach Erhalt der Rechnung auch in Verzug.[103] Dies gilt gegenüber einem Schuldner, der Verbraucher ist, jedoch nur, wenn auf diese Folgen in der Rechnung oder Zahlungsaufstellung besonders hingewiesen worden ist.

Prüfer: Welches Gericht wäre für den Antrag auf Erlass eines Mahnbescheids zuständig?

Mögliche Antwort: Grundsätzlich ist das Amtsgericht für den Antrag auf Erlass eines Mahnbescheids zuständig, in dessen Bezirk der Antragsteller seinen allgemeinen Gerichtsstand hat.[104] Da der Antragsteller hier offensichtlich ein in Deutschland ansässiger Handwerker ist, wäre somit das Gericht zuständig, in dessen Bezirk er seinen Wohnort hat. Allerdings haben die Bundesländer Zentrale Mahngerichte eingerichtet[105], sodass im ersten Schritt zu prüfen ist, welches das für den Antragsteller zuständige Gericht wäre und im zweiten Schritt dann das entsprechend zuständige Zentrale Mahngericht für den Antrag auf Erlass eines Mahnbescheids.

Prüfer: Und welches Gericht wäre zuständig, wenn der Antragsteller nicht im Inland seinen allgemeinen Gerichtsstand hat?

Mögliche Antwort: Dann ist das Gericht in Berlin-Wedding ausschließlich zuständig.[106]

Prüfer: Sie erwähnten den Begriff „Klausel". Können Sie erklären, was man unter diesem Begriff versteht?

Mögliche Antwort: Die Vollstreckungsklausel ist sozusagen die „Erlaubnis" für das Vollstreckungsorgan, dass aus diesem Titel die Zwangsvollstreckung betrieben werden darf. Die einfache Vollstreckungsklausel lautet:[107] „Vorstehende Ausfertigung wird dem Kläger/Beklagten zum Zwecke der Zwangsvollstreckung erteilt." Für die Erteilung der einfachen Klausel ist der Urkundsbeamte der Geschäftsstelle,[108] bzw. der Notar[109] bei notariellen Urkunden zuständig.

Prüfer: Wenn Sie von der „einfachen" Klausel sprechen, kommt natürlich sofort die Frage auf, ob es auch noch andere Klauseln, als diese einfache Klausel, gibt?

Mögliche Antwort: Es gibt die sog. „qualifizierte" Klausel. Das ist eine Vollstreckungsklausel, die dann benötigt wird, wenn z.B. gegen einen Rechtsnachfolger, d.h. z.B. einen Erben vollstreckt werden soll.[110] Denn grundsätzlich darf die Zwangsvollstreckung nur für oder gegen jemand stattfinden, der im Titel namentlich benannt ist.[111] Ist z.B. der Schuldner verstorben, kann man, um die Zwangsvollstreckung gegen die Erben, die die Erbschaft angenommen haben, fortsetzen zu können, eine qualifizierte Vollstreckungsklausel beantragen.

---

103 § 286 III BGB.
104 § 689 II 1 ZPO.
105 § 689 III ZPO.
106 § 689 II 2 ZPO.
107 § 725 ZPO.
108 § 724 II ZPO.
109 § 797 II ZPO.
110 § 727 ZPO.
111 § 750 I ZPO.

Jetzt können sich z.B. weitere Fragen aus folgenden Bereichen anschließen:

- weitere Beispiele für eine Rechtsnachfolge, wie Übereignung, Abtretung,
- Inhalt eines anwaltlichen Aufforderungsschreibens,[112]
- weitere Vollstreckungsmöglichkeiten, die sich nach Vorlage des Vollstreckungstitels ergeben können,
- Zustellungsarten,
- etc.

---

112 § 43d BRAO.

6.3.3 Musterfachgespräch 3   ∨

(Ausgewähltes Gebiet: Zwangsvollstreckungsrechtliches Mandat)

Situation:

Sie haben in einer Zwangsvollstreckungssache eine Lohnpfändung durch Zustellung eines Pfändungs- und Überweisungsbeschlusses an den Drittschuldner bewirkt.

Die Lösung zu folgender Aufgabenstellung ist mit Begründung und Angabe von gesetzlichen Bestimmungen zu präsentieren:

Welche Informationen erteilen Sie Ihrem Mandanten hinsichtlich dieser Vollstreckungsmaßnahme?

Lösungsvorschlag:

Ich teile dem Mandanten mit, dass der Drittschuldner, hier der Arbeitgeber, nun innerhalb von zwei Wochen nach Zustellung des Pfändungs- und Überweisungsbeschlusses eine Drittschuldnererklärung gem. § 840 ZPO abgeben muss. Dieser Drittschuldnererklärung können wir entnehmen, ob der Schuldner Ansprüche gegen den Drittschuldner hat und ggf. andere Personen ihrerseits Ansprüche bereits gepfändet haben. Sofern bereits andere Gläubiger gepfändet haben, würde diese im Rang vorgehen. Ich weise den Mandanten darauf hin, dass es Pfändungsfreigrenzen gibt, § 850c ZPO, und sich die Freibeträge erhöhen, wenn der Schuldner einer oder mehreren Personen gegenüber unterhaltspflichtig ist. Um den konkreten Lohn des Schuldners zu erfahren, haben wir den Anspruch des Schuldners gegenüber dem Drittschuldner auf Erteilung von Lohnabrechnungen mitgepfändet.[113] Sobald uns die Drittschuldnererklärung vorliegt, werden wir den Mandanten über das Ergebnis informieren.

Diese ergänzenden Fragen könnten beispielhaft gestellt werden:

Prüfer: Was versteht man unter dem Begriff Drittschuldner?

Mögliche Antwort: Der Drittschuldner schuldet dem Schuldner etwas, wie z.B. die Zahlung des Lohns oder aber die Auszahlung eines Kontoguthabens.

Prüfer: Ab welchem Zeitpunkt besteht denn bei einer Lohnpfändung das Pfandrecht Ihres Gläubigers?

Mögliche Antwort: Das Pfandrecht besteht mit der Bewirkung der Pfändung, d.h. mit der Zustellung des Pfändungsbeschlusses an den Drittschuldner.

---

113 **Erläuterung:** Im Pfüb-Formular ist auf S. 8 bzw. 9 (Unterhaltspfüb) eine Herausgabeanordnung gegenüber dem Schuldner bezogen auf die Lohnabrechnungen aufgenommen. Der BGH hat jedoch bereits 2012 entschieden, dass der Anspruch auf Erteilung von Lohnabrechnungen ggf. auch gepfändet werden kann (Anspruch A Ziff. 3, 4 des Pfüb-Formulars), so dass die Lohnabrechnungen bei entsprechender Pfändung vom Drittschuldner direkt eingefordert werden können. Dies erleichtert die Vollstreckung im Gegensatz zur Herausgabeanordnung gegenüber dem Schuldner sehr; man erspart sich den gesonderten Sachpfändungsauftrag an den Gerichtsvollzieher, um diese Herausgabeanordnung zu vollstrecken.

Prüfer: Können Sie uns sagen, was der Schuldner nach Zustellung des Pfändungs- und Überweisungsbeschlusses an ihn zu beachten hat?

Mögliche Antwort: Der Schuldner darf über die Forderung nicht mehr verfügen, insbesondere sie nicht einziehen. Er darf also z.B. seine Lohnansprüche nicht mehr abtreten oder sich heimlich auszahlen lassen.

Prüfer: Im Antrag auf Erlass eines Pfändungs- und Überweisungsbeschlusses hat der Gläubiger eine Forderungsaufstellung zu machen. Können Sie einige Beispiele nennen, was in einer Forderungsaufstellung enthalten sein muss?

Mögliche Antwort: In der Forderungsaufstellung ist die Hauptforderung nebst Zinsen aufgeführt. Darüber hinaus enthält die Forderungsaufstellung die bisherigen Vollstreckungskosten, etwaige festgesetzte Kosten für einen vorausgegangenen Prozess ggf. nebst Zinsen. Aus der Forderungsaufstellung ergibt sich auch z.B. ob nur noch eine Resthauptforderung besteht, weil der Schuldner z.B. Zahlungen geleistet hat.

Prüfer: Angenommen, der Schuldner hat Ratenzahlungen in der Vergangenheit geleistet. Wie sind diese Zahlungen zur verrechnen?

Mögliche Antwort: Grundsätzlich werden eingehende Zahlungen des Schuldners zunächst auf Kosten, dann auf die Zinsen und zuletzt auf die Hauptforderung verrechnet.[114]

Prüfer: An welches Gericht würden Sie denn den Antrag auf Erlass eines Pfändungs- und Überweisungsbeschlusses richten, wenn Ihr Schuldner in Köln lebt?

Mögliche Antwort: Der Antrag auf Erlass eines Pfändungs- und Überweisungsbeschlusses wird an das Amtsgericht, Vollstreckungsgericht, gerichtet, in dessen der Bezirk der Schuldner seinen allgemeinen Wohnsitz hat, somit also an das Amtsgericht – Vollstreckungsgericht – Köln.

Prüfer: Können Sie uns sagen, welche Person bei Gericht über den Erlass eines Pfändungs- und Überweisungsbeschlusses entscheidet? Ist hierfür der Richter zuständig?

Mögliche Antwort: Über den Antrag entscheidet der Rechtspfleger beim Vollstreckungsgericht. Der Richter würde z.B. über den Antrag auf Erlass eines Haftbefehls entscheiden, weil mit einer Haftanordnung ein Eingriff in ein Grundrecht vorgenommen wird.

Prüfer: Nennen Sie bitte weitere Forderungen, die mit einem Pfändungs- und Überweisungsbeschluss gepfändet werden können.

Mögliche Antwort: Es können z.B. Steuererstattungsansprüche beim Finanzamt gepfändet werden, aber auch Ansprüche aus Versicherungen gegenüber Versicherungsunternehmen, Guthaben auf Konten bei Banken. Im Grunde genommen kann man mit einem Pfändungs- und Überweisungsbeschluss jede Forderung, die der Schuldner gegen einen Dritten hat, und die übertragbar ist, pfänden.

---

114 § 367 BGB.

6.3.4 Musterfachgespräch 4   ✓

(Ausgewähltes Gebiet: Zwangsvollstreckungsrechtliches Mandat)

Situation:

Sie vertreten Horst Reifen und haben vor dem Landgericht Köln in 1. Instanz das Verfahren gewonnen. Der Klage Ihrer Kanzlei für den Kläger Horst Reifen wegen einer Forderung in Höhe von 22.000,00 € wurde in vollem Umfang stattgegeben. Der Beklagte, Fritz Lenker, hat gegen das Urteil Berufung eingelegt. Mit einer Rechtskraft ist nicht so bald zu rechnen. Ihren Mandanten haben Sie über das positive Urteil und die von der Gegenseite eingelegte Berufung informiert. Horst Reifen ruft in Ihrer Kanzlei an und macht seinem Ärger Luft. Er wollte schon die Vollstreckung einleiten und nun hat die Gegenseite Berufung eingelegt. Horst Reifen befürchtet, dass er nun das Berufungsverfahren abwarten muss, bevor er gegen Fritz Lenker vollstrecken kann.

Die Lösung zu folgender Aufgabenstellung ist mit Begründung und Angabe von gesetzlichen Bestimmungen zu präsentieren:

Erläutern Sie Ihrem Mandanten, wie und wann er aus dem Urteil des Landgerichts Köln vollstrecken kann.

Lösungsvorschlag:

Da die Urteilssumme über 1.250,00 € liegt, ist dieses Urteil gegen Sicherheitsleistung für vorläufig vollstreckbar zu erklären, § 708 ZPO. Ich weise daher den Mandanten darauf hin, dass aus diesem Urteil sehr wohl schon vor der Rechtskraft vollstreckt werden kann, da es vorläufig vollstreckbar ist. Gleichzeitig erkläre ich dem Mandanten, dass das Urteil jedoch nur gegen Sicherheitsleistung vorläufig vollstreckbar ist, § 709 ZPO. Die zu erbringende Sicherheitsleistung beträgt i.d.R. 120 % des zu vollstreckenden Betrags. Ich prüfe das Urteil und kläre den Mandanten über die konkrete Höhe auf. Dann teile ich ihm mit, dass wir mehrere Möglichkeiten haben, die Vollstreckung sofort oder zumindest sehr bald einzuleiten. Zum einen könnte der Mandant die erforderliche Sicherheitsleistung erbringen und dann könnten wir Vollstreckungsmaßnahmen ergreifen. Die Sicherheitsleistung kann entweder durch eine Bankbürgschaft, was sehr üblich ist, oder aber durch Hinterlegung von Geld oder Wertpapieren im Sinne des § 234 I BGB erbracht werden. Wir könnten aber auch die sogenannte Sicherungsvollstreckung durchführen, § 720a ZPO. Im Rahmen der Sicherungsvollstreckung dürfen wir jedoch nur Maßnahmen zur Sicherung ergreifen und noch keine Verwertung vornehmen. Bei der Sicherungsvollstreckung müsste man keine Sicherheitsleistung erbringen. Allerdings muss man hier eine Wartefrist von 2 Wochen ab Zustellung des Titels einhalten, § 750 III ZPO.

Diese ergänzenden Fragen könnten beispielhaft gestellt werden:

Prüfer: Angenommen, Ihr Mandant möchte wissen, wie die Sache mit der Hinterlegung von Geld funktioniert. Was antworten Sie ihm?

Mögliche Antwort: Ich würde dem Mandanten erklären, dass das Geld bei der Hinterlegungsstelle des Amtsgerichts einzuzahlen ist und man dann in der entsprechenden Höhe einen Hinterlegungsschein erhält. Dieser Hinterlegungsschein muss der Gegenseite vor bzw. spätestens mit Einleitung der Zwangsvollstreckung als beglaubigte Abschrift zugestellt werden.

Prüfer:　Und wenn Ihr Mandant wissen möchte, worin der Vorteil liegen würde, wenn er die Sicherheitsleistung durch Bankbürgschaft erbringt? Was würden Sie ihm dann sagen?

Mögliche Antwort:　Ein großer Vorteil der Bankbürgschaft besteht darin, dass der Mandant liquider bleibt und nicht für eine längere Zeit sein Barvermögen verwenden muss.

Prüfer:　Kann eine solche Bürgschaft eigentlich von jeder Bank gestellt werden?

Mögliche Antwort:　Nach § 108 ZPO muss die Bürgschaft von einem im Inland zum Geschäftsbetrieb befugten Kreditinstitut gestellt werden. Hierauf ist besonders zu achten. Welche Kreditinstitute diese Voraussetzung erfüllen, kann man auf der Internetseite www.bafin.de abrufen.

Prüfer:　Welche weiteren Voraussetzungen muss denn eine solche Bürgschaft erfüllen, um als Sicherungsmittel geeignet zu sein?

Mögliche Antwort:　Die Bürgschaft muss zudem schriftlich, unbedingt, unwiderruflich und unbefristet sein.[115]

Prüfer:　Können Sie uns ein Beispiel für den Begriff „unbedingt" nennen?

Mögliche Antwort:　Unbedingt bedeutet, dass die Bürgschaft an keine Bedingung geknüpft sein darf. Wenn also z.B. die Bank in die Bürgschaft hineinschreibt: „Wir bürgen nur, sofern das Konto gedeckt ist.", wäre das eine Bedingung. Die Bürgschaft würde dann nicht den Anforderungen entsprechen.

Prüfer:　Und was versteht man unter „schriftlich"?

Mögliche Antwort:　Mit schriftlich ist „Schriftform" gemeint. Das bedeutet, dass die Bürgschaft im Original zuzustellen ist.

Hinweis:　Hier könnten sich auch Fragen zur Sicherungsvollstreckung nach § 720a ZPO, erste Vollstreckungsmaßnahmen oder zur Rückgabe einer Sicherheit anschießen.

115　§ 108 ZPO.

6.3.5 Musterfachgespräch 5   ✓

(Ausgewähltes Gebiet: Zwangsvollstreckungsrechtliches Mandat)

Situation:

Der Gerichtsvollzieher informiert Sie darüber, dass er mit Wirkung für den Gläubiger Paul Ehrlich mit dem Schuldner eine Ratenzahlungsvereinbarung getroffen hat. Der Schuldner soll 9 Monatsraten à 200,00 € leisten, dann sind sowohl die Haupt- als auch alle Nebenforderungen getilgt. Sie informieren Ihren Mandanten über diese Vereinbarung und weisen darauf hin, dass er unverzüglich widersprechen muss, wenn er mit dieser Ratenzahlung nicht einverstanden ist. Der Mandant ruft daraufhin in Ihrer Kanzlei an und teilt Ihnen mit, dass er Sorge hat, dass der Schuldner die Ratenzahlungen nicht einhält. Ihr Mandant ist auch verwundert darüber, dass der Gerichtsvollzieher „einfach so" eine Ratenzahlungsvereinbarungen mit dem Schuldner treffen kann.

Die Lösung zu folgender Aufgabenstellung ist mit Begründung und Angabe von gesetzlichen Bestimmungen zu präsentieren:

Erläutern Sie Ihrem Mandanten, woraus sich die Berechtigung des Gerichtsvollziehers ergibt und was die Folgen der Nichteinhaltung der Zahlungsvereinbarung durch den Schuldner sind.

Lösungsvorschlag:

Die Berechtigung zur Zahlungsvereinbarung ergibt sich für den Gerichtsvollzieher direkt aus dem Gesetz, §§ 754, 802a II Nr. 1 ZPO. Der Gerichtsvollzieher soll nach dem Willen des Gesetzgeber in jeder Lage des Verfahrens auf eine gütliche Erledigung bedacht sein, § 802b I ZPO. Da hier eine Zahlungsvereinbarung nicht von vornherein ausgeschlossen wurde, konnte der Gerichtsvollzieher dem Schuldner eine Zahlungsfrist einräumen oder eine Tilgung durch Teilleistungen (Ratenzahlung) gestatten, § 802b II 1 ZPO. Eine solche Zahlungsvereinbarung wird aber nur geschlossen, wenn der Schuldner glaubhaft darlegt, die nach Höhe und Zeitpunkt festzusetzenden Zahlungen erbringen zu können. Ich beruhige daher den Mandanten und teile ihm mit, dass der Gerichtsvollzieher zumindest zum jetzigen Zeitpunkt davon überzeugt ist, dass der Schuldner die Ratenzahlungen leistet. Ich erkläre dem Mandanten aber auch, dass eine solche Ratenzahlungsvereinbarung nicht unbegrenzt lange vereinbart werden kann; vielmehr soll die Forderung binnen 12 Monaten getilgt sein, § 802b II 3 ZPO. Das wäre hier gegeben. Der Mandant könnte auch der Zahlungsvereinbarung widersprechen. Sofern wir dies nicht tun bzw. stillschweigend die Zahlungen entgegennehmen und nicht unverzüglich widersprechen, gilt die Zahlungsvereinbarung mit dem Schuldner solange, wie er mit einer Rate ganz oder teilweise nicht länger als 14 Tage in Rückstand gerät, § 802b III 2 u. 3 ZPO. Ich erläutere dem Mandanten daher, dass er sich nicht so große Sorgen machen muss. Denn wenn der Schuldner die Raten nicht mehr leistet, können wir den gesamten Restbetrag sofort weiter vollstrecken.

Diese ergänzenden Fragen könnten beispielhaft gestellt werden:

Prüfer: Ist denn die Dauer der Ratenzahlungen immer auf 12 Monate beschränkt?

Mögliche Antwort: Nein, das ist sie nicht. Im Gesetz heißt es ja nur „soll", das bedeutet, dass diese 12 Monate im Einzelfall auch überschritten werden können, also z.B. 13 oder 14 Monate lang Raten gezahlt werden können.

Prüfer: Wie würden Sie denn die eingehenden Ratenzahlungen des Schuldners auf die offenstehende Schuld verrechnen?

Mögliche Antwort: Die Ratenzahlungen des Schuldners werden, wie alle Kosten, die Hauptforderung und die Zinsen, in einem Forderungskonto erfasst. Die Verrechnung der Raten geschieht so, dass zuerst auf die Kosten, dann auf die Zinsen und zuletzt auf die Hauptforderung verrechnet wird.[116]

Prüfer: Was passiert denn mit dem von Ihnen erteilten Zwangsvollstreckungsauftrag, wenn der Schuldner jetzt erst einmal Ratenzahlungen leistet?

Mögliche Antwort: Der Auftrag ist aufgeschoben, solange die Zahlungen pünktlich erfolgen. Sobald der Schuldner länger als 14 Tage mit einer Rate ganz oder teilweise in Rückstand gerät, wird die Zwangsvollstreckung weiter betrieben.[117] Ich weise den Mandanten darauf hin, dass er darauf vertrauen kann, dass uns der Gerichtsvollzieher auch alsbald unterrichten wird, wenn der Schuldner die Raten nicht mehr pünktlich leistet.

Prüfer: Ihr Mandant ist immer noch ein wenig unsicher und fragt nach, wie denn der Gerichtsvollzieher das bemerken will, wenn der Schuldner nicht mehr pünktlich zahlt. Schließlich hat er doch sicher eine Reihe von Aufträgen.

Mögliche Antwort: Ich sage ihm einfach, dass der Gerichtsvollzieher einen Tilgungsplan erstellt und die Akten in einem Wiedervorlagesystem führt, so dass ihm das sicher rechtzeitig auffällt, wenn der Schuldner nicht mehr zahlt.

Prüfer: Ihr Mandant ist nun nach Ihren Ausführungen mit der Ratenzahlung durch den Schuldner einverstanden. Was veranlassen Sie, bzw. müssen Sie etwas veranlassen?

Mögliche Antwort: Ich würde den Gerichtsvollzieher über das Einverständnis des Mandanten informieren, dann kehrt hier eine Rechtssicherheit für Gerichtsvollzieher und Schuldner ein. Ich würde über das Telefonat natürlich einen Aktenvermerk anfertigen mit Datum und Uhrzeit sowie Inhalt des Gesprächs mit dem Gerichtsvollzieher und dem Mandanten. Außerdem würde ich für die Akte eine Wiedervorlage notieren, um zu prüfen, ob die Ratenzahlung auch wirklich eingegangen ist.

Prüfer: Was für eine Wiedervorlage würden Sie denn notieren?

Mögliche Antwort: Ich würde den vom Gerichtsvollzieher übersandten Tilgungsplan anschauen und dann eine Wiedervorlage notieren, die etwa 10 Tage nach dem vereinbarten jeweiligen Zahlungstermin liegt. Denn der Gerichtsvollzieher nimmt das

---

116 § 367 BGB.
117 § 802b II 2 und § 802 III 2 ZPO.

Geld ja nicht nur ein, sondern leitet es auch dann erst einmal an uns weiter. Das wird einige Tage dauern. In den Ferienzeiten würde ich sogar eine etwas längere Zahlungsfrist notieren, denn hier kann es erfahrungsgemäß zu Verzögerungen kommen. Auch Gerichtsvollzieher sind mal in Urlaub und bevor ich dann die Akte wieder mit neuer Wiedervorlage versehen muss, notiere ich gleich eine etwas großzügigere Wiedervorlage in dieser Zeit.

Hinweis: Man könnte hier z.B. wunderbar Fragen anschließen zu den Anwaltsgebühren, z.B. Nr. 1000 VV RVG und § 31b RVG. Es ist allerdings fraglich, ob es zulässig ist, Kostenrechtsfragen im Rahmen einer Aufgabenstellung zum „zwangsvollstreckungsrechtlichen Mandat" zu stellen. Nach unserer Auffassung könnte man hier – da Berührung zum Vollstreckungsrecht ja gegeben ist – durchaus die eine oder andere Frage anschließen, aber dann nur zu Kostenfragen aus dem Vollstreckungsrecht und auch von der Gewichtung her nur zu einem geringen Anteil. Wir weisen darauf hin, dass wir nicht sagen können, wie dies in jedem einzelnen Kammerbezirk gehandhabt wird und zu welcher Auslegung man in den einzelnen Kammerbezirken bezogen auf die ReNo-PatAusbV kommt.

6.3.6 Musterfachgespräch 6 ✓

(Ausgewähltes Gebiet: Zwangsvollstreckungsrechtliches Mandat)

Situation:

Der Schuldner ist zum Termin zur Abgabe der Vermögensauskunft nicht erschienen. Hierüber werden Sie vom zuständigen Gerichtsvollzieher informiert. Sie vertreten den Gläubiger.

Die Lösung zu folgender Aufgabenstellung ist mit Begründung und Angabe von gesetzlichen Bestimmungen zu präsentieren:

Erläutern Sie Ihrem Mandanten, eine (Zahl 1) mögliche Vollstreckungsmaßnahme, die sich an die Weigerung des Schuldners zur Abgabe der Vermögensauskunft anschließen könnte.

Lösungsvorschlag:

Ich weise den Mandanten darauf hin, dass wir nun den Erlass eines Haftbefehls beantragen können, § 802g I ZPO. Der Antrag ist an das Vollstreckungsgericht zu richten. Die Verhaftung des Schuldners erfolgt dann auf unseren Antrag hin durch den Gerichtsvollzieher, § 802g II 1 ZPO. Die Haft darf die Dauer von 6 Monaten nicht übersteigen, § 802j I 1 ZPO. Mit dem Verhaftungsauftrag versucht man den Schuldner zur Abgabe der Vermögensauskunft zu zwingen, deshalb wird diese Haft auch „Beugehaft" genannt. Der Schuldner kann jederzeit die Vermögensauskunft abgeben und ist dann auch aus der Haft wieder zu entlassen, § 802i I 1 und 2 ZPO. Aber in der Praxis kommt es nur selten dazu, dass Schuldner sich verhaften lassen. Oft ist es so, dass die Schuldner doch noch die Vermögensauskunft abgeben oder aber untertauchen und man sie gar nicht mehr findet. Der Vorteil der Abgabe der Vermögensauskunft durch den Schuldner wäre, dass man ein vollständig ausgefülltes aktuelles Vermögensverzeichnis erhält.

Diese ergänzenden Fragen könnten beispielhaft gestellt werden:

Prüfer: Wer erlässt denn den Haftbefehl bei Gericht?

Mögliche Antwort: Für den Erlass des Haftbefehls ist der Richter zuständig. Bei allen Entscheidungen eines Gerichts, die einen Eingriff in ein Grundrecht des Schuldners bedeuten, muss der Richter die Entscheidung treffen.

Prüfer: Nehmen wir einmal an, Ihr Mandant macht sich große Sorgen, dass ein solcher Haftbefehl und die anschließende Verhaftung sehr teuer sind. Was können Sie Ihrem Mandanten hierzu antworten?

Mögliche Antwort: Ich kann dem Mandanten mitteilen, dass in unserer Kanzlei keine weiteren Kosten entstehen, wenn wir einen Verhaftungsauftrag erteilen, da diese Vollstreckungsmaßnahme bereits mit der 0,3 Verfahrensgebühr für den Auftrag zur Abnahme der Vermögensauskunft abgegolten ist. Allerdings berechnet das Gericht 20,00 € Gerichtskosten für den Erlass des Haftbefehls; der Gerichtsvollzieher berechnet 39,00 € nebst Auslagen.

Prüfer: Ihr Mandant befürchtet, dass sich der Schuldner auf seine Kosten „ein schönes Leben" in der Justizvollzugsanstalt macht und den langen kalten Winter hier verbringen will. Können Sie ihm diese Sorge nehmen?

Mögliche Antwort: Ich beruhige den Mandanten und teile ihm mit, dass wir jederzeit die Haft abbrechen können, allerdings ist dann der Haftbefehl verbraucht.[118]

Prüfer: Ihr Mandant möchte gerne wissen, ob es nicht noch eine andere Möglichkeit gibt, gegen den Schuldner vorzugehen.

Mögliche Antwort: Ich teile dem Mandanten mit, dass wir auch anstelle des Haftbefehls die sogenannten Drittauskünfte durch den Gerichtsvollzieher einholen lassen können.[119]

Prüfer: Was versteht man unter diesen Drittauskünften?

Mögliche Antwort: Bei den Drittauskünften darf der Gerichtsvollzieher bei Trägern der gesetzlichen Rentenversicherung die derzeitigen Arbeitgeber eines versicherungspflichtigen Beschäftigungsverhältnisses des Schuldners, beim Bundeszentralamt für Steuern die Konten und Depots sowie beim Kraftfahrt-Bundesamt Fahrzeug- und Halterdaten erfragen.

Prüfer: Was ist nach Ihrer Auffassung besser? Einholung von Drittauskünften oder Haftbefehl beantragen?

Mögliche Antwort: Das kann man pauschal nicht sagen. Beim Haftbefehl besteht die Chance, dass der Schuldner die Vermögensauskunft abgibt, so dass der Mandant ein vollständiges Vermögensverzeichnis erhalten würde. Bei den Drittauskünften erhält der Mandant nur die Auskünfte von diesen drei Stellen, das ist somit eingeschränkt. Ist der Schuldner aber trotz Haftbefehl nicht bereit, die Vermögensauskunft zu erteilen, helfen die Drittauskünfte weiter. Man könnte je nach Lage des Falls auch beides beauftragen, sollte dabei aber an die Kosten denken. Es wird daher auch auf die Höhe des Titels ankommen.

Prüfer: Ihr Mandant hätte gerne, dass auch bei verschiedenen Lebensversicherern angefragt wird, ob der Schuldner dort vielleicht Lebensversicherungen hält. Ist dies möglich?

Mögliche Antwort: Ich teile dem Mandanten mit, dass eine Einholung von Drittauskünften auf die drei im Gesetz genannten Stellen beschränkt ist[120] und Auskünfte nicht bei Lebensversicherungen eingeholt werden können. Ich weise den Mandanten aber darauf hin, dass der Schuldner im Rahmen einer Vermögensauskunft etwaige Lebensversicherungen angeben muss.

---

118 § 802j II ZPO.
119 § 802l ZPO.
120 § 802l I 1 Nr. 1–3 ZPO.

Prüfer: Ihr Mandant glaubt nicht, dass der Schuldner hier wahre Angaben macht. Was erklären Sie auf diesen Einwand?

Mögliche Antwort: Ich weise den Mandanten darauf hin, dass der Schuldner vom Gerichtsvollzieher belehrt wird, dass er richtige Angaben machen und dann auch die Richtigkeit und Vollständigkeit seiner Angaben eidesstattlich versichern muss. Da die Abgabe einer falschen eidesstattlichen Versicherung strafbar ist, wird der Schuldner hier in der Regel korrekte Angaben machen.[121]

Prüfer: Kann man denn die Drittauskünfte immer einholen, wenn der Schuldner die Vermögensauskunft nicht abgegeben hat? Oder gibt es noch eine weitere Voraussetzung?

Mögliche Antwort: Um die Drittauskünfte einholen zu können, muss dies zur weiteren Vollstreckung erforderlich sein.

---

121 Ausnahmen bestätigen die Regel. In der Praxis sind natürlich nicht alle Schuldner ehrlich.

6.3.7 Musterfachgespräch 7

(Ausgewähltes Gebiet: Zwangsvollstreckungsrechtliches Mandat)

Situation:

Der Mandant hat ein Urteil gegen den Beklagten Anton Schwätzer erwirkt. Nach diesem Urteil ist der Beklagte verpflichtet, ein Gemälde der berühmten Malerin Frieda Rivera herauszugeben. Ihr Mandant, der Kläger Diego Karl, weiß, dass sich das Bild in der Wohnung des Schuldners befindet. Der Schuldner verweigert allerdings dem Gerichtsvollzieher Einlass, als dieser im Rahmen des Sachpfändungsauftrags die Herausgabe des Bildes vollstrecken möchte. Ihr Mandant ist einem Herzinfarkt nahe, als sie ihm dies mitteilen und meint, der Schuldner würde nie und nimmer freiwillig die Tür öffnen, wenn der Gerichtsvollzieher nochmals erscheint.

Die Lösung zu folgender Aufgabenstellung ist mit Begründung und Angabe von gesetzlichen Bestimmungen zu präsentieren:

Erläutern Sie Ihrem Mandanten, welche Vollstreckungsmaßnahme hier Erfolg verspricht und wie Sie zur Durchführung vorgehen werden.

Lösungsvorschlag:

Wir beantragen beim zuständigen Vollstreckungsgericht den Erlass einer Durchsuchungsanordnung, § 758a I ZPO. Für diese Durchsuchungsanordnung ist der Richter zuständig, da es sich hierbei um einen Eingriff in ein Grundrecht handelt. Wir können also auf der Grundlage der Mitteilung des Gerichtsvollziehers beim Vollstreckungsgericht diese Durchsuchungsanordnung beantragen. Ich würde hier in jedem Fall auch beantragen, dass der Schuldner vor Erlass der Durchsuchungsanordnung nicht gehört wird, damit er die Vollstreckung nicht vereiteln kann. Sobald ich die Durchsuchungsanordnung in den Händen halte, leite ich diese an den Gerichtsvollzieher weiter mit der Bitte, die Sachpfändung unter Zuhilfenahme der Durchsuchungsanordnung vorzunehmen, §§ 802 II Nr. 4, 803 ZPO. Wenn der Schuldner angetroffen wird und den Gerichtsvollzieher nicht freiwillig in die Wohnung lässt, wird der Gerichtsvollzieher Zeugen hinzuziehen und die Wohnung des Schuldners auf der Grundlage der Durchsuchungsanordnung durchsuchen. Sodann wird der Gerichtsvollzieher, wenn er das Bild findet, dieses an sich nehmen, d.h. es pfänden. Durch die Sachpfändung erwirbt der Gläubiger ein Pfandrecht an dem gepfändeten Gegenstand, § 804 I ZPO.

Diese ergänzenden Fragen könnten beispielhaft gestellt werden:

Prüfer: Können Sie die Durchsuchungsanordnung formfrei, d.h. mit einem Schriftsatz beantragen?

Mögliche Antwort: Nein, für den Antrag auf Erlass einer Durchsuchungsanordnung muss man ein Formular verwenden, das der Gesetzgeber (mit der Zwangsvollstreckungsformularverordnung seit 31.03.2013) vorschreibt.

Prüfer: Welche Angaben sind denn in einem solchen Formular zu machen?

Mögliche Antwort: Es werden die Parteien bezeichnet, sowie der Titel. Zudem muss man die Mitteilung des Gerichtsvollziehers vorlegen und ggf. die Gründe darlegen, warum von einer Anhörung des Schuldners vor Erlass der Durchsuchungsanordnung Abstand genommen werden sollte.

Prüfer: Können Sie mir sagen, wie man die Parteien im Vollstreckungsverfahren nennt?

Mögliche Antwort: Die Parteien sind der Gläubiger und der Schuldner. Beteiligt im Vollstreckungsverfahren kann aber auch der Drittschuldner sein.

Prüfer: Kennen Sie weitere Formulare aus dem Vollstreckungsrecht, die zwingend vorgeschrieben sind?

Mögliche Antwort: Ja. Zum Beispiel ist auch für die Pfändung und Überweisung in Geldforderungen und andere Rechte des Schuldners sowie für den sogenannten Unterhalts-Pfüb jeweils ein Formular vorgeschrieben.

Prüfer: Können Sie mir sagen, ob man Vollstreckungskosten titulieren lassen kann und falls ja, wie dies erfolgt?

Mögliche Antwort: Der Gläubiger kann einen Antrag auf Festsetzung der Vollstreckungskosten stellen.[122] Der Antrag ist an das Vollstreckungsgericht zu richten, in dessen Bezirk gerade eine Maßnahme läuft bzw. zuletzt betrieben worden ist. Solch ein Antrag sieht sehr ähnlich aus, wie andere Kostenfestsetzungsanträge auch. Die Festsetzung der Vollstreckungskosten führt dazu, dass diese Kosten verzinst werden, was gerade bei längeren Vollstreckungsverfahren für den Mandanten günstig ist.

---

122 § 788 ZPO.

6.3.8 Musterfachgespräch 8   ✓

(Ausgewähltes Gebiet: Zwangsvollstreckungsrechtliches Mandat)

Situation:

Der Mandant hat gegen den Schuldner ein Räumungsurteil erwirkt. Der Schuldner zieht leider auch nach dem verlorenen Prozess immer noch nicht freiwillig aus. Ihr Mandant ist aber dringend auf die Zahlung einer Miete angewiesen und möchte endlich die Wohnung nach dem Auszug des Schuldners renovieren und neu vermieten. Er drängt daher darauf, das Räumungsurteil zu vollstrecken. Am Telefon fragt Ihr Mandant verzweifelt, wie man denn nun vorgehen kann. Er hat gehört, so eine Räumung kostet mehrere tausend Euro, wenn man eine Spedition bzw. Umzugsfirma beauftragt. Ihr Mandant, dem der Schuldner schon seit vielen Monaten die Miete schuldig ist, hat aber so viel Geld gar nicht. Nun fürchtet er, den Schuldner nie aus der Wohnung „herauszubekommen".

Die Lösung zu folgender Aufgabenstellung ist mit Begründung und Angabe von gesetzlichen Bestimmungen zu präsentieren:

Erläutern Sie Ihrem Mandanten, wie die Räumungsvollstreckung durchgeführt werden kann, ohne dass ein Speditionsunternehmen beauftragt werden muss.

Lösungsvorschlag:

Ich erkläre dem Mandanten, dass es eine sehr gute Vollstreckungsmöglichkeit gibt. Der Gerichtsvollzieher bestimmt einen Räumungstermin, an dem er den Schuldner aus dem Besitz setzt und den Gläubiger in den Besitz einweist, §§ 885a I i.V.m. § 885 I ZPO. Der Gerichtsvollzieher hat in seinem Protokoll die frei ersichtlichen beweglichen Sachen zu dokumentieren, die er bei der Räumung vorfindet; er kann bei der Dokumentation Bildaufnahmen in elektronischer Form herstellen, § 885a II ZPO.

Der Gläubiger kann bewegliche Sachen, die nicht Gegenstand der Zwangsvollstreckung sind, jederzeit wegschaffen und hat sie zu verwahren, § 885a III 1 ZPO. Damit ist gemeint, dass man unterscheiden muss. Vollstreckt man nur den Räumungstitel, können die Sachen ja nicht gepfändet werden. Sofern aber der Gerichtsvollzieher z.B. wegen der Kosten der Vollstreckung oder auch weil rückständige Mieten tituliert sind, einen Sachpfändungsauftrag erteilt bekommt, pfändet er natürlich diese Sachen. Alles, was nicht gepfändet wird, weil z.B. entweder kein Auftrag hierzu vorliegt oder aber ein Pfändungsverbot gilt (z.B. zwecklose Pfändung, wenn Kosten der ZV den Erlös übersteigen würden), kann der Gläubiger also aus der Wohnung wegbringen und verwahren. Der Gläubiger muss aber z.B. Müll vom Schuldner nicht aufheben. Bewegliche Sachen, an deren Aufbewahrung offensichtlich kein Interesse besteht, kann er jederzeit vernichten, so heißt es in § 885a III 2 ZPO. Wenn der Schuldner die Sachen beim Gläubiger nicht innerhalb von einem Monat nach Einweisung des Gläubigers in Besitz zurückfordert, kann der Gläubiger die Sachen verwerten, z.B. durch Versteigerung, § 885a IV 1 ZPO. Sachen, die nicht verwertet werden können, dürfen vernichtet werden, § 885a IV 2 ZPO.

Diese ergänzenden Fragen könnten beispielhaft gestellt werden:

Prüfer: Können Sie denn ohne Weiteres aus einem Räumungsurteil vollstrecken, oder müssen Sie zuvor noch einige Punkte beachten?

Mögliche Antwort: Die allgemeinen Voraussetzungen zur Zwangsvollstreckung müssen eingehalten sein. Mit dem Räumungsurteil liegt ja ein Titel schon vor. Man muss bei Gericht eine vollstreckbare Ausfertigung des Titels beantragen und dieses muss dann vor oder spätestens mit Beginn der Zwangsvollstreckung zugestellt sein. Urteile werden von Amts wegen zugestellt.

Prüfer: Woran erkennen Sie denn eine vollstreckbare Ausfertigung?

Mögliche Antwort: Eine vollstreckbare Ausfertigung ist als solche bezeichnet und sie enthält außerdem nicht nur die Bestätigung des Urkundsbeamten der Geschäftsstelle, dass diese Ausfertigung mit dem Original-Titel übereinstimmt, sondern darüber hinaus auch noch eine sogenannte Vollstreckungsklausel.

Prüfer: Kennen Sie den Wortlaut dieser Vollstreckungsklausel?

Mögliche Antwort: Sie lautet: „Vorstehende Ausfertigung wird dem Kläger/Beklagten zum Zwecke der Zwangsvollstreckung erteilt."[123]

Prüfer: Erhalten Sie die vollstreckbare Ausfertigung von Amts wegen, oder müssen Sie diese erst beantragen?

Mögliche Antwort: Eine vollstreckbare Ausfertigung erhält man nur auf Antrag.[124]

Prüfer: Und was versteht man dann unter einer Abschrift eines Titels?

Mögliche Antwort: Das Gericht erteilt eine Abschrift des Titels. Das ist nichts anderes, als eine Kopie. Es findet keine gesonderte Bestätigung der Übereinstimmung mit dem Original, wie z.B. bei einer Ausfertigung, statt. Man kann diese Kopie dann zur Akte nehmen.

Prüfer: Bekommt man als Gläubiger nur eine vollstreckbare Ausfertigung? Das könnte ja für einen Gläubiger nachteilig sein, wenn er gleichzeitig mehrere Vollstreckungsmaßnahmen ergreifen möchte.

Mögliche Antwort: Man kann als Gläubiger eine weitere vollstreckbare Ausfertigung beantragen,[125] muss das aber dann gegenüber dem Gericht begründen. Das Gericht wird dann auch die zweite vollstreckbare Ausfertigung als solche bezeichnen.

Prüfer: Welche Maßnahmen könnten denn das sein, die der Gläubiger gleichzeitig beantragen möchte und bei denen er jeweils eine vollstreckbare Ausfertigung benötigt?

Mögliche Antwort: Da kommen verschiedene Maßnahmen in Betracht. Denkbar wären z.B. der Antrag auf Abgabe der Vermögensauskunft beim Gerichtsvollzieher und gleichzeitig ein Antrag auf Eintragung einer Zwangssicherungshypothek beim Grundbuchamt.

---

123 § 725 ZPO.
124 § 317 II ZPO.
125 § 733 ZPO.

6.3.9 Musterfachgespräch 9

(Ausgewähltes Gebiet: Zwangsvollstreckungsrechtliches Mandat)

Situation:

Die volljährigen Kinder Ihres Mandanten (Abkömmlinge) rufen aufgeregt in der Kanzlei an und teilen mit, dass deren Vater, somit Ihr Mandant, leider verstorben ist. Die Kinder haben von ihrem Vater noch zu Lebzeiten gehört, dass ihm aufgrund eines von Ihrer Kanzlei erstrittenen Urteils des LG Traunstein 76.000,00 € gegen den Schuldner Karl Vermögenslos zustehen. Die Abkömmlinge Ihres Mandanten möchten nun die Zwangs-vollstreckung gegen Vermögenslos fortsetzen und fragen, was man dazu tun muss.

Die Lösung zu folgender Aufgabenstellung ist mit Begründung und Angabe von gesetzlichen Bestimmungen zu präsentieren:

Erläutern Sie den Abkömmlingen Ihres Mandanten, welche Schritte zunächst erforderlich sind, damit man die Zwangsvollstreckung fortsetzen kann.

Lösungsvorschlag:

Wir weisen die Abkömmlinge darauf hin, dass im Falle einer Erbschaft diese als Rechts-nachfolger gelten und der Titel nun mit einer Rechtsnachfolgeklausel versehen werden kann, § 727 I ZPO. Die Rechtsnachfolge ist durch öffentliche oder öffentlich beglaubigte Urkunde nachzuweisen, § 727 I ZPO. Die öffentliche Urkunde könnte hier der Erb-schein sein, den die Abkömmlinge beim Nachlassgericht beantragen können. Für die Erteilung einer solchen qualifizierten Klausel ist der Rechtspfleger zuständig. Der Antrag wird bei dem Gericht gestellt, das den Titel erlassen hat. Sobald die Rechtsnachfolgeklau-sel erteilt ist, muss sie dem Schuldner mit einer Abschrift des Erbscheins nochmals zuge-stellt werden, § 750 II ZPO. Dann kann die Zwangsvollstreckung für die Erben fortgesetzt werden.

Diese ergänzenden Fragen könnten beispielhaft gestellt werden:

Prüfer: Können Sie sagen, welchen Sinn eine solche Rechtsnachfolgeklausel hat?

Mögliche Antwort: Mit der Rechtsnachfolgeklausel wird praktisch die Vollstreckung für den Rechtsnachfolger für zulässig erklärt.

Prüfer: Wäre es denn möglich, eine Rechtsnachfolgeklausel auch auf Seiten des Schuldners zu beantragen, z.B. wenn der Schuldner stirbt?

Mögliche Antwort: Ja, das ist möglich. Hier dürfte dann der Gläubiger sogar den Erbschein beantragen, § 792 ZPO, denn sonst könnte er die Rechtsnachfolge ja nicht nachweisen.

Prüfer: Gibt es noch weitere Möglichkeiten einer Rechtsnachfolge, außer einer Erbschaft?

Mögliche Antwort: Ja, es gibt z.B. auch eine Rechtsnachfolge bei Abtretung oder Übereignung. Also immer, wenn ein Nachfolger in die Rechte eintritt.

Prüfer: Was wäre denn, wenn der Schuldner zum Beispiel heiratet. Ist das auch eine Form der Rechtsnachfolge, wenn der Schuldner den Namen der Ehefrau annimmt und z.B. nicht mehr Dürftig, sondern Weniger heißt?

Mögliche Antwort: Eine Heirat ist keine Rechtsnachfolge. Denn der Schuldner bleibt ja dieselbe Person und ändert unter Umständen nur den Namen. Man kann also hier aus dem bisherigen Titel einfach weiter vollstrecken und muss auch keine Umschreibung vornehmen lassen. Da aber die Vollstreckungsorgane möglicherweise dauernd nachfragen, bietet es sich an, z.B. durch das Gericht, das den Titel erlassen hat, einen Klarstellungsvermerk anbringen zu lassen, dass der Schuldner jetzt infolge Verheiratung „Weniger" heißt. Dann gibt es auch z.B. vom Gerichtsvollzieher keine Rückfragen.

Prüfer: Wie könnte man denn bei einer Rechtsnachfolge durch Abtretung die Rechtsnachfolge nachweisen?

Mögliche Antwort: Z.B. indem man eine vom Notar beglaubigte Abtretungserklärung vorlegt.

Hinweis: Hier könnten sich nun alle möglichen Fragen zu Vollstreckungsmaßnahmen anschließen.

6.3.10 Musterfachgespräch 10

(Ausgewähltes Gebiet: Zwangsvollstreckungsrechtliches Mandat)

Situation:

Ihr Mandant meldet sich telefonisch in der Kanzlei und teilt mit, dass der Schuldner, gegen den Sie seit Monaten versuchen zu vollstrecken, einen neuen Arbeitgeber hat. Ihr Mandant teilt Ihnen alle Daten zum neuen Arbeitgeber mit. Er hat Angst, dass der Erlass des Pfändungs- und Überweisungsbeschlusses beim Amtsgericht München wieder so lange dauert, wie beim letzten Mal und andere Gläubiger ihm zuvorkommen.

Die Lösung zu folgender Aufgabenstellung ist mit Begründung und Angabe von gesetzlichen Bestimmungen zu präsentieren:

Erläutern Sie Ihrem Mandanten, welche Schritte Sie zunächst vornehmen, um möglichst schnell die Ansprüche Ihres Mandanten zu sichern.

Lösungsvorschlag:

Ich teile dem Mandanten mit, dass wir durch den Gerichtsvollzieher ein vorläufiges Zahlungsverbot zustellen lassen, § 802a II 1 Nr. 5 ZPO. Dies geht sehr schnell, denn schon vor der Pfändung kann der Gläubiger auf Grund eines vollstreckbaren Schuldtitels durch den Gerichtsvollzieher dem Drittschuldner und dem Schuldner die Benachrichtigung, dass die Pfändung bevorstehe, zustellen lassen mit der Aufforderung an den Drittschuldner, nicht an den Schuldner zu zahlen, und mit der Aufforderung an den Schuldner, sich jeder Verfügung über die Forderung, insbesondere ihrer Einziehung, zu enthalten, § 845 I 1 ZPO. Der Gerichtsvollzieher hat die Benachrichtigung mit den Aufforderungen selbst anzufertigen, wenn er von dem Gläubiger hierzu ausdrücklich beauftragt worden ist, § 845 I 2 ZPO. Wenn wir aber dem Gerichtsvollzieher das vorläufige Zahlungsverbot schon vorbereitet zusenden, geht es noch ein wenig schneller. Parallel hierzu würden wir einen Antrag auf Erlass eines Pfändungs- und Überweisungsbeschlusses insbesondere wegen gewöhnlicher Geldforderungen beim zuständigen Vollstreckungsgericht beantragen, §§ 829, 835 ZPO. Die Benachrichtigung über die bevorstehende Pfändung an den Drittschuldner hat die Wirkung eines Arrestes, sofern die Pfändung der Forderung innerhalb eines Monats bewirkt wird, § 845 II 1 ZPO. Die Frist beginnt mit dem Tag, an dem die Benachrichtigung zugestellt ist, § 845 II 2 ZPO. Dabei würden wir das Gericht darauf hinweisen, dass diese Frist läuft, weil wir ein vorläufiges Zahlungsverbot haben zustellen lassen. Ich weise den Mandanten auch darauf hin, dass wir uns in der Kanzlei eine Wiedervorlage und die Frist notieren und rechtzeitig nachfragen, sollte der Erlass des Pfändungs- und Überweisungsbeschlusses sich z.B. wegen Überlastung des Gerichts verzögern. Dabei beruhige ich den Mandanten und teile ihm mit, dass wir alles tun werden, um ihm zu seinen Rechten zu verhelfen.

Diese ergänzenden Fragen könnten beispielhaft gestellt werden:

Prüfer: Gibt es noch eine weitere Vollstreckungsmöglichkeit, die sich hier zusätzlich anbieten würde. Gehen Sie z.B. mal davon aus, dass das Gehalt auf ein Konto des Schuldners überwiesen wird.

Mögliche Antwort: Man könnte hier auch – sofern noch nicht geschehen – eine Kontenpfändung ausbringen. Auch hier würde man zunächst ein vorläufiges Zahlungsverbot zustellen lassen und parallel könnte man den Erlass eines Pfändungs- und Überweisungsbeschlusses bezüglich des Kontoguthabens des Schuldners beantragen.

Prüfer: Angenommen, Ihre Lohnpfändung wird an den Drittschuldner nun zugestellt. Welche Pflicht trifft den Drittschuldner in solchen Fällen?

Mögliche Antwort: Der Drittschuldner muss auf Verlangen des Gläubigers eine sogenannte „Drittschuldnererklärung" abgegeben. D.h., er muss angeben, ob er die Forderung anerkennt und zur Zahlung bereit ist, bzw. ob andere Gläubiger Ansprüche an die Forderung geltend machen bzw. andere Gläubiger die Forderung bereits gepfändet haben, § 840 I ZPO.

Prüfer: Und muss dann der Drittschuldner Zahlungen an den Gläubiger leisten, wenn z.B. andere Gläubiger nicht vorhanden sind?

Mögliche Antwort: Das kommt darauf an. Bei Arbeitslohnpfändungen gibt es eine Pfändungstabelle.[126] Hieraus kann man das zu pfändende Einkommen entnehmen. Denn jeder Schuldner benötigt ja auch Geld zum Leben. Und wenn ein Schuldner dann auch noch Unterhaltspflichten hat, müssen auch z.B. die Kinder vom Einkommen des Schuldners leben. Aus dieser Lohnpfändungstabelle kann man dann anhand der Anzahl der Unterhaltsberechtigten und der Höhe des Nettoeinkommens den pfändbaren Anteil am Einkommen des Schuldners entnehmen. Der Grundfreibetrag für einen Schuldner ohne Unterhaltspflichten beträgt z.B. zurzeit 1.133,80 €.[127]

Prüfer: Kann man eigentlich auch nur einen Pfändungsbeschluss beantragen, ohne Überweisungsbeschluss?

Mögliche Antwort: Beim Pfändungs- und Überweisungsbeschluss gibt es tatsächlich zwei Beschlüsse, die gesondert beantragt werden können. Mit dem Pfändungsbeschluss wird die Forderung des Schuldners gegen Dritte (daher Drittschuldner) gepfändet, die Verwertung erfolgt mit dem Überweisungsbeschluss.

Prüfer: Können Sie ein Beispiel nennen, wann man nur einen Pfändungsbeschluss beantragen würde?

Mögliche Antwort: Das kommt z.B. sehr häufig vor, wenn man im Rahmen der Sicherungsvollstreckung vollstreckt.[128] Diese würde man z.B. betreiben, wenn der Mandant als Gläubiger den Titel vor der Rechtskraft vollstrecken möchte und eine angeordnete Sicherheitsleistung nicht erbringen kann oder erbringen möchte.

Prüfer: Welche Maßnahmen kann man im Rahmen der Sicherungsvollstreckung ergreifen?

Mögliche Antwort: Alle Vollstreckungsmaßnahmen, die lediglich zu einer Sicherung der Vollstreckungsforderung, nicht aber zur ihrer Verwertung, dienen. Man könnte z.B.

---

126 § 850c ZPO.
127 Die nächste Änderung könnte am 01.07.2019 erfolgen.
128 § 720a ZPO.

eine Zwangssicherungshypothek eintragen lassen[129] oder Sachen pfänden lassen[130] durch den Gerichtsvollzieher. Aber man könnte auch z.B. Lohn oder ein Kontoguthaben pfänden. Man darf aber im Rahmen der Sicherungsvollstreckung nicht verwerten, d.h. Sachen dürfen nicht versteigert werden, ein Überweisungsbeschluss bei Forderungspfändungen nicht beantragt werden, solange die Sicherheit nicht geleistet worden ist.[131]

Prüfer: Gibt es Voraussetzungen, um die Sicherungsvollstreckung betreiben zu können, oder hat der Gläubiger noch etwas zu beachten?

Mögliche Antwort: Man muss eine Wartefrist vor der Vollstreckung einhalten. Der Titel muss zwei Wochen vor Beginn der Sicherungsvollstreckung zugestellt sein.[132]

Prüfer: Kann sich der Schuldner gegen die Sicherungsvollstreckung wehren?

Mögliche Antwort: Der Schuldner ist befugt, die Sicherungsvollstreckung durch Leistung einer Sicherheit in Höhe des Hauptanspruchs abzuwenden, wegen dessen der Gläubiger vollstrecken kann, wenn nicht der Gläubiger vorher die ihm obliegende Sicherheit geleistet hat.[133]

---

129 § 720a I 1b ZPO.
130 § 720a I 1a ZPO.
131 § 720a I 2 ZPO.
132 § 750 III ZPO.
133 § 720a III ZPO.

6.3.11   Musterfachgespräch 11

(Ausgewähltes Gebiet: Zwangsvollstreckungsrechtliches Mandat)

Situation:

Eines Montags morgens ruft Ihr Mandant aufgeregt in der Kanzlei an. Er hat erfahren, dass der Schuldner nun wieder einer neuen Arbeit nachgeht, nachdem er (der Schuldner) in der vor 10 Monaten abgegebenen Vermögensauskunft erklärt hat, Arbeitslosengeld zu beziehen. Leider weiß Ihr Mandant nicht, wo der Schuldner arbeitet. Die Information, dass der Schuldner wieder Arbeit hat, hat er von einem Freund, der ihm auch erzählt hat, dass der Schuldner eventuell geerbt haben könnte. Die Mutter des Schuldners ist verstorben, soll den Sohn aber im Testament nicht berücksichtigt haben. Weitere Informationen liegen nicht vor.

Die Lösung zu folgender Aufgabenstellung ist mit Begründung und Angabe von gesetzlichen Bestimmungen zu präsentieren:

Erläutern Sie Ihrem Mandanten, welche Vollstreckungsmaßnahme auf der Grundlage dieser Angaben durchgeführt werden kann.

Lösungsvorschlag:

Man kann den Antrag stellen, den Schuldner innerhalb der 2-jährigen Sperrfrist erneut zur Abgabe der Vermögensauskunft zu laden, wenn der Gläubiger Tatsachen glaubhaft macht, die auf eine wesentliche Veränderung der Vermögensverhältnisse des Schuldners schließen lassen, § 802d I 1 ZPO. Man stellt diesen Antrag beim Gerichtsvollzieher und trägt vor, woher diese Informationen stammen, § 802a II 1 Nr. 2 ZPO. Im Rahmen der Abgabe einer erneuten Vermögensauskunft muss der Schuldner ein vollständiges Vermögensverzeichnis abgeben, d.h. hier auch gegenüber dem Gerichtsvollzieher Angaben zu einer etwaigen Erbschaft machen sowie zu einem Arbeitgeber. Es bietet sich an, den Gerichtsvollzieher ggf. zu bitten, ergänzende Fragen hinsichtlich der Erbschaft an den Schuldner zu richten. Darüber hinaus sollte man auf jeden Fall versuchen, über den Mandanten weitere Informationen zu erhalten. Man kann daher den Mandanten auffordern, bei der Person, von der er die Mitteilung über eine neue Arbeitsstelle des Schuldners erhalten hat, nachzufragen, ob der konkrete Arbeitgeber sich nicht auch über diese Informationsquelle ermitteln lässt. So könnte man sehr schnell ein vorläufiges Zahlungsverbot an den Drittschuldner zustellen lassen und einen Pfändungs- und Überweisungsbeschluss beantragen.

Diese ergänzenden Fragen könnten beispielhaft gestellt werden:

Prüfer: Wo wird denn der Gerichtsvollzieher dem Schuldner die Vermögensauskunft abnehmen? Gibt es da einen festgelegten Ort?

Mögliche Antwort: Der Gerichtsvollzieher kann die Vermögensauskunft des Schuldners entweder in seinen GV-Geschäftsräumen[134] oder in der Wohnung des Schuldners[135] abnehmen.

---

134 § 802f I 2 ZPO.
135 § 802f II 1 ZPO.

Prüfer: Angenommen, der Schuldner möchte aber die Abnahme der Vermögensauskunft in seiner Wohnung nicht durchführen lassen. Kann er sich gegen diese Anordnung wehren?

Mögliche Antwort: Ja. Der Schuldner kann binnen einer Frist von 1 Woche Widerspruch gegen die Anordnung der Abnahme in seiner Wohnung erheben.[136]

Prüfer: Angenommen, der Schuldner gibt die erneute Vermögensauskunft ab. Ab welchem Zeitpunkt beginnt dann die sogenannte Sperrfrist zu laufen?

Mögliche Antwort: Die Sperrfrist läuft dann wieder neu ab dem Datum der Abgabe der Vermögensauskunft.

Prüfer: Können Sie uns sagen, in welches Register ein Schuldner einzutragen ist, wenn er die Vermögensauskunft abgegeben hat?

Mögliche Antwort: Der Schuldner ist in das Vermögensverzeichnisregister einzutragen.[137] Dieses wird beim Zentralen Vollstreckungsgericht verwaltet.[138] Jedes Bundesland hat ein eigenes Zentrales Vollstreckungsgericht. Über das Internetportal www.vollstreckungsportal.de kann man diese zentralen Vollstreckungsgerichte erreichen.

Prüfer: Kann jeder sich beim Zentralen Vollstreckungsgericht über das Vollstreckungsportal erkundigen, ob und wer im Schuldnerverzeichnis eingetragen ist?

Mögliche Antwort: Nein. Um Informationen aus diesem Portal abrufen zu können, muss man sich zuvor registrieren lassen. Das geschieht sehr einfach und die Registrierung ist erst einmal kostenlos. Sobald man sich registriert hat, erhält man wenige Tage später eine 20-stellige PIN, mit der man dann seine Login-Daten generieren kann. Außerdem benötigt man einen Grund für die Einsichtnahme, so z.B. für Zwecke der Zwangsvollstreckung.[139]

Prüfer: Sind über dieses Portal auch die Vermögensverzeichnisse von Schuldnern abrufbar?

Mögliche Antwort: Nein. Eine Abschrift eines Vermögensverzeichnisses erhält man nur direkt über den Gerichtsvollzieher. Gläubiger können im Vollstreckungsportal lediglich bestimmte Daten aus dem Schuldnerverzeichnis abrufen.[140] Ein Abruf direkt aus dem Vermögensverzeichnisregister für Gläubiger ist nicht möglich, was sich daraus ergibt, dass sie in dem berechtigten Personenkreis, der gesetzlich geregelt ist, nicht aufgenommen sind.[141]

---

136 § 802f II 2 ZPO.
137 § 802f VI 1 ZPO.
138 § 802k I 1 ZPO.
139 § 882f 1 ZPO.
140 § 882f ZPO, § 882h I 2 ZPO.
141 § 802k II ZPO.

| 6.3.12 Musterfachgespräch 12 |

(Ausgewähltes Gebiet: Zwangsvollstreckungsrechtliches Mandat)

Situation:

Ihre Auszubildende kommt auf Sie zu und erzählt Ihnen, dass in der nächsten Unterrichtsstunde das „Thema Immobiliarvollstreckung" behandelt werden soll. Sie hat keine Ahnung, was hinter diesem komplizierten Begriff steckt und bittet Sie um Erklärung, damit sie sich schon einmal etwas hierunter vorstellen kann und im Unterricht besser mitkommt. Sie haben gerade überhaupt keine Zeit für das Anliegen Ihrer Auszubildenden und sind schon den ganzen Tag genervt, weil Ihr Chef dauernd Ihre Arbeit unterbricht und immer wieder etwas anderes will.

Die Lösung zu folgender Aufgabenstellung ist mit Begründung und Angabe von gesetzlichen Bestimmungen zu präsentieren:

1. Wie „vertrösten" Sie Ihre Auszubildende?
2. Erläutern Sie Ihrer Auszubildenden den Begriff „Immobiliarvollstreckung".

Lösungsvorschlag:

1. Ich weise die Auszubildende darauf hin, dass ich im Moment mit anderen Aufgaben beschäftigt bin, auf deren Erledigung der Anwalt dringend wartet. Gleichzeitig erkläre ich ihr, dass ich selbstverständlich gerne behilflich bin und lobe sie dafür, dass sie sich so interessiert zeigt und sich auf den Unterricht vorbereiten möchte. Dann bitte ich sie, sich vorab schon mal über das Internet zum Begriff der „Immobiliarvollstreckung" zu informieren oder verweise auf ein gutes Buch in unserer Bibliothek. Ich erkläre ihr auch, dass sie im Internet nach Seiten suchen soll, die den Begriff auf einfache Weise erläutern. Sollte sie nach dem Anlesen eines Textes merken, dass ihr dieser „zu hoch" ist, soll sie lieber nach anderen Seiten Ausschau halten, die das mit einfachen Worten erklären. Ich vertröste sie dann auf eine spätere Zeit an diesem Tag, um mit ihr noch offene Fragen durchzugehen. Vielleicht gibt es aber auch eine andere Kollegin in der Kanzlei, die gerade ein wenig mehr Zeit hat und ich bitte diese, auszuhelfen.

2. Mit Immobiliarvollstreckung ist die Vollstreckung in das unbewegliche Vermögen gemeint. Hier gibt es besondere Regelungen und neben der ZPO gibt es weitere Gesetze, die hier wichtig sind, wie zum Beispiel das ZVG oder die GBO. Ich erkläre meiner Auszubildenden, dass es drei Arten der Immobiliarvollstreckung gibt, § 866 ZPO:

   a) Die Zwangsversteigerung – hier wird ein Grundstück oder ein Hausgrundstück des Schuldners versteigert und der Gläubiger wird aus dem Erlös befriedigt. Der Schuldner verliert dabei das Eigentum an seiner Immobilie endgültig.

   b) Die Zwangsverwaltung – hier bleibt der Schuldner Eigentümer. Auf Antrag des Gläubigers wird dem Schuldner die Verwaltung und das Nutzungsrecht der Immobilie entzogen und auf einen Zwangsverwalter übertragen. Dieser Zwangsverwalter zieht dann z.B. anstelle des Schuldners Mieteinnahmen ein, zieht Kosten hiervon ab und überweist an den oder die Gläubiger. Sobald der oder die Gläubiger befriedigt sind, wird die Zwangsverwaltung beendet und der Schuldner kann wieder selbst über seine Immobilie verfügen. Die Befriedigung erfolgt aus den Nutzungen des Grundstücks.

c) Die Zwangshypothek – auch Sicherungshypothek genannt: Hier wird durch das Grundbuchamt auf Antrag des Gläubigers eine Hypothek im Grundbuch eingetragen. Eine Befriedigung des Gläubigers erfolgt hierdurch nicht. Hier werden die Ansprüche des Gläubigers nur gesichert. Sollte aber ein späteres Versteigerungsverfahren von einem anderen Gläubiger durchgeführt werden, besteht die Möglichkeit, dass auch der Gläubiger, der eine Zwangssicherungshypothek hat eintragen lassen, befriedigt wird. Hier ist der Rang allerdings nicht besonders gut. Vorrangig sind Grundschulden der Bank, öffentliche Lasten usw. Allerdings gibt es Grundstücke, die eine enorme Wertsteigerung haben, so dass zu einem späteren Zeitpunkt ein ausreichender Erlös aus der Versteigerung erwartet werden kann. Da auch andere Gläubiger die Zwangsversteigerung betreiben können, ist die Eintragung einer Sicherungshypothek meist sinnvoll.

Diese ergänzenden Fragen könnten beispielhaft gestellt werden:

Prüfer: **Wo wird den die Eintragung der Zwangssicherungshypothek beantragt?**

Mögliche Antwort: Beim Grundbuchamt.[142]

Prüfer: **Gibt es weitere Voraussetzungen außer den allgemeinen Voraussetzungen zur Zwangsvollstreckung, die erfüllt sein müssen, um eine Zwangssicherungshypothek eintragen lassen zu können?**

Mögliche Antwort: Ja, der Wert muss mindestens 750,01 €, d.h. mehr als 750,00 € betragen.[143]

Prüfer: **Darf man zur Erreichung dieser Wertgrenze auch aufgelaufene Zinsen addieren?**

Mögliche Antwort: Nein. Sofern die Zinsen als Nebenforderung geltend gemacht werden, bleiben sie bei der Wertberechnung außer Betracht.[144]

Prüfer: **Darf man z.B. eine Zwangsverwaltung beantragen und gleichzeitig die Eintragung einer Zwangssicherungshypothek?**

Mögliche Antwort: Ja, man kann diese Maßnahmen einzeln ergreifen, aber auch nebeneinander.[145]

Prüfer: **Welche Besonderheit ergibt sich im Hinblick auf den Titel, wenn man eine Zwangssicherungshypothek eintragen lässt?**

Mögliche Antwort: Da die Zwangssicherungshypothek streng vom Bestand der Forderung abhängig ist, ist die Eintragung auf dem Titel zu vermerken.[146]

---

142 § 867 I 1 ZPO.
143 § 866 III 1 ZPO.
144 § 066 III 2. HS ZPO.
145 § 866 II ZPO.
146 § 867 I 1 ZPO.

Prüfer: Angenommen, der Schuldner hat mehrere Grundstücke. Kann man seine Forderung auch entsprechend aufteilen, um sich bestmöglich abzusichern?

Mögliche Antwort: Ja, das ist möglich. Dabei ist jedoch bei jeder Eintragung die Wertgrenze von mehr als 750,00 € zu beachten.

6.4 Musterfachgespräche „Vergütung und Kosten im zivilrechtlichen Mandat"

Bei den Fachgesprächen zu „Vergütung und Kosten im zivilrechtlichen Mandat" liegt es im Ermessen des/der Prüfer, ob die €-Beträge verlangt werden oder nicht. Ebenfalls abhängig ist dies davon, ob bei der Vorbereitung Hilfsmittel zugelassen sind.

6.4.1 Musterfachgespräch 1

(Ausgewähltes Gebiet: Vergütung und Kosten im zivilrechtlichen Mandat)

Situation:

In einer zivilrechtlichen Angelegenheit wird der Kläger durch Ihre Kanzlei vertreten. Eingeklagt ist seine Forderung in Höhe von 1.395,00 €. Im Termin zur mündlichen Verhandlung schließen die Parteien einen widerruflichen Vergleich, nachdem der Beklagte zur Abgeltung der Klageforderung einen Betrag in Höhe von 750,00 € nebst Zinsen bezahlen soll. Der Beklagte widerruft jedoch den Vergleich innerhalb der Widerrufsfrist. Das Gericht bestimmt sodann erneut Termin zur mündlichen Verhandlung und vernimmt im Termin zwei Zeugen. Sodann bestimmt das Gericht einen Termin zur Verkündung einer Entscheidung. Die Klage wird schließlich durch Urteil kostenpflichtig abgewiesen. Der Beklagte beantragt die Festsetzung seiner Rechtsanwaltskosten wie folgt:

Gegenstandswert 1.395,00 €		
1,3 Verfahrensgebühr Nr. 3100 VV RVG	€	149,50
1,2 Terminsgebühr Nr. 3104 VV RVG	€	138,00
1,0 Einigungsgebühr Nr. 1003 VV RVG	€	115,00
PT-Pauschale, Nr. 7002 VV RVG	€	20,00
Zwischensumme	€	422,50
19 % USt., Nr. 7008 VV RVG	€	80,28
Summe	**€**	**502,78**

Die Lösung zu folgender Aufgabenstellung ist mit Begründung und Angabe von gesetzlichen Bestimmungen zu präsentieren:

Das Gericht fordert Ihre Kanzlei zur Stellungnahme zu diesem Kostenfestsetzungsantrag auf. Prüfen Sie bitte die zur Kostenfestsetzung angemeldete Vergütung des gegnerischen Rechtsanwalts. Ist die Vergütungsberechnung korrekt oder fehlerhaft? Bitte begründen Sie Ihre Antwort.

Lösungsvorschlag:

Der Gegenstandswert wurde von der Gegenseite korrekt angesetzt, da dies auch der Klagebetrag war, § 2 I RVG. Die Verfahrensgebühr ist korrekt berechnet, sie beträgt in I. Instanz 1,3 nach Nr. 3100 VV RVG und wird z.B. ausgelöst durch die Schriftsätze, die der Beklagte durch seinen Anwalt hat einreichen lassen und die Sachanträge oder Sachvortrag enthalten. Da es hier zu mehreren Gerichtsterminen gekommen ist, ist auch der Ansatz der 1,2 Terminsgebühr nach Nr. 3104 VV RVG korrekt. Der Rechtsanwalt darf die Gebühr allerdings nach § 15 II RVG nur einmal fordern. Falsch ist in dem Kostenfestsetzungsantrag der Ansatz einer Einigungsgebühr. Wie sich aus der Aufgabenstellung ergibt, wurde der Vergleich zunächst widerruflich geschlossen und auch innerhalb der Widerrufsfrist widerrufen. Die Einigungsgebühr entsteht in einem solchen Fall gem. Abs. 3 der Anmerkung zu Nr. 1000 VV RVG nicht. Die PT-Pauschale nach Nr. 7002 VV RVG ist korrekt berechnet, die 19 % Umsatzsteuer sowie die Endsumme ist entsprechend zu korrigieren. Die Umsatzsteuer beträgt dann nur noch 58,43 €, die Endsumme 365,93 €.

Diese ergänzenden Fragen könnten beispielhaft gestellt werden:

Prüfer: Kann der Beklagte auch die Festsetzung von Gerichtskosten beantragen?

Mögliche Antwort: Der Kläger hat mit der Klage einen Gerichtskostenvorschuss in Höhe einer 3,0 Verfahrensgebühr einzuzahlen.[147] Diese Kosten wurden also vom Beklagten nicht eingezahlt, sodass er diesbezüglich auch keine Kostenerstattung verlangen kann. Aus der Aufgabenstellung geht aber hervor, dass Zeugen geladen worden sind. Sofern für die Zeugen keine Zeugenauslagenverzichtserklärungen eingereicht wurden, können die Zeugen ihre Auslagen gegenüber dem Gericht geltend machen, hierfür ist dann ein Kostenvorschuss von demjenigen zu leisten, der die Zeugen benannt hat. Sollte der Beklagte daher einen Zeugenauslagenvorschuss geleistet haben, könnte er diesen auch noch zur Festsetzung mit anmelden.

Prüfer: Welchen zusätzlichen Antrag würden Sie in einen Kostenfestsetzungsantrag mit aufnehmen?

Mögliche Antwort: Ich würde beispielsweise mit aufnehmen, dass die festzusetzenden Kosten mit Zinsen in Höhe von 5 Prozentpunkten über dem Basiszinssatz ab Antragseingang bei Gericht zu verzinsen sind.[148] Darüber hinaus kann man auch beantragen, dass eine vollstreckbare Ausfertigung des Kostenfestsetzungsbeschlusses erteilt wird, um nach Ablauf der Zahlungsfrist von zwei Wochen ab Zustellung des Kostenfestsetzungsbeschlusses an den Zahlungspflichtigen[149] die Zwangsvollstreckung durchführen zu können.

Prüfer: Angenommen, im obigen Fall wäre der Vergleich nicht widerrufen worden, sondern rechtskräftig geworden. Wäre dann die angesetzte Einigungsgebühr korrekt?

---

147 Nr. 1210 KV GKG.
148 § 104 I 2 ZPO.
149 § 798 ZPO.

Mögliche Antwort: Da es sich hier um ein erstinstanzliches Klageverfahren handelt, würde die Einigungsgebühr nach Nr. 1003 VV RVG 1,0 betragen. Die angesetzte Einigungsgebühr wäre in diesem Fall dann hier korrekt gewesen.

Prüfer: **Angenommen, das Gericht hätte den Streitwert für dieses Klageverfahren falsch festgesetzt und hier anstelle der 1.395,00 € einen Betrag in Höhe von 2.395,00 € festgesetzt. Wie könnten sich die Parteien gegen eine falsche Wertfestsetzung wehren?**

Mögliche Antwort: Gegen die Festsetzung eines falschen Streitwerts kann Streitwertbeschwerde eingelegt werden.[150] Hierzu hat die Partei Gelegenheit, bis zu sechs Monate nach rechtskräftigem Abschluss des Verfahrens, wenn der Wert des Beschwerdegegenstands 200,00 € übersteigt.

Prüfer: **Würde sich an der Kostenaufstellung etwas ändern, wenn der Rechtsanwalt mehrere Auftraggeber, z.B. Eheleute vertreten hätte?**

Mögliche Antwort: Hier ist zu unterscheiden. Wenn der Rechtsanwalt die mehreren Auftraggeber wegen desselben Gegenstands vertreten hätte, also beide Gesamtgläubiger des hier eingeklagten Betrags in Höhe von 1.395,00 € wären, so könnte er eine Erhöhung nach Nr. 1008 VV RVG in Höhe von 0,3 verlangen. Dadurch erhöht sich die 1,3 Verfahrensgebühr dann auf eine 1,6 Verfahrensgebühr.

Jetzt können sich z.B. weitere Fragen aus folgenden Bereichen anschließen:

- mögliche vorzeitige Beendigung,
- Ansatz der PT-Pauschale statt einer Einzelberechnung der Entgelte für Post- und Telekommunikationsdienstleistungen,
- Umsatzsteuer bei vorsteuerabzugsberechtigtem Mandant,
- etwaigen Reisekosten des Anwalts zum Gerichtstermin,
- Abrechnung bei Vergleich auch über nicht rechtshängige Ansprüche,
- etc.

---

150 §§ 63 III, 68 I GKG.

6.4.2 Musterfachgespräch 2

(Ausgewähltes Gebiet: Vergütung und Kosten im zivilrechtlichen Mandat)

Situation:

Ein Mandant ruft in Ihrer Kanzlei an und bittet den Anwalt, ihm doch für ein Klageverfahren mit einem Gegenstandswert von 850.000,00 € das Prozesskostenrisiko für zwei Instanzen mitzuteilen. Er möchte seine Entscheidung, den Prozess zu führen, vom Ergebnis dieser Berechnung abhängig machen. Ihr Arbeitgeber, Herr Rechtsanwalt Hansen, bittet Sie, ein solches Prozesskostenrisiko zu berechnen, damit er dieses mit dem Mandanten besprechen kann.

Die Lösung zu folgender Aufgabenstellung ist mit Begründung und Angabe von gesetzlichen Bestimmungen zu präsentieren:

Gehen Sie bei der Erstellung des Prozesskostenrisikos davon aus, dass der Prozess, wie vom Mandanten gewünscht, möglicherweise durch zwei Instanzen geführt werden muss, keine mehreren Auftraggeber vorhanden sind, beide Parteien nicht vorsteuerabzugsberechtigt sind und die Verfahren jeweils durch Urteil enden.

Lösungsvorschlag:

Bei der Berechnung eines Prozesskostenrisikos muss man den sog. „worst-case" annehmen, d.h. davon ausgehen, dass der Prozess verloren wird. Denn im Falle eines Prozessverlustes hat der Mandant nicht nur die eigenen Rechtsanwaltskosten, sondern auch die gegnerischen Rechtsanwaltskosten zu tragen. Darüber hinaus muss der Mandant dann auch die Gerichtskosten tragen. Es ergibt sich somit folgende Berechnung des Prozesskostenrisikos für den oben genannten Fall:

Gegenstandswert 850.000,00 €

1. Eigene Rechtsanwaltskosten der I. Instanz

1,3 Verfahrensgebühr Nr. 3100 VV RVG	€	5.541,90
1,2 Terminsgebühr Nr. 3104 VV RVG	€	5.115,60
PT-Pauschale, Nr. 7002 VV RVG	€	20,00
Zwischensumme	€	10.677,50
19 % USt., Nr. 7008 VV RVG	€	2.028,73
Summe	€	**12.706,23**

2. Gegnerische Rechtsanwaltskosten der I. Instanz

1,3 Verfahrensgebühr Nr. 3100 VV RVG	€	5.541,90
1,2 Terminsgebühr Nr. 3104 VV RVG	€	5.115,60
PT-Pauschale, Nr. 7002 VV RVG	€	20,00
Zwischensumme	€	10.677,50
19 % USt., Nr. 7008 VV RVG	€	2.028,73
Summe	€	**12.706,23**

3. Gerichtskosten der I. Instanz

3,0 Verfahrensgebühr Nr. 1210 KV GKG	€	**14.388,00**

4. Eigene Rechtsanwaltskosten der II. Instanz

1,6 Verfahrensgebühr Nr. 3200 VV RVG	€	6.820,80
1,2 Terminsgebühr Nr. 3202 VV RVG	€	5.115,60
PT-Pauschale, Nr. 7002 VV RVG	€	20,00
Zwischensumme	€	11.956,40
19 % USt., Nr. 7008 VV RVG	€	2.271,72
Summe	€	**14.228,12**

5. Gegnerische Rechtsanwaltskosten der II. Instanz

1,6 Verfahrensgebühr Nr. 3200 VV RVG	€	6.820,80
1,2 Terminsgebühr Nr. 3202 VV RVG	€	5.115,60
PT-Pauschale, Nr. 7002 VV RVG	€	20,00
Zwischensumme	€	11.956,40
19 % USt., Nr. 7008 VV RVG	€	2.271,72
Summe	€	**14.228,12**

6. Gerichtskosten der II. Instanz

4,0 Verfahrensgebühr Nr. 1220 KV GKG	€	**19.184,00**

7. Summe Prozesskostenrisiko zwei Instanzen

Summe	€	**87.440,70**

Hinweis: Eine solch umfangreiche Berechnung kann man in 15 Minuten nur vorbereiten, wenn man sehr gut im Thema ist und sich nur kurze Aufzeichnungen/Notizen macht. Wichtiger als ausgerechnete Beträge wird hier sein, ob Sie das Prinzip der Ermittlung eines Prozesskostenrisikos korrekt erfasst haben. Ggf. genügt auch eine kurze Aufstellung, welche Kosten eine Rolle spielen, wie z.B.:

- Gegenstandswert
- Anwaltskosten 1. Instanz für beide Anwälte ausgehend von Verfahrens- und Terminsgebühr = 2,5 plus Auslagen und USt.
- Anwaltskosten 2. Instanz für beide Anwälte ausgehend von Verfahrens- und Terminsgebühr = 2,8 plus Auslagen und USt.
- Gerichtskosten 1. Instanz = 3,0
- Gerichtskosten 2. Instanz = 4,0

Hier sollten Sie daher bei solchen Fällen auf die genaue Aufgabenstellung achten. Wird der Fall nur mündlich vorgestellt, kann man wie in der Kurzform dargestellt, in die Antwort einsteigen.

Diese ergänzenden Fragen könnten beispielhaft gestellt werden:

Prüfer: Können Sie uns sagen, mit welchen weiteren Kosten möglicherweise in der 1. oder 2. Instanz über die von Ihnen angesetzten Rechtsanwalts- und Gerichtskosten hinaus noch zu rechnen ist?

Mögliche Antwort: Sollte der Gerichtstermin an einem anderen Ort als dem Kanzleisitz stattfinden, könnten hier noch Reisekosten und Abwesenheitspauschalen für die Wahrnehmung von Gerichtsterminen der jeweiligen Rechtsanwälte dazukommen. Auch Reisekosten der Partei zum Termin können möglicherweise entstehen. Darüber hinaus besteht auch die Möglichkeit, dass Sachverständigenkosten oder Zeugenauslagen anfallen.

Prüfer: Angenommen, in der II. Instanz würde es zu einem Vergleich kommen. Welche Änderungen weist dann die von Ihnen gefertigte Kostenaufstellung für die II. Instanz auf?

Mögliche Antwort: Hier würde dann für beide Anwälte noch eine 1,3 Einigungsgebühr[151] entstehen. Allerdings könnten sich die Gerichtskosten von 4,0 Gebühren auf 2,0 Gebühren reduzieren.[152]

Prüfer: Nun ist bei diesem hohen Streitwert ja nicht unüblich, dass möglicherweise eine besonders umfangreiche Beweisaufnahme erfolgt. Würde eine solche besonders umfangreiche Beweisaufnahme zusätzliche Rechtsanwaltsgebühren auslösen?

Mögliche Antwort: Wenn zusätzlich zu der besonders umfangreichen Beweisaufnahme hinzukommt, dass mind. drei gerichtliche Termine stattfinden, in denen Zeugen oder Sachverständige vernommen werden, kann eine 0,3 Zusatzgebühr für besonders umfangreiche Beweisaufnahmen entstehen.[153]

Prüfer: Sie sprechen von gerichtlichen Terminen. Wäre es denn ausreichend, wenn diese Termine von einem Sachverständigen anberaumt wären, z.B. Ortstermine?

Mögliche Antwort: Nein, dies wäre nicht ausreichend. Die Termine müssen vom Gericht anberaumt worden sein. So steht es im Gesetz geschrieben.

Prüfer: Gibt es auch Fälle, in denen der Anwalt keinen Gerichtstermin wahrnimmt, aber dennoch eine Terminsgebühr abrechnen kann?

Mögliche Antwort: Ja. Wenn z.B. in einem Verfahren, für das eigentlich die mündliche Verhandlung vorgeschrieben ist, das Gericht im Einverständnis mit den Parteien ohne Verhandlung entscheidet. Aber auch, wenn z.B. ein Anerkenntnis- oder Versäumnisurteil im schriftlichen Verfahren ergeht.[154]

Prüfer: Zum Stichwort Versäumnisurteil. Wie hoch wäre denn die Terminsgebühr, wenn z.B. nach Klagezustellung der Beklagte die Verteidigungsanzeige nicht einreicht und auf Antrag des Klägers ein Versäumnisurteil im schriftlichen Verfahren ergehen würde?

Mögliche Antwort: Dann beträgt die Terminsgebühr 0,5 nach Nr. 3105 VV RVG, da ja lediglich ein Antrag auf Versäumnisurteil gestellt worden wäre.

Prüfer: Gibt es auch Fälle, in denen der Anwalt auch bei Erlass eines Versäumnisurteils eine 1,2 Terminsgebühr erhält?

Mögliche Antwort: Ja, die gibt es. Wenn z.B. in einem Termin vor dem Landgericht beide Anwälte anwesend sind, d.h. sowohl der Kläger- als auch der Beklagtenvertreter, und dann die Sach- und Rechtslage erst einmal erörtert wird. Dann entsteht bereits die 1,2 Terminsgebühr, die auch nicht mehr wegfällt. Wenn dann z.B. der Beklagtenver-

---

151 Nr. 1004 VV RVG.
152 Nr. 1222 Nr. 3 KV GKG.
153 Nr. 1010 VV RVG.
154 Nr. 3104 I Nr. 1 der Anm. VV RVG.

treter aber keinen Antrag stellt, um die sogenannte Flucht in die Säumnis anzutreten, und in der Folge dann der Klägervertreter Antrag auf Erlass eines Versäumnisurteils stellt, reduziert sich die Terminsgebühr nicht mehr. Der Anwalt hat dann ja auch nicht „lediglich" ein Versäumnisurteil beantragt, wie es in Nr. 3105 VV RVG heißt.

Erläuterung für den Prüfling: Ist das Vorbringen des Beklagten verspätet und würde bei der Entscheidung des Gerichts nicht mehr berücksichtigt, würde es für den Beklagten nachteilig sein, wenn sein Anwalt Klageabweisung beantragt und er damit rechnen muss, dass der Klage stattgegeben wird. Denn selbst im Berufungsverfahren dürfen wegen § 531 ZPO neue Angriffs- und Verteidigungsmittel nicht Berücksichtigung finden, wenn sie nicht zuvor schon in der 1. Instanz nicht schuldhaft verspätet vorgetragen wurden. Man könnte also schon absehen, dass auch die Einlegung einer Berufung kaum Aussicht auf Erfolg hat. Würde der Anwalt allerdings die Flucht in die Säumnis antreten, indem er keinen Antrag im Termin stellt, ergeht zwar gegen seinen Mandanten ein vorläufig vollstreckbares Versäumnisurteil. Er kann allerdings Einspruch hiergegen einlegen, den Einspruch begründen und der Richter muss nun alles berücksichtigen. Zudem hat man dann keine Instanz verloren.

6.4.3 Musterfachgespräch 3

(Ausgewähltes Gebiet: Vergütung und Kosten im zivilrechtlichen Mandat)

Situation:

Vor dem Amtsgericht Husum ist ein Klageverfahren wegen einer Forderung in Höhe von 3.000,00 € nebst Zinsen in Höhe von 5 Prozentpunkten über dem Basiszinssatz ab Rechtshängigkeit der Klage anhängig. Das Gericht schlägt vor, einen Vergleich gem. § 278 VI ZPO im Beschlusswege festzustellen. Der Beklagte, so der Vorschlag des Gerichts, soll verpflichtet werden, einen Betrag in Höhe von 2.000,00 € nebst Zinsen zu bezahlen. Sie übermitteln Ihrem Mandanten diesen Vergleichsvorschlag des Gerichts. Ihr Mandant, der Kläger in diesem Verfahren ist, meldet sich telefonisch in der Kanzlei und fragt, welche weiteren Kosten für ihn bei einem Vergleichsabschluss entstehen werden.

Die Lösung zu folgender Aufgabenstellung ist mit Begründung und Angabe von gesetzlichen Bestimmungen zu präsentieren:

Erläutern Sie, welche kostenrechtlichen Auswirkungen ein solcher Vergleichsabschluss hätte.

Lösungsvorschlag:

Bei einem Vergleichsabschluss in I. Instanz entsteht eine 1,0 Einigungsgebühr nach Nr. 1003 VV RVG. Diese beträgt bei einem Gegenstandswert von 3.000,00 € 201,00 €. Der Vorteil eines Vergleichsabschlusses für den Mandanten läge darin, dass von den eingezahlten 3,0 Gerichtskosten nach Nr. 1210 KV GKG in Höhe von 324,00 € zwei Gerichtsgebühren, d.h. 216,00 €, vom Gericht wieder erstattet werden. Allerdings würde der Vergleichsabschluss dazu führen, dass der Mandant die Kosten entsprechend seinem Unterliegen zu tragen hätte. Da der Beklagte verpflichtet werden soll, durch den Vergleich 2.000,00 € zu bezahlen, würde sich eine Kostenverteilung von 1/3 (Kläger) zu 2/3 (Beklagter) ergeben. Somit würde der Mandant nicht alle ihm entstandenen Kosten erstattet erhalten und dem Beklagten einen Teil seiner Kosten erstatten müssen.

Diese ergänzenden Fragen könnten beispielhaft gestellt werden:

Prüfer: Angenommen, der Vergleich würde geschlossen werden. Wie würde dann der Kostenerstattungsanspruch des Mandanten gegenüber dem Beklagten geltend gemacht werden?

Mögliche Antwort: In solchen Fällen mit einer quotalen Kostenverteilung wird ein Kostenausgleichsverfahren durchgeführt.[155] Aufgrund der besseren Kostenquote für den Mandanten würde sich für den Mandanten ein Erstattungsbetrag ergeben. Der Rechtspfleger würde im Kostenausgleichsverfahren die Verrechnung der jeweiligen Kostenerstattungsansprüche vornehmen, sodass am Ende nur ein Kostenfestsetzungsbeschluss ergeht.

---

155 § 106 ZPO.

Prüfer: Gehen Sie bitte davon aus, dass der Beklagte dem Vergleichsvorschlag nicht zustimmt und das Gericht sodann ein Urteil verkündet, wonach der Beklagte 2.000,00 € zu bezahlen hat und im Übrigen die Klage abgewiesen wird. Welche kostenrechtlichen Auswirkungen hätte dieser Verfahrensfortgang?

Mögliche Antwort: In diesem Fall würde es bei der zuvor beschriebenen Kostenausgleichung bleiben. Auch die Kostenquote wäre hier nicht anders. Allerdings würden sich die Gerichtskosten, weil das Gericht ein Urteil treffen muss, nicht von drei auf eine Verfahrensgebühr verringern.[156] Die Einigungsgebühr würde dann natürlich auch nicht anfallen.

Prüfer: Würde sich an den Rechtsanwaltskosten etwas ändern, wenn im Laufe des Gerichtsverfahrens zunächst ein Versäumnisurteil ergangen wäre, gegen das dann Einspruch eingelegt worden wäre?

Mögliche Antwort: Wenn lediglich ein Versäumnisurteil beantragt wird, kann eine 0,5 Terminsgebühr nach Nr. 3105 VV RVG entstehen. Da jedoch nach dem Einspruch ein weiterer Termin stattfindet, fällt die 0,5 Terminsgebühr in diesem Fall nicht an. Es würde also auch hier bei der 1,2 Terminsgebühr nach Nr. 3104 VV RVG bleiben.

Prüfer: Kann der Anwalt die Einigungsgebühr abrechnen, wenn er seinem Mandanten zum Abschluss einer Vereinbarung rät?

Mögliche Antwort: Der Anwalt kann die Einigungsgebühr erst abrechnen, wenn es zu einer wirksamen Einigung gekommen ist.[157] Es ist allerdings ausreichend, dass er zum Abschluss der Vereinbarung oder zum Nichtwiderruf rät. Bei der Unterschrift selbst muss der Anwalt nicht unbedingt anwesend sein.[158]

Prüfer: Wie hoch wäre denn eine Einigungsgebühr, wenn über den Anspruch bereits ein Rechtsmittelverfahren anhängig ist?

Mögliche Antwort: Dann beträgt die Einigungsgebühr 1,3.[159]

Hinweis: Hier könnten sich z.B. noch Fragen anschließen zur Höhe der Einigungsgebühr im selbständigen Beweisverfahren, bei Ratenzahlungsvereinbarungen (z.B. auch mit § 31b RVG zum Gegenstandswert) sowie im PKH-Prüfungsverfahren.

---

156 Vgl. dazu Nr. 1211 KV GKG.
157 Anm. Abs. 3 zu Nr. 1000 VV RVG.
158 Anm. Abs. 2 zu Nr. 1000 VV RVG.
159 Nr. 1004 VV RVG.

6.4.4 Musterfachgespräch 4

(Ausgewähltes Gebiet: Vergütung und Kosten im zivilrechtlichen Mandat)

Situation:

In einem Zivilverfahren vor dem Landgericht Traunstein kommt es zu einem klageabweisenden Urteil. Gegen dieses Urteil wird durch den Kläger, der von Ihrer Kanzlei vertreten wird, Berufung eingelegt. Das Oberlandesgericht München verweist die Angelegenheit nach mündlicher Verhandlung zur erneuten Beweisaufnahme an das Landgericht Traunstein zurück. Sie teilen Ihrem Mandanten dies mit. Ihr Mandant ruft in der Kanzlei an und regt sich fürchterlich auf, dass nun wieder alle Gebühren nochmals entstehen und er doch bereits jetzt so viel Anwaltskosten und Gerichtskosten bezahlt hat. Der Mandant kann sich am Telefon kaum beruhigen und schimpft lauthals.

Die Lösung zu folgender Aufgabenstellung ist mit Begründung und Angabe von gesetzlichen Bestimmungen zu präsentieren:

Wie können Sie den Mandanten beruhigen und was können Sie ihm inhaltlich zu der Befürchtung sagen, nun würden alle Gebühren nochmals entstehen?

Lösungsvorschlag:

Ich erkläre dem Mandanten, dass es für ihn gut ist, wenn das Oberlandesgericht München die Sache zur erneuten Beweisaufnahme zurückverweist, denn offensichtlich ist die Beweisaufnahme nach Ansicht des Oberlandesgerichts München vom Landgericht Traunstein nicht ordnungsgemäß durchgeführt worden. Somit befindet sich der Prozess nach wie vor in der I. Instanz, was dem Mandanten auch die Möglichkeit eröffnen würde, im Falle eines für ihn negativ ausfallenden Urteils nochmals Berufung einzulegen. Zudem weise ich den Mandanten darauf hin, dass die Verfahrensgebühr, die im Verfahren vor Zurückverweisung entstanden ist, auf die Verfahrensgebühr, die nach Zurückverweisung entsteht, gem. Vorbemerkung 3 VI VV RVG anzurechnen ist. Ich weise den Mandanten darauf hin, dass lediglich die Terminsgebühr ein zweites Mal entstehen kann.

Diese ergänzenden Fragen könnten beispielhaft gestellt werden:

Prüfer: Können Sie uns denn auch etwas zu den Gerichtskosten erzählen, die nach Zurückverweisung nach Ansicht des Mandanten nochmals anfallen?

Mögliche Antwort: Die Gerichtskosten fallen nach Zurückverweisung für die I. Instanz nicht nochmals an.[160]

Prüfer: Wenn sich der Mandant nun am Telefon gar nicht beruhigen möchte, wie würden Sie dann darauf reagieren?

Mögliche Antwort: Ich würde dem Mandanten versichern, dass wir unser bestmögliches tun, um seine Interessen sehr gut zu vertreten. Ich signalisiere Verständnis dafür, dass er sich eine positive Entscheidung des Oberlandesgerichts München gewünscht hätte und über die Zurückverweisung nicht so glücklich ist. Es sei allerdings das Ende

---

160 § 37 GKG.

jetzt wieder offen, so dass ja auch eine für ihn positive Entscheidung ergehen kann. Ich betone allerdings nochmals, dass dies nicht unbedingt ein schlechtes Zeichen ist und biete ihm an, die Sache selbst mit dem Rechtsanwalt zu besprechen.

Prüfer: **Ihr Mandant entgegnet am Telefon, dass er ja auch dann, wenn er später gewinnt, jetzt erst einmal die Kosten für eine Instanz tragen muss und das Geld ja nicht wieder bekommt. Was entgegnen Sie hierauf?**

Mögliche Antwort: Ich erkläre dem Mandanten, dass eine Kostenentscheidung am Ende des Zivilprozesses sich über alle Instanzen erstreckt und er im Falle eines Obsiegens auch für alle Verfahren Kostenerstattung verlangen kann.[161]

Prüfer: **Angenommen, der Wert würde sich nach Zurückverweisung erhöhen, weil eine Klageerweiterung erfolgt. Welche Auswirkungen hätte dies auf die Anrechnung der Verfahrensgebühr?**

Mögliche Antwort: Die Verfahrensgebühr wird lediglich aus dem Wert berechnet, der sich mit dem Verfahren vor Zurückverweisung deckt.

Prüfer: **Können Sie sich einen Fall vorstellen, wo die Anrechnung der Verfahrensgebühr bei Zurückverweisung entfällt?**

Mögliche Antwort: Ja. Das wäre z.B. dann der Fall, wenn zwischen dem Verfahren vor Zurückverweisung und dem Verfahren nach Zurückverweisung mehr als zwei Kalenderjahre liegen.[162]

Prüfer: **Welche gebührenrechtlichen Auswirkungen hätte es, wenn in dem Verfahren nach Zurückverweisung über einen Teil des Anspruchs ein Vergleich geschlossen wird und über den weiteren Teil des Anspruchs ein Urteil ergeht?**

Mögliche Antwort: Dann würde aus dem Teilwert, der mit Vergleich erledigt wurde, die Einigungsgebühr entstehen. Das Urteil löst ja keine weiteren Anwaltsgebühren aus.

---

161 § 91 I ZPO.
162 § 15 V RVG.

6.4.5 Musterfachgespräch 5

(Ausgewähltes Gebiet: Vergütung und Kosten im zivilrechtlichen Mandat)

Situation:

Für eine Zivilklage wurde mit dem Mandanten wegen des Honorars eine Vergütungsvereinbarung getroffen. Nachdem der Anwalt mit dem Auftraggeber die Höhe der Vergütung sowie weitere Einzelheiten der Vergütungsvereinbarung besprochen hat, wurde dem Mandanten wenige Tage später der Entwurf der Vergütungsvereinbarung mit der Bitte um Unterschrift und Rücksendung übermittelt. Bei der Wiedervorlage der Akte stellen Sie fest, dass der Mandant die unterschriebene Vergütungsvereinbarung noch nicht zurück gesendet hat.

Die Lösung zu folgender Aufgabenstellung ist mit Begründung und Angabe von gesetzlichen Bestimmungen zu präsentieren:

Beschreiben Sie [unter Angabe der gesetzlichen Anforderungen – abhängig davon, ob Hilfsmittel zugelassen sind], wie Sie vorgehen, um die vom Mandanten unterschriebene Vergütungsvereinbarung zu erhalten.

Lösungsvorschlag:

Nach § 3a I 1 RVG ist für die Wirksamkeit der Vergütungsvereinbarung erforderlich, dass diese in Textform vorliegt. Die Textform ist eine Formvorschrift, die nach § 126b BGB erfordert, dass die Vergütungsvereinbarung zumindest per Fax oder als eingescannte Datei per E-Mail vom Mandanten zurückgeschickt wird. Man kann den Mandanten telefonisch bitten, die Vergütungsvereinbarung zurückzuschicken. Sollte man den Mandanten telefonisch nicht erreichen, kann man ihn auch anschreiben und für die Rücksendung der Vergütungsvereinbarung eine Frist setzen. In jedem Fall sollte bei der schriftlichen Aufforderung zur Rücksendung eine Wiedervorlage notiert werden, damit die Angelegenheit nicht in Vergessenheit gerät. Die Wiedervorlage sollte in Rücksprache mit dem Anwalt notiert werden, denn solange die Vergütungsvereinbarung nicht in Textform in der Kanzlei vorliegt, besteht keine wirksame Vergütungsvereinbarung, sodass der Anwalt lediglich die gesetzlichen Gebühren abrechnen könnte. Da der Anwalt jedoch eine Vergütungsvereinbarung mit dem Mandanten schließen will, ist davon auszugehen, dass er nicht zu den gesetzlichen Gebühren tätig werden möchte.

Diese ergänzenden Fragen könnten beispielhaft gestellt werden:

Prüfer: Können Sie weitere Wirksamkeitsanforderungen an eine Vergütungsvereinbarung nennen?

Mögliche Antwort: Ja. Das RVG regelt u.a., dass die Vergütungsvereinbarung als solche oder in ähnlicher Weise bezeichnet werden muss,[163] die Vereinbarung nicht in einer Vollmacht enthalten sein darf und, sofern weitere Vereinbarungen aufgenommen sind, diese deutlich abgesetzt werden müssen. Außerdem ist der Anwalt verpflichtet, den Auftraggeber in der Vergütungsvereinbarung darauf hinzuweisen, dass die gegne-

---

163 § 3a RVG.

rische Partei, ein Verfahrensbeteiligter oder die Staatskasse im Falle der Kostenerstattung regelmäßig nicht mehr als die gesetzliche Vergütung erstatten muss.[164]

Prüfer: Wäre es dann z.B. möglich, die Vergütungsvereinbarung auch als Honorarvereinbarung zu bezeichnen?

Mögliche Antwort: Die Bezeichnung als Honorarvereinbarung ist auch möglich. Wichtig ist, dass aus der Bezeichnung deutlich hervorgeht, dass der Anwalt hier eine Vereinbarung über seine Vergütung mit dem Mandanten treffen möchte. Bezeichnungen, aus denen dies nicht klar hervorgeht, sind daher nicht geeignet.

Prüfer: Können Sie sagen, warum der Gesetzgeber solche Anforderungen geregelt hat, wie z.B. dass die Vereinbarung nicht in der Vollmacht enthalten sein darf?

Mögliche Antwort: Es geht darum, den Mandanten vor einer Überraschung zu schützen. Viele Mandanten unterschreiben eine Vollmacht „blind", d.h. ohne diese nochmals konkret durchzulesen. Für den Mandanten soll klar sein, was er unterschreibt, wenn er eine Vergütungsvereinbarung unterschreibt.

Prüfer: Sagt Ihnen der Begriff „Erfolgshonorar" etwas?

Mögliche Antwort: Die Möglichkeit, ein Erfolgshonorar zu vereinbaren, besteht für Rechtsanwälte nur in ganz eingeschränkten Fällen.[165] Ein Erfolgshonorar darf nur im Einzelfall vereinbart werden und nicht für eine größere Anzahl von Fällen zwischen einem Mandanten und seinem Anwalt. Zudem darf eine Erfolgshonorarvereinbarung nur getroffen werden, wenn der Mandant bei ständiger Würdigung aller Umstände ansonsten von der Rechtsverfolgung oder Rechtsverteidigung abgehalten würde. In gerichtlichen Verfahren kann man z.B. regeln, dass der Mandant weniger oder gar keine Gebühren zahlt, wenn der Prozess ganz oder teilweise verloren wird. Im Gegenzug dazu muss man allerdings vereinbaren, dass im Erfolgsfall ein angemessener Zuschlag auf die gesetzlichen Gebühren gezahlt wird.

Prüfer: Gibt es besondere Hinweise, die ein Anwalt dem Mandanten bei Abschluss einer Erfolgshonorarvereinbarung geben muss?

Mögliche Antwort: Ja, die gibt es. So muss der Anwalt zusätzlich zu den sonstigen Hinweispflichten hier noch aufnehmen, dass die Erfolgshonorarvereinbarung keinen Einfluss darauf hat, im Fall des Unterliegens die gegnerischen Kosten und Gerichtskosten erstatten zu müssen. Außerdem muss der Rechtsanwalt in der Erfolgshonorarvereinbarung dem Mandanten u.a. die gesetzlichen Gebühren mitteilen.

Prüfer: Sie sprechen bei der Vergütungsvereinbarung die Textform an. Das ist richtig. Können Sie uns denn den Unterschied zwischen Schriftform und Textform erklären?

Mögliche Antwort: Die Schriftform ist ebenfalls eine Formvorschrift, die sich aus dem BGB ergibt.[166] Schriftform bedeutet, dass das Dokument im Original unterschrieben vorliegen muss. Ein Fax oder eine eingescannte Datei würde der Schriftform nicht genügen.

---

164 § 3a I 2 RVG.
165 § 4a RVG.
166 § 126 BGB.

6.4.6   Musterfachgespräch 6

(Ausgewähltes Gebiet: Vergütung und Kosten im zivilrechtlichen Mandat)

Situation:

Nach Ihrer Ausbildung zur Rechtsanwaltsfachangestellten wechseln Sie die Kanzlei. Nach einigen Tagen Einarbeitung stellen Sie fest, dass in der Kanzlei sehr hohe Kopiekosten anfallen, diese aber bisher dem Mandanten nie in Rechnung gestellt werden.

Die Lösung zu folgender Aufgabenstellung ist mit Begründung und Angabe von gesetzlichen Bestimmungen zu präsentieren:

Wie können Sie sicherstellen, dass künftig die Kopiekosten auch gegenüber dem Mandanten abgerechnet werden?

Lösungsvorschlag:

Kopiekosten fallen nach Nr. 7000 VV RVG unter den Begriff der „Dokumentenpauschale". Hier gibt es verschiedenen Arten von Kopiekosten, die genau aufgeschlüsselt werden sollten, denn bei zwei Arten von Kopiekosten muss der Anwalt jeweils 100 Kopien kostenfrei für den Mandanten fertigen. So unterscheidet man z.B. Kopien nach Nr. 7000 Nr. 1a VV RVG (Kopien und Ausdrucke aus Behörden- und Gerichtsakten), Kopien nach Nr. 7000 Nr. 1b VV RVG (Kopien zur Zustellung oder Mitteilung an Gegner oder Beteiligte und Verfahrensbevollmächtigte aufgrund einer Rechtsvorschrift oder nach Aufforderung durch das Gericht, die Behörde oder die sonst das Verfahren führende Stelle, soweit hier mehr als 100 Seiten zu fertigen waren), Nr. 7000 Nr. 1c VV RVG (Kopien zur notwendigen Unterrichtung des Auftraggebers, soweit hier mehr als 100 Seiten zu fertigen waren) und Nr. 7000 Nr. 1d VV RVG (in sonstigen Fällen nur, wenn sie im Einverständnis mit dem Auftraggeber, zusätzlich auch zur Unterrichtung Dritter, wie z.B. einer Rechtsschutzversicherung, angefertigt worden sind).

Sinnvoll ist es, solche Kopiekosten in einem Kostenblatt zu erfassen. Bei den schwarz-weiß-Kopien bekommt der Anwalt dann für die ersten 50 abzurechnenden Seiten je Seite 0,50 € und für jede weitere Seite 0,15 €. Bei Farbkopien für die ersten 50 abzurechnenden Seiten je 1,00 € und für jede weitere Seite 0,30 €.

Das Kostenblatt sollte allen Mitarbeitern der Kanzlei bekannt sein und ggf. erklärt werden. Hier sollten alle Kopien erfasst werden, auch die ersten 100 nach Nr. 7000 Nr. 1b VV RVG bzw. Nr. 7000 Nr. 1c VV RVG. Am Ende werden dann alle abzurechnenden Kopien addiert und, wie eben beschrieben, abgerechnet.

Diese ergänzenden Fragen könnten beispielhaft gestellt werden:

Prüfer: Fallen unter diese Dokumentenpauschale auch die Entgelte für Post- und Telekommunikationsdienstleistungen?

Mögliche Antwort: Entgelte für Post- und Telekommunikationsdienstleistungen können neben der Dokumentenpauschale abgerechnet werden. Hier hat der Rechtsanwalt die Wahl. Entweder er rechnet die tatsächlich entstandenen Entgelte ab, oder aber die sog. PT-Pauschale. Die PT-Pauschale beträgt 20 % der gesetzlichen Gebühren, max. 20,00 €.

Prüfer: **Wie oft kann der Rechtsanwalt die PT-Pauschale denn abrechnen?**

Mögliche Antwort: Das hängt davon ab, wie viele gebührenrechtliche Angelegenheiten ein Anwalt bearbeitet hat. Beispiel: Der Anwalt wird zunächst im Mahnverfahren tätig und später im streitigen Verfahren. Hier liegen zwei gebührenrechtliche Angelegenheiten vor.[167] Der Rechtsanwalt kann in diesem Fall die PT-Pauschale zweimal abrechnen.

Prüfer: **Können Sie sich einen Fall vorstellen, bei dem der Anwalt keine PT-Pauschale abrechnen darf?**

Mögliche Antwort: Ja. Das kann z.B. vorkommen, wenn der Rechtsanwalt eine sog. Erstberatung durchgeführt hat. Sind nämlich keine Entgelte für Post- und Telekommunikationsdienstleistungen vom Anwalt zu entrichten, kann er auch die PT-Pauschale nicht mit dem Mandanten abrechnen. Allein für das Versenden der Rechnung an den Mandanten darf der Anwalt auch keine PT-Pauschale berechnen.[168]

Hinweis: Hier könnten sich Fragen zu weiteren Auslagen nach Teil 7 VV RVG anschließen, oder der Prüfer greift die Stichworte Erstberatung oder Kostenrechnung auf und stellt hierzu ergänzende Fragen.

---

167 § 17 Nr. 2 RVG.
168 Siehe dazu Anmerkung zu Nr. 7001 VV RVG.

6.4.7 Musterfachgespräch 7

(Ausgewähltes Gebiet: Vergütung und Kosten im zivilrechtlichen Mandat)

Situation:

Sie arbeiten in der Rechtsanwaltskanzlei von Dr. Müller. Dr. Müller erzählt Ihnen sehr freudig, dass ihm ein neues Mandat erteilt wurde. Die Sache sei sehr anspruchsvoll und interessant. Es handele sich um eine Zivilklage mit einem Gegenstandswert in Höhe von 80.000,00 €. Die Erstellung der Klage wird sehr viel Arbeit beanspruchen. Rechtsanwalt Dr. Müller rechnet damit, dass er in den nächsten drei Tagen ausschließlich mit dem Diktat der Klage beschäftigt sein wird.

Die Lösung zu folgender Aufgabenstellung ist mit Begründung und Angabe von gesetzlichen Bestimmungen zu präsentieren:

Welche Möglichkeiten bestehen für Ihre Kanzlei, die Vergütungsansprüche zu sichern?

Lösungsvorschlag:

Im Hinblick auf die Höhe des Streitwerts und die erhebliche Arbeit, die hier in Vorleistung erbracht werden muss, sollte die Kanzlei von dem Recht auf Vorschuss nach § 9 RVG Gebrauch machen. Dem Mandanten dürfen dabei die bereits entstandenen und voraussichtlich entstehenden Gebühren und Auslagen in Rechnung gestellt werden. Zu beachten ist dabei allerdings, dass die Kostenrechnung § 10 RVG gerecht wird, denn der Anwalt darf seine Vergütung nur aufgrund einer Kostenberechnung, die § 10 RVG entspricht, einfordern. In diesem Fall bietet sich an, Folgendes vorschussweise in Rechnung zu stellen:

Gegenstandswert: 80.000,00 €		
1,3 Verfahrensgebühr Nr. 3100 VV RVG	€	1.732,90
PT-Pauschale, Nr. 7002 VV RVG	€	20,00
Zwischensumme	€	1.752,90
19 % Umsatzsteuer, Nr. 7008 VV RVG	€	333,05
Endsumme	€	2.085,95

Da auch die Gerichtskosten in Höhe von einer 3,0 Verfahrensgebühr nach Nr. 1210 KV GKG mit Einreichung der Klageschrift, spätestens nach Übermittlung der Gerichtskostenrechnung durch das Gericht nach Einreichung der Klage zu zahlen sind, sollten auch die Gerichtskosten mit der Vorschussrechnung dem Mandanten in Rechnung gestellt werden.

Diese ergänzenden Fragen könnten beispielhaft gestellt werden:

Prüfer: Dürfte der Rechtsanwalt auch die Terminsgebühr vorschussweise berechnen?

Mögliche Antwort: Da in einem solchen Verfahren mit einem Termin zu rechnen ist, kann der Rechtsanwalt nach § 9 RVG auch die 1,2 Terminsgebühr gem. Nr. 3104 VV RVG vorschussweise in Rechnung stellen. In manchen Kanzleien wird diese Terminsgebühr allerdings erst in Rechnung gestellt, wenn das Gericht die Ladung zum Termin übermittelt. Dies ist Geschmackssache und wird in den Kanzleien unterschiedlich gehandhabt.

Prüfer: Und wie verhält es sich mit der Einigungsgebühr?

Mögliche Antwort: § 9 RVG regelt, dass die voraussichtlich entstehenden Gebühren als Vorschuss in Rechnung gestellt werden können. Sofern der Rechtsanwalt die Einigungsgebühr als Vorschuss geltend machen möchte, würde er seinem Mandanten signalisieren, dass er selbst nicht an einen Erfolg der Klage glaubt, sodass sich schon die Frage stellen würde, ob es dann überhaupt Sinn macht, den Betrag in Höhe von 80.000,00 € einzuklagen. Ich würde die vorschussweise Abrechnung einer Einigungsgebühr als sehr unüblich bezeichnen. Ist das Prozessrisiko groß, kann es natürlich durchaus vorkommen, dass Mandanten das Prozesskostenrisiko berechnen lassen und dabei auch unter Berücksichtigung eines möglichen Vergleichsabschlusses.

Prüfer: Angenommen, der Mandant reagiert auf die Vorschussrechnung mit einem Anruf und teilt mit, dass er die Prozesskosten gar nicht aufbringen kann. Welche Möglichkeit würde sich für den Mandanten hier anbieten, den Prozess doch noch zu führen?

Mögliche Antwort: Sofern die persönlichen und wirtschaftlichen Verhältnisse des Mandanten das rechtfertigen, kann ein Antrag auf Prozesskostenhilfe gestellt werden. Der Antrag kann bereits mit der Klageeinreichung beim Prozessgericht eingereicht werden, sodass zunächst keine Gerichtskosten verauslagt werden müssen. Prozesskostenhilfe kann jedoch nur bewilligt werden, wenn eine Partei die Prozesskosten nicht, nur zum Teil oder nur in Raten zahlen kann, die Sache hinreichend Aussicht auf Erfolg bietet und die Rechtsverfolgung nicht mutwillig erscheint.[169] Der Mandant wäre dann verpflichtet, das Formular für die Erklärung über die persönlichen und wirtschaftlichen Verhältnisse auszufüllen, die entsprechenden Belege in Kopie beizufügen und zusammen mit dem Prozesskostenhilfeantrag einzureichen. Alternativ kann auch der Entwurf der Klage mit dem Antrag auf Gewährung von Prozesskostenhilfe eingereicht werden und erst nach Gewährung der Prozesskostenhilfe die Klage erhoben werden.

Prüfer: Sofern der Antrag auf Prozesskostenhilfe gestellt wird, sind konkret zwei Anträge zu stellen. Können Sie uns diese Anträge nennen?

Mögliche Antwort: Es ist zum einen die Bewilligung von Prozesskostenhilfe zu beantragen und zum anderen die Beiordnung der Rechtsanwaltskanzlei[170] bzw. des Anwalts.

---

169 § 114 ZPO.
170 Beiordnung der Kanzlei möglich, vgl. dazu *BGH* Beschl. v. 17.09.2008, Az. IV ZR 343/07.

6.4.8 Musterfachgespräch 8

(Ausgewähltes Gebiet: Vergütung und Kosten im zivilrechtlichen Mandat)

Situation:

In einer zivilrechtlichen Angelegenheit übersenden Sie dem Mandanten eine Kostenrechnung für die außergerichtliche Tätigkeit des Anwalts. Der Anwalt hat hier eine 1,6 Geschäftsgebühr in Ansatz gebracht. Nach Erhalt der Rechnung ruft der Mandant bei Ihnen in der Kanzlei an und beschwert sich lauthals über die „hohe Rechnung". Der Anwalt dürfe max. eine 1,3 Geschäftsgebühr abrechnen. Es sei verboten, eine 1,6 Geschäftsgebühr abzurechnen, denn eine solche Gebühr gäbe es gar nicht.

Die Lösung zu folgender Aufgabenstellung ist mit Begründung und Angabe von gesetzlichen Bestimmungen zu präsentieren:

Was erläutern Sie dem Mandanten am Telefon bezogen auf dessen Einwendungen?

Lösungsvorschlag:

Ich weise den Mandanten darauf hin, dass die Geschäftsgebühr eine sog. Satzrahmengebühr ist, die einen Satzrahmen von 0,5 bis 2,5 hat. Des Weiteren weise ich den Mandanten darauf hin, dass wir hier nicht die Höchstgebühr abgerechnet haben (2,5), sondern vielmehr eine 1,6 Geschäftsgebühr. Eine 1,6 Geschäftsgebühr liegt damit innerhalb dieses Rahmens. Ist die Tätigkeit des Anwalts umfangreich oder schwierig, so darf nach Anmerkung zu Nr. 2300 VV RVG der Rechtsanwalt eine Gebühr verlangen, die höher ist als 1,3 (= Regelgebühr). Ich weise den Mandanten darauf hin, dass in seiner Angelegenheit offensichtlich entweder eine erhöhte Schwierigkeit oder aber ein überdurchschnittlicher Umfang der anwaltlichen Tätigkeit gegeben ist. Weiter weise ich den Mandanten darauf hin, dass nach § 14 I RVG der Rechtsanwalt die Gebühr zu bestimmen hat und der Anwalt hier das ihm gesetzlich zugestandene Ermessen ausgeübt hat.

Diese ergänzenden Fragen könnten beispielhaft gestellt werden:

Prüfer: Können Sie erklären, was man unter „Schwierigkeit der anwaltlichen Tätigkeit" versteht?

Mögliche Antwort: Das Kriterium der Schwierigkeit der anwaltlichen Tätigkeit gliedert sich in tatsächliche und rechtliche Schwierigkeit. Rechtlich schwierig ist eine Angelegenheit dann, wenn die Sachbearbeitung objektiv schwieriger ist, als beim Durchschnittsfall. Die tatsächliche Schwierigkeit äußert sich z.B. auch in einem uneinsichtigen und wenig nachgiebigem Gegner, Mandanten mit einer schwierigen Persönlichkeitsstruktur, aber auch z.B. eine Schwierigkeit, die sich daraus ergibt, dass der Anwalt z.B. medizinische, bautechnische oder verkehrsanalytische Gutachten prüfen muss.

Prüfer: Und was versteht man unter „Umfang der anwaltlichen Tätigkeit"?

Mögliche Antwort: Der Umfang der anwaltlichen Tätigkeit richtet sich nach dem zeitlichen Aufwand, den der Anwalt oder die Anwältin erbringen muss, um das Mandant zu bearbeiten.

Prüfer: Sie haben erwähnt, dass es sich bei der Geschäftsgebühr um eine Satzrahmengebühr handelt. Können Sie eine andere Art von Rahmengebühren nennen?

Mögliche Antwort: Neben den Satzrahmengebühren gibt es auch Betragsrahmengebühren. Solche kommen z.B. in Straf- und Bußgeldsachen vor, sowie in bestimmten sozialrechtlichen Angelegenheiten. Hier bestimmt sich der Gebührenrahmen nach Beträgen. Es gibt einen Mindest- und einen Höchstbetrag.

Prüfer: Sagt Ihnen der Begriff der Mittelgebühr etwas und wie würden Sie diese berechnen?

Mögliche Antwort: Die Mittelgebühr errechnet sich, indem man z.B. bei einer Satzrahmengebühr den Mindestsatz mit dem Höchstsatz addiert und die sich so ergebende Summe dann durch zwei teilt. Die Mittelgebühr wird in der Regel für durchschnittliche Angelegenheiten angesetzt. Allerdings ist bei der Geschäftsgebühr zu berücksichtigen, dass die rechnerische Mittelgebühr hier 1,5 betragen würde. Die Anmerkung zu Nr. 2300 VV RVG verbietet jedoch die Abrechnung einer höheren Gebühr als 1,3, wenn die Tätigkeit des Anwalts nicht umfangreich oder schwierig war.

Prüfer: Angenommen, der Rechtsanwalt würde bei einer außergerichtlichen Vertretung in einer zivilrechtlichen Angelegenheit Eheleute wegen desselben Gegenstands vertreten. Hätte dies Auswirkungen auf die Geschäftsgebühr?

Mögliche Antwort: Die Geschäftsgebühr wäre in diesem Fall um 0,3 zu erhöhen, da der Rechtsanwalt zwei Auftraggeber vertritt. Es handelt sich hierbei um die Erhöhung nach Nr. 1008 VV RVG. Der Rechtsanwalt kann bei Wertgebühren für jeden weiteren Auftraggeber, jedoch nur wenn er wegen desselben Gegenstands tätig wird, die Geschäfts- **oder** Verfahrensgebühr um 0,3 erhöhen.

Prüfer: Gibt es hier auch Obergrenzen?

Mögliche Antwort: Die Erhöhung darf bei Wertgebühren max. 2,0 betragen.

Prüfer: Sie sprechen den Begriff der „Wertgebühren" an. Was versteht man denn unter diesem Begriff?

Mögliche Antwort: Eine Wertgebühr berechnet sich nach dem Gegenstandswert. Hier besteht die Möglichkeit, in der Gebührentabelle unter dem entsprechenden Wert die Gebühr aus dieser Tabelle abzulesen.

Prüfer: Nun ist nach der Eingangssituation der Mandant ja recht aufgebracht, was die Höhe der Vergütung betrifft. Sie haben sehr schön erläutert, wie der Rechtsanwalt die 1,6 Geschäftsgebühr angesetzt hat. Angenommen, Ihr Mandant ist mit dieser Antwort aber noch nicht zufrieden und regt sich weiterhin fürchterlich auf. Wie könnten Sie auf ihn eingehen, um die Situation zu deeskalieren?

Mögliche Antwort: Ich könnte dem Mandanten gegenüber signalisieren, dass ich Verständnis dafür habe, dass er die Kostenrechnung nicht nachvollziehen kann, da das Anwaltsgebührenrecht sehr kompliziert ist. Ich würde den Mandanten aber darauf hinweisen, dass er darauf vertrauen kann, dass wir hier ganz korrekt abgerechnet haben. Dann würde ich dem Mandanten, wenn er sich immer noch nicht beruhigen kann, einen Rückruf durch den Anwalt anbieten.

Prüfer: Nehmen wir an, der Mandant lässt sich durch Sie beruhigen und sichert Ihnen telefonisch zu, die Kostenrechnung alsbald zu überweisen. Sie stellen jedoch bei der nächsten Wiedervorlage der Akte drei Wochen später fest, dass die Kostenrechnung immer noch nicht ausgeglichen ist. Wie würden Sie in diesem Fall weiter vorgehen?

Mögliche Antwort: Der Auftraggeber gerät 30 Tage nach der Übermittlung der Rechnung mit der Zahlung des Rechnungsbetrags in Verzug, jedoch beim Verbraucher nur, wenn er in der Rechnung auf diese Folge hingewiesen wurde. Einer Mahnung würde es dann eigentlich nicht mehr bedürfen, das gilt auch für den Fall, dass wir dem Mandanten eine kalendermäßige Frist zur Zahlung gesetzt haben. In der Praxis würde man jedoch in der Regel dem Mandanten ein- bis dreimal mahnen, bevor man die Kosten gerichtlich geltend macht. Es besteht hier also die Möglichkeit, den Mandanten nochmals eine letzte Frist zur Zahlung zu setzen bzw. ggf. auch nochmals telefonisch mit dem Mandanten Kontakt aufzunehmen, um nachzufragen, warum er die Kostenrechnung trotz seiner Ankündigung bisher nicht ausgeglichen hat. Ob man die Mahnung schriftlich oder mündlich ausspricht, wird in Kanzleien unterschiedlich gehandhabt.

6.4.9   Musterfachgespräch 9

(Ausgewähltes Gebiet: Vergütung und Kosten im zivilrechtlichen Mandat)

Situation:

Ein Mandant vereinbart einen Termin in der Kanzlei und teilt mit, dass er einen Berechtigungsschein zur Erteilung der Beratungshilfe durch den Anwalt vom Amtsgericht erhalten hat. Sie bitten den Mandanten, zum Termin 15,00 € Beratungshilfegebühr mitzubringen. Der Mandant ist irritiert und fragt, was das denn soll. Soweit er weiß, muss er doch dem Anwalt keine Kosten bezahlen, wenn er einen Berechtigungsschein hat. Nach Ansicht des Mandanten würden dann alle Kosten vom Amtsgericht übernommen werden.

Die Lösung zu folgender Aufgabenstellung ist mit Begründung und Angabe von gesetzlichen Bestimmungen zu präsentieren:

Was können Sie dem Mandanten hierauf am Telefon erwidern?

Lösungsvorschlag:

Ich weise den Auftraggeber darauf hin, dass die 15,00 € Beratungshilfegebühr gesetzlich geregelt,[172] und diese von ihm zu bezahlen ist. Weiter weise ich den Mandanten darauf hin, dass in diesem Betrag die Umsatzsteuer bereits enthalten ist. Die Vergütung, die die Staatskasse übernimmt, bezieht sich auf die Beratungsgebühr (Nr. 2501 VV RVG) oder Geschäftsgebühr (Nr. 2503 VV RVG), ggf. auch auf eine Einigungsgebühr (Nr. 2508 VV RVG). Gegenüber der Staatskasse werden somit die gesetzlichen Beratungshilfegebühren abgerechnet, die in der Regel deutlich unter den Regelgebühren nach RVG liegen. Der Gesetzgeber hält die Zahlung der Beratungshilfegebühr in Höhe von 15,00 € für gerechtfertigt und angemessen, da dies der einzige finanzielle Beitrag ist, der vom Mandanten im Beratungshilfemandat zu leisten ist.

Diese ergänzenden Fragen könnten beispielhaft gestellt werden:

Prüfer: **Kann der Rechtsanwalt die Gebühr auch erlassen?**

Mögliche Antwort: Die Beratungshilfegebühr in Höhe von 15,00 € nach Nr. 2500 VV RVG kann dem Mandanten auch erlassen werden.[172] Eine Verpflichtung hierzu besteht jedoch nicht.

Prüfer: **Angenommen, der Mandant besteht darauf, mit dem Anwalt verbunden zu werden. Der Anwalt ist aber zurzeit außer Haus. Wie reagieren Sie?**

Mögliche Antwort: Ich gebe ihm zu verstehen, dass der Anwalt zurzeit nicht in der Kanzlei ist, der Anwalt ihm aber auch keine andere Auskunft diesbezüglich geben kann. Ich weise den Mandanten darauf hin, dass es doch eine feine Sache ist, dass der Staat schon die übrigen Gebühren des Anwalt übernimmt und die 15,00 € Beratungs-

---

171   Nr. 2500 VV RVG.
172   Anmerkung Satz 2 zu Nr. 2500 VV RVG sowie § 4 I 2 RVG.

hilfegebühr ein Selbstbeitrag von Mandanten sein soll, die jeder Beratungshilfemandant zahlen muss.

Prüfer: Wenn der Mandant in einem späteren gerichtlichen Verfahren wegen desselben Gegenstands vertreten werden würde, könnten dann die Kosten für den Prozess auch über die Beratungshilfe mit der Staatskasse abgerechnet werden?

Mögliche Antwort: Für gerichtliche Verfahren gibt es die Möglichkeit, Prozesskostenhilfe zu beantragen. Da gilt die Beratungshilfe nicht. Aber wenn das Gericht die Prozesskostenhilfe bewilligt und die Kanzlei beiordnet, kann die Kanzlei ihre Vergütung mit der Staatskasse abrechnen.

Prüfer: Hätte das dann im Nachhinein Auswirkungen auf die Gebühren, die der Anwalt bereits im Wege der Beratungshilfe erhalten hätte?

Mögliche Antwort: Ja. Die Gebühren, die der Anwalt für die Tätigkeit im Rahmen der Beratungshilfe erhalten hat, müssten dann ganz oder teilweise angerechnet werden, je nachdem, welche Gebühr hier vorgerichtlich angefallen ist.

Prüfer: Nochmal zurück zu unserer Eingangsfrage. Wie würden Sie denn Ihrem Mandanten, wenn er Engländer wäre und kein Deutsch sprechen würde, erklären, dass der Anwalt zurzeit nicht im Büro ist.

Mögliche Antwort: Ich würde sagen: *„I'm sorry, but the lawyer is not in the office right now."*

Hinweis: Hier können Sie punkten, wenn Sie gut im Englischen sind. Die Frage lässt auch eine viel ausführlichere Antwort zu. So könnten Sie z.B. den Inhalt der zuvor beantworteten Fragen nochmals auf Englisch wiederholen.

6.4.10 Musterfachgespräch 10

(Ausgewähltes Gebiet: Vergütung und Kosten im zivilrechtlichen Mandat)

Situation:

Sie sind Rechtsanwaltsfachangestellte in der Kanzlei Grau & Partner. Rechtsanwältin Grau wird von ihrem Mandanten Robert Koch beauftragt, gegen Klaus Mendel eine ihm zustehende Forderung aus Werkvertrag in Höhe von 5.000,00 € außergerichtlich geltend zu machen. Entsprechend diesem Auftrag wird Klaus Mendel zur Zahlung aufgefordert. Dieser wendet sich schriftlich an Ihre Kanzlei und bietet zum Ausgleich der verlangten Forderung einen Betrag von 2.500,00 € an. Nach Rücksprache mit Ihrem Mandanten wird der Vergleichsvorschlag des Gegners angenommen.

Die Lösungen zu folgenden Aufgabenstellungen sind mit Begründung und Angabe von gesetzlichen Bestimmungen zu präsentieren:

1. Erstellen Sie die Vergütungsrechnung für die außergerichtliche Tätigkeit der Rechtsanwältin Grau.

2. Angenommen, ein Vergleich wie oben dargestellt, würde in einem gerichtlichen Verfahren geschlossen (gefordert: 5.000,00 €; Vergleichssumme 2.500,00 €). Welche Auswirkungen hätte dies auf die Kosten des Verfahrens hinsichtlich des Umfangs der zu erstattenden Kosten?

Lösung:

1. Vergütungsrechnung RA Grau

Gegenstandswert 5.000,00 €		
1,3 Geschäftsgebühr Nr. 2300 VV RVG	€	393,90
1,5 Einigungsgebühr Nr. 1000 VV RVG	€	454,50
PT-Pauschale, Nr. 7002 VV RVG	€	20,00
Zwischensumme	€	868,40
19 % USt., Nr. 7008 VV RVG	€	165,00
Summe	**€**	**1.033,40**

2. Kostenerstattung

Die Parteien können sich auch über die Kostentragung einigen, d.h. dass die Kosten entweder gegeneinander aufgehoben werden oder aber jede Partei 50 % der entstandenen Kosten zahlt, analog § 92 I ZPO. Sollten die Parteien keine Einigung über die Kosten treffen, gilt § 98 ZPO, d.h. Kostenaufhebung. Es gibt aber auch die Möglichkeit, dass die Parteien die Kostenentscheidung in das Ermessen des Gerichts stellen, analog § 91a ZPO. In einem solchen Fall ist angesichts der Obsiegensquote (50 %) auch eine Kostenaufhebung sehr wahrscheinlich. Kostenaufhebung bedeutet, dass jede Partei ihre Anwaltskosten selbst trägt und die Gerichtskosten (zur Hälfte) geteilt werden. Bei einer 50 %-Quote würde man nicht nur wegen der Gerichtskosten, wie bei Kostenaufhebung, eine Kostenausgleichung nach § 106 ZPO beantragen, sondern auch wegen der Anwaltsgebühren.

Diese ergänzenden Fragen könnten beispielhaft gestellt werden:

Prüfer: Aber ist denn nicht 50 % Kostentragung von den Gesamtkosten dasselbe, wie Kostenaufhebung?

Mögliche Antwort: Nein. Das ist es nicht. Denn es kann ja sein, dass eine Partei höhere Kosten hatte als die andere, z.B. weil ein Unterbevollmächtigter zusätzlich beauftragt werden musste oder Reisekosten entstanden sind.

Prüfer: Das ist ein interessantes Stichwort. Was können Sie mir denn zu den Kosten eines Unterbevollmächtigten sagen?

Mögliche Antwort: Der Unterbevollmächtigte wird z.B. beauftragt, wenn der Streitwert nicht sehr hoch ist und der Rechtsstreit an einem anderen Gerichtsort stattfindet, d.h. der Prozessbevollmächtigte zum Gerichtstermin anreisen müsste. Also nehmen wir z.B. einmal an, der Gerichtstermin findet in Köln statt, der Mandant (Kläger) und sein Anwalt sind aus München. Da würde es bei einem Streitwert von 3.000,00 € wenig Sinn machen, wenn der Münchener Anwalt nach Köln zum Termin reist, da die Reisekosten ja sehr hoch sind. In solchen Fällen wird dann oft namens und im Auftrag des Mandanten ein RA-Kollege aus Köln beauftragt, der mit der Wahrnehmung des Termins betraut wird. Dieser Anwalt ist dann der Unterbevollmächtigte, der Münchener Anwalt ist der Hauptbevollmächtigte. Und der Unterbevollmächtigte hat die Klage nicht eingereicht und auch keine Schriftsätze geschrieben. Er bekommt daher als Verfahrensgebühr auch nur die Hälfte der einem Hauptbevollmächtigten zustehenden Verfahrensgebühr. In der ersten Instanz wären das dann z.B. 0,65.[173] Als Terminsgebühr erhält er eine 1,2 Terminsgebühr,[174] wobei es natürlich sein kann, dass die Terminsgebühr niedriger ist, wenn er z.B. nur ein Versäumnisurteil beantragt.

Prüfer: Kann denn ein Unterbevollmächtigter auch eine Einigungsgebühr verdienen?

Mögliche Antwort: Ja – das ist möglich. Wenn der Unterbevollmächtigte an der Einigung mitgewirkt hat, kann er eine Einigungsgebühr verdienen.

Hinweis: Hier könnten sich z.B. Fragen anschließen zur/zum

- Höhe der Einigungsgebühr,
- vorzeitigen Beendigung,
- Einigungsgebühr für den Hauptbevollmächtigten,
- Erhöhung für mehrere Auftraggeber,
- widerruflich geschlossenem Vergleich, der widerrufen wird,
- u.a.

---

173 Nr. 3401 i.V.m. Nr. 3100 VV RVG.
174 Nr. 3402 i.V.m. Nr. 3104 VV RVG.

6.4.11 Musterfachgespräch 11   ✓

(Ausgewähltes Gebiet: Vergütung und Kosten im zivilrechtlichen Mandat)

Situation:

Ihre Kanzlei hat auftragsgemäß für den Mandanten Huber über 10.000,00 € einen Mahnbescheid gegen den Antragsgegner Keller beantragt. Der Antragsgegner Keller lässt durch seinen Rechtsanwalt gegen den Mahnbescheid in Höhe eines Betrages von 7.000,00 € Teilwiderspruch einlegen. Wegen dieses Teilwiderspruches geht die Sache ins streitige Verfahren. Soweit der Antragsgegner gegen den Mahnbescheid keinen Widerspruch eingelegt hat, beantragt Rechtsanwalt K den Erlass eines Teil-Vollstreckungsbescheides über 3.000,00 €. Im streitigen Verfahren findet vor Gericht eine Verhandlung statt, die von den beiden Prozessbevollmächtigten wahrgenommen wird. Anschließend ergeht ein Urteil.

Die Lösungen zu folgenden Aufgabenstellungen sind mit Begründung und Angabe von gesetzlichen Bestimmungen zu präsentieren:

1. Erstellen Sie die Vergütungsrechnung Ihrer Kanzlei ohne Umsatzsteuer.

2. Erstellen Sie die Vergütungsrechnung für den Rechtsanwalt des Antraggegners ohne Umsatzsteuer.

Lösungsvorschlag:

1. Vergütungsrechnung RA Antragsteller/Kläger:

Mahnverfahren:

1,0 Verfahrensgebühr, Nr. 3305 VV RVG aus 10.000,00 €	€	558,00
0,5 Verfahrensgebühr, Nr. 3308 VV RVG aus 3.000,00 €	€	100,50
PT-Pauschale, Nr. 7002 VV	€	20,00
Zwischensumme	€	678,50

Streitiges Verfahren:

1,3 Verfahrensgebühr, Nr. 3100 VV RVG aus 7.000,00 €		€	526,50
Anrechnung nach Anmerkung Nr. 3305 VV RVG			
1,0 Verfahrensgebühr aus 7.000,00 €	./.	€	405,00
Zwischensumme		€	121,50
1,2 Terminsgebühr, Nr. 3104 VV RVG aus 7.000,00 €		€	486,00
PT-Pauschale, Nr. 7002 VV RVG		€	20,00
Zwischensumme		€	627,50

2. Vergütungsrechnung RA Antragsgegner/Beklagter:

Mahnverfahren:

0,5 Verfahrensgebühr, Nr. 3307 VV RVG aus 7.000,00 €	€	202,50
PT-Pauschale, Nr. 7002 VV RVG	€	20,00
Zwischensumme	€	222,50

Streitiges Verfahren:		
1,3 Verfahrensgebühr, Nr. 3100 VV RVG aus 7.000,00 €	€	526,50
Anrechnung nach Anmerkung Nr. 3307 VV RVG		
0,5 Verfahrensgebühr aus 7.000,00 €	./. €	202,50
Zwischensumme	€	324,00
1,2 Terminsgebühr, Nr. 3104 VV RVG aus 7.000,00 €	€	486,00
PT-Pauschale, Nr. 7002 VV RVG	€	20,00
Zwischensumme	€	830,00

Diese ergänzenden Fragen könnten beispielhaft gestellt werden:

Prüfer: **Welche Gebühr könnte zusätzlich von den Anwälten berechnet werden, wenn die Parteien sich in einem Vergleich darauf verständigen, dass der Beklagte zur Abgeltung der Restforderung einen Betrag in Höhe von 5.000,00 € bezahlt?**

Mögliche Antwort: Sofern beide Anwälte an der Einigung mitgewirkt hätten, könnten Sie eine 1,0 Einigungsgebühr nach Nr. 1003 i.V.m. Nr. 1000 VV RVG abrechnen. Diese würde sich auch aus dem Wert in Höhe von 7.000,00 € berechnen, weil die Einigungsgebühr immer aus dem Wert berechnet wird, der mit dem Vergleich erledigt wird (worüber nicht worauf!).

Prüfer: **Angenommen, es wäre vom klägerischen Anwalt zunächst eine außergerichtliche Tätigkeit erfolgt. Welche Auswirkungen würde dies auf den vorgenannten Fall haben?**

Mögliche Antwort: In diesem Fall wäre dann zusätzlich eine Geschäftsgebühr entstanden. Für Aufforderungsschreiben wird in der Regel die 1,3 Geschäftsgebühr abgerechnet. Eine höhere Geschäftsgebühr könnte der Anwalt nur abrechnen, wenn die Tätigkeit umfangreich oder schwierig war. Diese Geschäftsgebühr würde dann zur Hälfte, maximal mit einem Gebührensatz von 0,75 auf die Verfahrensgebühr des gerichtlichen Mahnverfahrens angerechnet werden müssen.

Prüfer: **Und wie hoch wäre dann der Anrechnungs-Satz, wenn die Geschäftsgebühr mit 1,3 abgerechnet worden wäre?**

Mögliche Antwort: Der Anrechnungssatz beträgt dann 0,65.

Prüfer: **Entsteht in einem gerichtlichen Verfahren die Terminsgebühr immer in Höhe von 1,2?**

Mögliche Antwort: Die Terminsgebühr kann auch 0,5 betragen. Das ist z.B. dann der Fall, wenn der Anwalt lediglich einen Antrag auf Erlass eines Versäumnisurteils oder einen Antrag zur Prozess- oder Sachleitung stellt.

Prüfer: **Können Sie mir ein Beispiel nennen für einen solchen Antrag zur Prozess- oder Sachleitung, der die 0,5 Terminsgebühr auslöst?**

Mögliche Antwort: Das ist z.B. bei einem Antrag auf Vertagung des Falls.

Prüfer: In unserem Beispielfall hat der Rechtsanwalt einen Auftraggeber vertreten. Was würde sich ändern, wenn der Anwalt z.B. mehrere Auftraggeber vertritt?

Mögliche Antwort: Dann könnte der Rechtsanwalt, soweit der Gegenstand der Tätigkeit derselbe ist, noch die Erhöhung für mehrere Auftraggeber berechnen. Diese beträgt bei Wertgebühren – und um solche handelt es sich in dem Beispielfall – pro weiterem Auftraggeber 0,3. Insgesamt darf maximal um 2,0 erhöht werden.

Prüfer: Welche Gebühr wird erhöht?

Mögliche Antwort: Die Geschäfts- oder Verfahrensgebühr wird erhöht. Und wenn mehrere Verfahrensgebühren entstehen, wie z.B. für das Mahnverfahren und das streitige Verfahren, dann erhöht man beide Verfahrensgebühren.

Prüfer: Gilt das auch für die Verfahrensgebühr, die der Anwalt für den Antrag auf Erlass eines Vollstreckungsbescheides abrechnet?

Mögliche Antwort: In unserem Fall nicht. Denn der Anwalt erhält die Erhöhung schon für die Mahnverfahrensgebühr. Er kann im Mahnverfahren insgesamt nur einmal die Erhöhung berechnen. Wenn aber z.B. der Mandant den Mahnbescheid selbst beantragt hat und nun den Vollstreckungsbescheid vom Anwalt beantragen lässt, könnte man, da man ja erstmalig eine Verfahrensgebühr abrechnet, die Erhöhung abrechnen.

Hinweis: Hier könnten sich z.B. weitere Fragen anschließen, zu folgenden Themen:

- Erhöhung bei Betragsrahmengebühren (und dann zu Rahmengebühren und § 14 RVG),
- Erhöhung bei Festgebühren,
- vorzeitige Beendigung im Mahnverfahren,
- u.a.

6.4.12 Musterfachgespräch 12

(Ausgewähltes Gebiet: Vergütung und Kosten im zivilrechtlichen Mandat)

Situation:

Ihre Kanzlei wurde durch den Mandanten Schöller beauftragt, Klage auf Zahlung von 13.500,00 € beim Landgericht Flensburg einzureichen. Ihr Mandant verfügt nicht über die notwendigen Mittel, den Rechtsstreit zu führen. Er bittet daher Ihre Kanzlei, Prozesskostenhilfe für diese Klage sowie die Beiordnung Ihrer Kanzlei zu beantragen. Die begehrte Prozesskostenhilfe wird bewilligt. Nach einer streitigen Verhandlung und Beweisaufnahme ergeht ein Klage abweisendes Urteil.

Die Lösungen zu folgenden Aufgabenstellungen sind mit Begründung und Angabe von gesetzlichen Bestimmungen zu präsentieren:

1. Welche Hinweise erteilen Sie dem Mandanten im Hinblick auf das Prozesskostenrisiko bei Führung eines Prozesses unter Prozesskostenhilfe?
2. Erstellen Sie die Vergütungsrechnung des beigeordneten Anwalts gegenüber der Staatskasse.

Lösungen:

1. Der Mandant wird darauf hingewiesen, dass die Bewilligung der Prozesskostenhilfe keinen Einfluss auf eine etwaige Erstattungspflicht gegenüber dem Gegner hat, § 123 ZPO. Das bedeutet: Verliert der Mandant den Prozess, muss er dem Gegner die Anwaltskosten nach der Tabelle zu § 13 RVG erstatten.

   Außerdem weise ich den Mandanten darauf hin, dass er verpflichtet ist, eine neue Anschrift oder eine wesentliche Verbesserung seiner Einkommens- und Vermögensverhältnisse, unverzüglich dem Gericht mitzuteilen, § 120a II ZPO, da bei absichtlicher oder grob nachlässiger Missachtung dieser anlassbezogenen Mitteilungspflichten die Prozesskostenhilfe aufgehoben werden kann, § 124 I Nr. 4 ZPO. Bezieht die Partei ein laufendes monatliches Einkommen, ist eine Einkommensverbesserung nur wesentlich, wenn die Differenz zu dem bisher zu Grunde gelegten Bruttoeinkommen nicht nur einmalig 100,00 € übersteigt, § 124 II 2 ZPO.

   Da im obigen Fall eine Beweisaufnahme durchzuführen war, sollte der Mandant auch darauf hingewiesen werden, dass das Gericht die Prozesskostenhilfe teilweise aufheben kann, soweit die von der Partei beantragte Beweiserhebung auf Grund von Umständen, die im Zeitpunkt der Bewilligung der Prozesskostenhilfe noch nicht berücksichtigt werden konnten, keine hinreichende Aussicht auf Erfolg bietet oder der Beweisantritt mutwillig erscheint, § 124 II ZPO.

2. **Vergütungsrechnung für den beigeordneten Rechtsanwalt, Abrechnung gegenüber Staatskasse, § 55 RVG**

   Gegenstandswert: 13.500,00 €

1,3 Verfahrensgebühr, § 49, Nr. 3100 VV RVG	€	435,50
1,2 Terminsgebühr, § 49, Nr. 3104 VV RVG	€	402,00
PT-Pauschale, Nr. 7002 VV RVG	€	20,00
Zwischensumme	€	857,50
19 % Umsatzsteuer	€	162,93
Summe	€	1.020,43

Diese ergänzenden Fragen könnten beispielhaft gestellt werden:

Prüfer: Im obigen Fall hat der Anwalt zunächst einen Antrag auf Bewilligung von Prozesskostenhilfe gestellt. Löst dieser Antrag bereits Gebühren aus?

Mögliche Antwort: Ja, der Antrag löst Gebühren aus und zwar eine 1,0 Verfahrensgebühr.[175] Diese Gebühr entsteht nach der Tabelle zu § 13 RVG. Allerdings wird diese Gebühr nicht abgerechnet, weil hier ja die PKH bewilligt wurde und das Verfahren, für das PKH beantragt worden ist sowie das Antragsverfahren als dieselbe gebührenrechtliche Angelegenheit gelten.[176] Und in derselben Angelegenheit darf der Anwalt die Gebühren nur einmal fordern.[177]

Prüfer: Beträgt diese Verfahrensgebühr für den PKH-Antrag immer 1,0?

Mögliche Antwort: Das kommt darauf an. Die Verfahrensgebühr beträgt maximal 1,0; sie ist abhängig von der Verfahrensgebühr für das Verfahren, für das PKH beantragt wird. Wird z.B. PKH für eine Zwangsvollstreckungsmaßnahme beantragt, wird nur eine 0,3 Verfahrensgebühr ausgelöst.[178]

Prüfer: Wenn nun aber die 1,0 Verfahrensgebühr nach der Tabelle zu § 13 RVG höher ist, als die 1,3 Verfahrensgebühr für das Klageverfahren selbst nach der Tabelle zu § 49 RVG, könnte dann der Anwalt gegenüber dem Mandanten die Differenz abrechnen?

Mögliche Antwort: Nein. Das ist verboten. Differenzansprüche, die sich aus dem Unterschied der beiden Gebührentabellen ergeben, dürfen dem Mandanten nicht in Rechnung gestellt werden.[179]

Prüfer: Darf ein Anwalt eigentlich einen Vorschuss von seinem Mandanten verlangen, wenn er in einem PKH-Prüfungsverfahren tätig wird?

Mögliche Antwort: Ja. Es ist zwar im anwaltlichen Berufsrecht geregelt, dass der Anwalt ab der Beiordnung keine Zahlungen mehr vom Mandanten verlangen darf,[180] aber das gilt eben nicht für den Zeitraum zwischen Beantragung und Beiordnung. Solche Vorschüsse darf er dann sogar verrechnen auf die Differenz zwischen Wahlanwalts- und PKH-Gebühren.[181]

Prüfer: Gibt es denn immer eine Differenz zwischen Wahlanwalts- und PKH-Anwaltsgebühren?

Mögliche Antwort: Nein. Denn bis zu einem Wert von 4.000,00 € rechnen beide nach der Tabelle zu § 13 RVG ab.

---

175 Nr. 3335 i.V.m. Nr. 3100 VV RVG.
176 § 16 Nr. 2 RVG.
177 § 15 II RVG.
178 Nr. 3335 i.V.m. Nr. 3309 VV RVG.
179 § 122 I Nr. 3 ZPO.
180 § 16 II BORA.
181 § 58 II RVG.

Prüfer: Angenommen die begehrte PKH wird nicht bewilligt. Welche Gründe kennen Sie, die zur Ablehnung der PKH führen könnten?[182]

Mögliche Antwort: Wenn die wirtschaftlichen Verhältnisse des Mandanten doch so gut sind, dass er die Prozesskosten ganz, zum Teil oder in Raten aufbringen kann, die Rechtsverfolgung mutwillig wäre oder die Sache keine hinreichende Aussicht auf Erfolg hätte.[183]

Prüfer: Welche Auswirkungen hat es auf die Vergütung des PKH-Anwalts, wenn die PKH bewilligt wurde und die PKH-Partei den Prozess gewinnt?

Mögliche Antwort: Die Gegenseite muss dann der PKH-Partei die Anwaltskosten nach der Tabelle zu § 13 RVG in voller Höhe erstatten. Der PKH-Anwalt behält jedoch seinen Vergütungsanspruch gegenüber der Staatskasse, da er ja weiter beigeordnet ist. Da die Staatskasse sicher zahlt, wird in der Praxis regelmäßig der Festsetzungsantrag der PKH-Vergütung nach der Tabelle zu § 49 RVG eingereicht. Die Differenz (sollte es eine solche geben – siehe Wertgrenze) zwischen PKH- und Wahlanwaltsvergütung kann der Anwalt im eigenen Namen gegen den unterliegenden Gegner festsetzen lassen.[184]

Prüfer: Was sagt Ihnen das Stichwort „PKH unter Ratenzahlung" im Hinblick auf die Anwaltsvergütung?

Mögliche Antwort: Manchmal ist der Auftraggeber zur Zahlung der Prozesskosten in Raten in der Lage. Ist dies der Fall, ordnet das Gericht eine Ratenzahlung an. Die Raten müssen maximal 48 Monate gezahlt werden. Das Gericht verrechnet diese Ratenzahlungen mit den nicht eingeforderten Gerichtskosten, Sachverständigengebühren, Zeugenauslagen sowie der aufgrund der Beiordnung gezahlten Anwaltsvergütung. Nun kann es vorkommen, dass all diese Beträge bereits gedeckt sind, aber der Mandant noch keine 48 Monate, sondern weniger geleistet hat. Dann würde das Gericht auch die sogenannte weitere Vergütung des Anwalts einziehen, bis entweder diese Differenzvergütung auch noch hereingeholt ist oder aber die 48 Monate Maximal-Zahlungsdauer erreicht ist. Mit „weiterer Vergütung" bezeichnet man die Differenz zwischen PKH- und Wahlanwaltsgebühren.

Prüfer: Muss Ihre Kanzlei etwas veranlassen, damit sie die Wahlanwaltsvergütung erhält oder geschieht dies automatisch.

Mögliche Antwort: Man muss dem Gericht die Wahlanwaltsvergütung mitteilen. Das macht man in der Praxis meist mit dem Antrag auf Festsetzung der PKH-Vergütung. Das macht man sogar in den Fällen, in denen noch gar keine Ratenzahlung angeordnet ist, denn man weiß ja nie, ob das Gericht nicht bei einer Überprüfung der wirtschaftlichen Verhältnisse des Mandanten eine solche Ratenzahlung auch noch nachträglich anordnet. Dann kann man sicher sein, dass die Wahlanwaltsvergütung bei Gericht schon bekannt ist.

---

182 Zur Anfechtung eines Ablehnungsbeschlusses durch sofortige Beschwerde binnen Monatsfrist siehe § 127 II ZPO.
183 § 114 I ZPO.
184 §§ 91, 103 ff., 126 ZPO.

Prüfer: **Gibt es für diese Mitteilung eine Frist?**

Mögliche Antwort: Ja, wenn man z.B. die Wahlanwaltsvergütung nicht gleich mit dem PKH-Vergütungs-Festsetzungsantrag mitgeteilt hat, und alle Kosten bei der Staatskasse gedeckt sind, würde das Gericht dem PKH-Anwalt eine Aufforderung schicken, seine Wahlanwaltsvergütung mitzuteilen. Dann muss er dies innerhalb eines Monats tun, sonst erlöschen seine Ansprüche gegen die Staatskasse.[185]

---

[185] § 55 V RVG.

6.4.13 Musterfachgespräch 13

(Ausgewähltes Gebiet: Vergütung und Kosten im zivilrechtlichen Mandat)

Situation:

Ihre Kanzlei wurde beauftragt, für den Mandanten Benno Biller eine Klage auf Zahlung eines ausstehenden Rechnungsbetrags von 1.500,00 € einzureichen.

Das Gericht ordnet mündliche Verhandlung an. Nach Erörterung im Termin, wird der Kläger als Partei vernommen. Die Parteien schließen sodann einen Vergleich, wonach der Beklagte 1.100,00 € bezahlt.

Die Lösungen zu folgenden Aufgabenstellungen sind mit Begründung und Angabe von gesetzlichen Bestimmungen zu präsentieren:

1. Erstellen Sie die Vergütungsrechnung für Ihre Kanzlei!

2. Welche Überlegungen müssen Sie bei der Abrechnung der Anwaltsvergütung hinsichtlich der Einigungsgebühr beachten, wenn in einem Prozessvergleich vor dem Amtsgericht München für den Mandanten rechtshängige und nicht rechtshängige Ansprüche miterledigt würden?

Lösungsvorschlag:

1. Vergütungsrechnung, § 13 RVG
Gegenstandswert: 1.500,00 €

1,3 Verfahrensgebühr, Nr. 3100 VV RVG	€	149,50
1,2 Terminsgebühr, Nr. 3104 VV RVG	€	138,00
PT-Pauschale, Nr. 7002 VV RVG	€	20,00
Zwischensumme	€	307,50
19 % Umsatzsteuer	€	58,43
Summe	€	365,93

2. Einigungsgebühren
Der RA erhält eine 1,0 Einigungsgebühr gem. Nr. 1003 VV RVG aus den rechtshängigen Ansprüchen und eine 1,5 Einigungsgebühr gem. Nr. 1000 VV RVG aus dem Wert der nicht rechtshängigen Ansprüche, maximal jedoch eine 1,5 Einigungsgebühr aus dem Gesamtbetrag der verglichenen Ansprüche, d.h. der Summe der Wertteile, § 15 III RVG.

Diese ergänzenden Fragen könnten beispielhaft gestellt werden:

Prüfer: **Würde ein Vergleich über die nicht rechtshängigen Ansprüche auch bei der Verfahrensgebühr etwas verändern?**

Mögliche Antwort: Aus dem Wert der nicht rechtshängigen Ansprüche würde man eine 0,8 Verfahrensgebühr erhalten,[186] neben der 1,3 Verfahrensgebühr aus dem Wert der rechtshängigen Ansprüche.[187] Die beiden einzeln berechneten Gebühren

---

186 Nr. 3101 Nr. 2 VV RVG.
187 Nr. 3100 VV RVG.

dürften wiederum nicht höher sein, als eine 1,3 Verfahrensgebühr aus der Summe der Wertteile.[188]

Prüfer: **Was können Sie mir zu den Gerichtskosten in einem solchen Fall sagen?**

Mögliche Antwort: Zunächst muss aus dem Wert der rechtshängigen Ansprüche eine 3,0 Verfahrensgebühr mit der Klage eingezahlt werden.[189] Durch den Vergleichsabschluss reduziert sich die 3,0 Verfahrensgebühr auf 1,0.[190] Aus dem Wert der nicht rechtshängigen Anteile entsteht eine 0,25 Gerichtsgebühr.[191]

Prüfer: **Löst die Parteieinvernahme irgendwelche Anwaltsgebühren aus?**

Mögliche Antwort: Nicht direkt. Da der Anwalt im Rahmen der Parteieinvernahme wohl auch den Gerichtstermin wahrnimmt, wird die Terminsgebühr ausgelöst. Dies aber eben für die Wahrnehmung des Termins und nicht für die Parteieinvernahme.

Prüfer: **Nennen Sie mir weitere Tätigkeiten des Anwalts, die eine Terminsgebühr auslösen können.**

Mögliche Antwort: Zunächst wird die Terminsgebühr ausgelöst durch die Wahrnehmung von Gerichtsterminen, und zwar unabhängig davon, was in diesen Terminen passiert.[192] Einzige Ausnahme ist hier der Entscheidungsverkündungstermin. Also, egal, ob dies ein Verhandlungs-, Erörterungs- oder Beweisaufnahmetermin ist, in diesem Termin nur eine Protokollierung eines Vergleichs erfolgt oder es sich um einen Vernehmungstermin handelt. Immer wird hierdurch die Terminsgebühr ausgelöst, wobei der Anwalt in derselben Angelegenheit die Terminsgebühr nur einmal fordern darf. Die Terminsgebühr kann auch im schriftlichen Verfahren ausgelöst werden, wenn z.B. das Gericht in einem Verfahren, für das die mündliche Verhandlung vorgeschrieben ist, im Einverständnis mit den Parteien ohne mündliche Verhandlung entscheidet. Dann gibt es noch die Möglichkeit, dass die Terminsgebühr durch eine sogenannte Erledigungsbesprechung ausgelöst wird. Eine solche Besprechung setzt voraus, dass der Anwalt einen unbedingten Prozessauftrag hat[193] und dann ein Gespräch z.B. mit der Gegenseite führt, um ein Verfahren zu vermeiden oder zu erledigen.[194] Auch die Wahrnehmung eines Ortstermins mit einem gerichtlich bestellten Sachverständigen löst die Terminsgebühr aus.[195]

Prüfer: **Das Thema Erledigungsbesprechung klingt interessant. Wird eine solche Terminsgebühr auch bei einer Besprechung mit dem Auftraggeber ausgelöst?**

Mögliche Antwort: Nein. Besprechungen mit dem Auftraggeber lösen explizit keine Terminsgebühr aus.[196]

---

188 § 15 III RVG.
189 Nr. 1210 KV GKG.
190 Nr. 1211 Nr. 3 KV GKG.
191 Nr. 1900 KV GKG; das Pendant zu § 15 III RVG bildet dann § 36 III GKG.
192 Vorbem. 3 III 1 VV RVG.
193 Vorbem. 3 I VV RVG.
194 Vorbem. 3 III 2 Nr. 2 VV RVG.
195 Vorbem. 3 III 2 Nr. 1 VV RVG.
196 Vorbem. 3 III 2 Nr. 2 VV RVG.

Prüfer: Angenommen, der Anwalt telefoniert mit dem Gegenanwalt und bittet ihn um eine Zustimmung zur Fristverlängerung. Wird hierdurch dann die Terminsgebühr ausgelöst?

Mögliche Antwort: Nein. Die Terminsgebühr wird hierdurch nicht ausgelöst. Es muss eine Besprechung sein, die das Ziel hat, ein Verfahren zu vermeiden oder zu erledigen. Reine Informationsanfragen oder Bitten um Fristverlängerung lösen die Terminsgebühr nicht aus.

6.5 Musterfachgespräche „Zahlungsverkehr"

6.5.1 Musterfachgespräch 1

(Ausgewähltes Gebiet: Zahlungsverkehr) ✓

> **Situation:**
>
> Sie sind seit Kurzem in der Kanzlei Grau & Partner beschäftigt und im Moment dort für den Zahlungsverkehr der Kanzlei zuständig. Dabei nehmen Sie auch die Zahlung von Gerichtskostenvorschüssen vor.

Die Lösungen zu folgenden Aufgabenstellungen sind mit Begründung zu präsentieren:

1. Legen Sie dar, auf welche Weise Gerichtskostenvorschüsse bezahlt werden können!

2. Geben Sie zwei Fälle an, in denen ein Gerichtskostenvorschuss notwendig ist, damit das Gericht überhaupt tätig wird.

3. Geben Sie an, welche Angaben bei SEPA-Überweisungen gemacht werden müssen.

4. (E) Geben Sie den englischen Begriff für Überweisung an.

> **Lösungsvorschlag:**
>
> 1. Gerichtskostenvorschüsse können durch Überweisung, Zahlung mit EC-Karte/ Debitkarte (nur bei Amtsgerichten am Sitz eines Landgerichts), Gerichtskosten-freistempler oder SEPA-Lastschrift bezahlt werden.
>
> 2. Im Zivilprozess stellt ein Gericht gemäß § 12 I GKG dem Gegner die Klage erst dann zu, wenn der Kläger die vollen Gebühren gezahlt hat. Ebenso ist dies erforderlich bei einem Antrag auf Mahnbescheid, § 12 III GKG.
>
> 3. Name des Zahlungsempfängers; IBAN und BIC des Zahlungsempfängers (BIC entfällt bei Zahlungen innerhalb der EU/EWR); Betrag in Euro und Cent; Verwendungszweck; Name des Kontoinhabers; IBAN des Kontoinhabers; im Beleg: Datum und Unterschrift des Zahlungspflichtigen.
>
> 4. (E) Überweisung = transfer/remittance

Diese ergänzenden Fragen könnten beispielhaft gestellt werden:

Prüfer: Wofür stehen die Abkürzungen SEPA, IBAN und BIC?

Mögliche Antwort: SEPA steht für Single Euro Payments Area, IBAN steht für International Bank Account Number, BIC steht für Bank Identifier Code.

Prüfer: Die von der Kanzlei verauslagten Gerichtskosten und die in Rechnung gestellte Vergütung teilen Sie dem Mandanten in einer Vergütungsrechnung mit. Das Umsatzsteuergesetz regelt Pflichtinhalte einer Kanzleirechnung. Geben Sie fünf dieser Pflichtinhalte an.

Mögliche Antwort:

- Vollständiger Name und vollständige Adresse der Rechtsanwaltskanzlei;
- Vollständiger Name und vollständige Anschrift des Mandanten;
- Umsatzsteuer-Identifikationsnummer (USt-IdNr.) der Rechtsanwaltskanzlei;
- Rechnungsdatum/Ausstellungsdatum;
- Fortlaufende Rechnungsnummer;
- Umfang, Art und Zeitpunkt der erbrachten anwaltlichen Leistung;
- Nettobetrag der Vergütungsrechnung;
- Umsatzsteuersatz; Betrag der Umsatzsteuer.

Prüfer: Sie tätigen die Überweisung der Gerichtskosten beleghaft. Auf welche Weise können Sie ebenfalls einen Überweisungsauftrag erteilen?

Mögliche Antwort: Überweisungen können im Online-Banking, durch manuelle Eingabe am SB-Terminal oder durch Telefonbanking getätigt werden.

Prüfer: In Ihrer Kanzlei werden die Gerichtskosten im SEPA-Lastschriftverfahren bezahlt. Erklären Sie in diesem Zusammenhang, was unter der Gläubiger-Identifikationsnummer im SEPA-Lastschriftmandat der Landesjustizkasse Bamberg zu verstehen ist.

Mögliche Antwort: Darunter ist die individuelle Kennung zur Identifizierung des Lastschrifteinreichers (Zahlungsempfängers) zu verstehen.

Teil 2   Musterfachgespräche mit Lösungsvorschlägen

(Ausgewähltes Gebiet: Zahlungsverkehr)

> **Situation:**
>
> Sie sind in der Kanzlei Grau & Partner beschäftigt und im Moment dort für den Zahlungsverkehr der Kanzlei zuständig. In diesem Zusammenhang überwachen Sie die Zahlungseingänge – also vor allem den Eingang der Honorarzahlungen.

Die Lösungen zu folgenden Aufgabenstellungen sind mit Begründung zu präsentieren:

1. Legen Sie dar, auf welche zwei Weise Verzugszinsen bei verspätet bezahlter Vergütung des Mandanten berechnet werden können. Legen Sie den Unterschied dar!

2. Eine Möglichkeit dem Mandanten Fremdgeld weiterzuleiten, ist die Überweisung. Nennen Sie drei Möglichkeiten, der kontoführenden Bank der Kanzlei einen Überweisungsauftrag zu erteilen.

3. Worauf müssen Sie bei der Behandlung von Fremdgeld im Speziellen achten?

4. (E) Geben Sie den englischen Begriff für Lastschrift an.

> **Lösungsvorschlag:**
>
> 1. Verzugszinsen können nach der bürgerlichen oder kaufmännischen Zinsmethode berechnet werden. Bei der bürgerlichen Zinsmethode werden die Zinstage genau berechnet und der Teiler besteht aus 365 Tagen. Bei der kaufmännischen Methode wird jeder Monat mit 30 Tagen berechnet und der erste und letzte Tag der Zahlung nicht mitverzinst.
>
> 2. Der Auftrag kann durch beleghaftes Ausfüllen eines Überweisungsformulars erteilt werden. Weitere Möglichkeiten sind das Online-Banking oder die manuelle Eingabe am SB-Terminal der kontoführenden Bank. Der Auftrag kann auch im Telefonbanking erteilt werden.
>
> 3. Fremdgelder sind gem. BRAO und BORA unverzüglich an den Empfangsberechtigten weiterzuleiten oder andernfalls auf ein Anderkonto einzuzahlen, welches in der Regel dem Mandanten zugeordnet sein muss.
>
> 4. (E) SEPA-Lastschrift = SEPA direct debit

Diese ergänzenden Fragen könnten beispielhaft gestellt werden:

Prüfer: **Erklären Sie, was unter einer SEPA-Lastschrift zu verstehen ist.**

Mögliche Antwort: Die Lastschrift ist ein Einzugsinstrument, mit dem der Zahlungsempfänger einen Geldbetrag vom Konto des Zahlers abbuchen lässt.

Prüfer: Für welche Art von Zahlungen eignet sich das SEPA-Lastschriftverfahren am ehesten? Nennen Sie konkrete Beispiele, für welche Zahlungen in der Kanzlei dies verwendet werden kann.

Mögliche Antwort: Dieses Verfahren eignet sich am ehesten für regelmäßig wiederkehrende Zahlungen in unterschiedlicher Höhe. Es eignet sich für die Bezahlung von Gerichtskostenvorschüssen oder Stromrechnungen der Kanzlei.

Prüfer: Welche Fälle sind denkbar, dass es zur Rückgabe einer Lastschrift kommen kann?

Mögliche Antwort: Falls das Konto, von dem eingezogen werden soll, keine Deckung aufweist, kann es zur Rückgabe kommen. Es kommt ebenfalls zur Rückgabe, wenn das angegebene Konto nicht besteht oder aufgelöst worden ist.

7. Möglichkeiten der Berücksichtigung der fachbezogenen Anwendung der englischen Sprache

Eine völlig neue Anforderung an die Prüflinge wird sein, dass sowohl im Prüfungsbereich „Rechtsanwendung im Rechtsanwaltsbereich" (Fallbezogene Aufgaben in schriftlicher Form) als auch im Prüfungsbereich „Mandantenbetreuung" (Fallbezogenes Fachgespräch) die fachbezogene Anwendung der englischen Sprache im Prüfungsablauf mitberücksichtigt werden muss. Im Folgenden finden sich Ideen, wie und worüber eine Einbeziehung der englischen Sprache **möglich sein könnte**.

Bei einigen Musterfachgesprächen sind bereits Fragestellungen integriert, welche die englische Sprache berücksichtigen.

7.1 Telefonieren

Meist wird die englische Sprache in Telefonaten mit möglicher zukünftiger oder bestehender Mandantschaft anzuwenden sein. Daher sind im Folgenden Phrasen zusammengestellt, die im Laufe eines Telefonats benötigt werden könnten. Dabei soll es sich nicht um wörtliche Übersetzungen der deutschen Sätze handeln, sondern um das sinngemäße Ausdrücken der Inhalte.

Deutsch	Englische Ausdrucksmöglichkeit (keine wörtliche Übersetzung!)
Entgegennehmen von Anrufen in englischer Sprache:	
Diese Situation ist aus unserer Sicht nur denkbar, wenn der Anruf/Rückruf eines (zukünftigen) Mandanten erwartet wird, von dem bekannt ist, dass er nur schlechte/ eingeschränkte Deutschkenntnisse hat.	
… (Kanzleiname). Guten Tag. (bis 12 Uhr mittags).	… (law firm). Good morning.
… (Kanzleiname). Guten Tag. (ab 12 Uhr mittags)	… (law firm). Good afternoon.
(Name) am Apparat.	(Name) speaking.
… (Kanzleiname), (Name). Was kann ich für Sie tun?	… (law firm), this is (name). How can I help you?/What can I do for you?
Ich glaube, Sie haben die falsche Nummer gewählt.	I'm afraid you have dialed the wrong number.
Könnte ich bitte den Grund Ihres Anrufes erfahren?	Would you mind telling me what you're calling about?
Worum geht es, bitte?	What does it concern, please?
Wen möchten Sie sprechen?	Who would you like to speak to?

Anruf tätigen:	
Hallo/Guten Tag, hier ist (Name) von (Kanzlei).	Hello/Good morning/Good afternoon, this is (name) from (law firm).
Hallo, hier ist (Name) von (Kanzlei). (vertraut)	Hi, it's (name) from (law firm).
Hier ist …	… here./… speaking./This is …
Hier ist … (Kanzlei), … (Name) am Apparat.	This is … (law firm), … (name) speaking.
Entschuldigung, ich muss mich wohl verwählt haben.	Sorry, I must have dialed the wrong number.
Kann ich bitte mit (Name) sprechen?/ Könnte ich bitte mit (Name) sprechen?	May I speak to (name), please? Could I please speak to (name)?
Spreche ich mit …?	Am I speaking to …?
Könnten Sie mich bitte mit … verbinden?	Could you put me through to …, please?
Wäre es möglich mit (Name) zu sprechen?	Please could I speak to (name)?
Ich möchte gerne mit (Name) sprechen.	I'd like to speak to (name), please.
Ist (Name) da?	Is (name) there?
Kann ich mit (Name) sprechen?	Can/May I speak to (name), please?
Es geht um …	It's about …
Ich rufe an wegen …	I'm calling about …
Ich rufe an, um …	I'm calling to …
Ich habe mich gefragt, ob Sie mir sagen könnten …	I was wondering if you could tell me …
Könnten Sie mir sagen …?	Could you tell me …?
Ich habe mich gefragt, ob Sie mir weiterhelfen könnten, ich habe (ein Problem/eine Frage).	I was wondering if you could help me, I have (a problem/a question).
Ich benötige …	I need …
Ich wollte nur nachfragen …	I just wanted to ask …
Nur eine kurze Frage …	Just a quick question …
Könnten Sie (Name) … bitte mitteilen, dass ich angerufen habe?	Could you please tell (name) … I phoned?
Können wir einen Termin vereinbaren?	Can we make an appointment?
Ich halte fest: wir treffen uns Freitag, den 18. April um 10:00 Uhr Vormittag. Ich werde das auch noch per E-Mail bestätigen.	I have noted down: we will meet on Friday, April the eighteenth, at 10 am. I'll confirm this by e-mail, as well.
Können wir das Treffen mit (Name) auf einen anderen Tag verschieben?	Can we postpone the meeting with (name) to another day?

Teil 2   Musterfachgespräche mit Lösungsvorschlägen

Small Talk	
Hallo (Name), wie geht es Ihnen?/Wie geht's?	Hi (name), how are you?
Schön von Ihnen zu hören.	It's nice to hear from you.
Wie bist du mit … klargekommen?	How did you get on with …?
Wie geht es voran mit …?	How are you getting on with …?

Auf Anruf reagieren, um Rückruf bitten bzw. anbieten, Nachrichten hinterlassen/ aufnehmen, sich durchstellen lassen oder Anrufer durchstellen:	
Es tut mir leid, aber (Name) ist gerade nicht an seinem/ihrem Platz. Kann ich ihm etwas ausrichten?	I'm sorry but (name) isn't at his/her desk right now, can I take a message?
(Name) ist im Moment in einer Besprechung, möchten Sie ihm eine Nachricht hinterlassen?	(Name) is in a meeting, would you like me to take a message?
Es tut mir leid, aber (Name) ist diese Woche nicht da/in der Kanzlei, möchten Sie eine Nachricht hinterlassen?	I'm afraid (name) is away this week/is not in the office this week, would you like to leave a message?
Sie/Er ist leider im Moment nicht da, kann ich ihm etwas ausrichten?	He/She is not available at the moment, can I take a message?
Leider ist er/sie gerade beschäftigt, wäre es Ihnen möglich, später noch einmal zurückzurufen?	I'm afraid he/she is busy right now, would you mind calling back later?
Ich werde ihn/sie über Ihren Anruf informieren.	I will tell him/her you called.
Ich werde ihm/ihr das ausrichten.	I will pass that on to him/her.
Ich werde ihm/ihr das weiterleiten.	I will let him/her know.
Ich werde mich darum kümmern, dass er/ sie die Nachricht bekommt.	I'll make sure he/she gets your message.
Ich bin leider gerade etwas beschäftigt, würden Sie mich später noch einmal anrufen?	I'm a little busy at the moment, would you mind calling me back later?
Ich fürchte, ich kann gerade nicht in Ruhe mit Ihnen sprechen, könnten Sie mich später noch einmal anrufen?	I'm afraid I can't talk right now, would you please call me back later?
Kann ich Sie gleich noch einmal zurückrufen? Ich bin leider gerade etwas beschäftigt.	Could I call you back later? I'm a bit tied up right now.
Könnten Sie mich bitte mit (Name) verbinden?	Could you please put me through to (name)?
	Could you please connect me with (name)?
Es ist sehr dringend. Ich muss (Name) so bald wie möglich sprechen.	It is very urgent. I must speak to (name) as soon as possible.
Könnten Sie ihm/ …. (Name) etwas ausrichten?	Would you mind taking a message?
	Could you give … a message, please?

166

Ich würde gerne eine Nachricht hinterlassen.	I'd like to leave (him/her) a message.
Bitte richten Sie (Name) aus, dass …	Please tell (name) that …
	Please let (name) know that …
Ich muss Folgendes noch mit Ihm/Ihr besprechen …	I need to discuss (matter) with him/her …
Ich würde gerne … verschieben.	I'd like to rearrange.
Bitte richten Sie ihm/ihr aus, dass er/sie mich bezüglich … anrufen soll.	Please ask him her/him to contact me about …
Bitte richten Sie ihm/ihr aus, dass er/sie mich zurückrufen soll.	Please ask him/her to call me back.
Könnten Sie … bitten, mich zurückzurufen?	Could you ask … to call me back?
Meine Telefonnummer/Handynummer lautet …	My (tele)phone/mobile number is …
Wann wird er/sie wieder zurück/verfügbar sein?	When will he be back/available again?
Wissen Sie, wann … wieder zurück ist?	Do you know when … will be back?
Wann wäre es günstig wieder anzurufen?	When is a good time to call?
Ist … morgen da?	Will … be in the office tomorrow?
Okay, ich rufe später noch einmal an/versuche es morgen/später noch einmal.	Ok, I'll call back later.
	Ok, I'll try again tomorrow/later.
Vielleicht könnten Sie mir helfen?	Maybe you could help me?

Bei Verständigungsproblemen:	
Wie buchstabiert man das?	How do you spell that, please?
Könnten Sie das bitte buchstabieren?	Could you spell that, please?
Entschuldigung, das hab ich nicht verstanden.	I'm sorry I didn't catch that./ Pardon, I didn't understand you at all.
Entschuldigung, das habe ich nicht mitbekommen.	I'm sorry, I didn't get that.
Entschuldigung, könnten Sie das noch einmal wiederholen?	I'm sorry, could you repeat that, please?
Entschuldigung, ich verstehe Sie nicht, könnten Sie bitte (etwas) lauter sprechen?	I'm sorry, I can't hear you, could you please speak up a little?/…speak louder?
Wäre es Ihnen möglich, etwas langsamer zu sprechen?	Could you speak a little slower, please?/ Would you mind speaking a little slower?
Könnten Sie bitte langsamer sprechen?	Could you speak more slowly, please?
Entschuldigung, Ihren Namen habe ich eben nicht verstanden.	I'm sorry, I didn't catch your name.
Könnten Sie bitte Ihren Namen wiederholen?	Could you please repeat your name?

Teil 2   Musterfachgespräche mit Lösungsvorschlägen

Könnten Sie das bitte wiederholen?	Could you repeat that, please?
Wie war der Firmenname noch einmal?	What was the name of the company, please?
Also Ihr Name war …, ich buchstabiere kurz, nur um sicher zu gehen.	Can I just check your name? I'll spell it.
Entschuldigen Sie meinen Fehler.	Please, excuse my mistake.
Mein Englisch ist nicht sehr gut.	My English isn't very good.
Die Verbindung ist schlecht.	The line is bad.
Ich kann Sie kaum verstehen. (akustisch)	I can hardly hear you.
Wie bitte?	Sorry?/Pardon?

Dran bleiben/Durchstellen:

Einen kleinen Moment bitte.	Wait a moment, please.
Bleiben Sie dran, ich verbinde.	Hold the line, I'll put you through.
Ich leite Sie an … (Name) weiter.	I'll pass you over to … (name).
Einen Moment/Augenblick bitte, ich stelle Sie durch/verbinde Sie.	Just a (one) moment, I'll put you through/… I'll connect you.
Ich stelle Sie eben durch, kleinen Augenblick bitte.	I'll just put you through, hold on for a moment.
Ich fürchte, die Leitung ist belegt.	I'm afraid the line is busy.
Ich befürchte, das Telefon ist gerade besetzt.	I'm afraid his/her phone is engaged.
… hat gerade ein Gespräch auf einer anderen Leitung.	… is speaking on another line.
… ist (noch) nicht da.	… isn't in (yet).
… ist außer Haus.	… is away on business.
… ist momentan leider nicht erreichbar.	I'm afraid, … is not available at the moment.
… wird jeden Augenblick zurück sein.	… will be back any minute.
Dort ist momentan leider besetzt.	I'm sorry, but the line is engaged.
Es nimmt niemand ab.	There is no reply.
Wenn Sie dranbleiben, versuche ich es gleich noch einmal.	If you hold the line, I'll try again.
Möchten Sie warten?	Would you like to hold?
Könnten Sie es bitte später/morgen noch einmal versuchen?	Could you try again later/tomorrow?
Kann ich etwas ausrichten?	Can I take a message?
Möchten Sie … eine Nachricht hinter- lassen?	Would you like to leave a message for …?
Wenn Sie mir Ihre Telefonnummer geben, wird Sie … zurückrufen.	If you give me your phone number, … will call you back
Könnten Sie mir bitte Ihren Namen sagen?	Could I have your name, please?

Kann ich Ihnen vielleicht helfen?	Could I help you?/Maybe I can help you?

Gesprächsabschluss – Ending a phone call	
Grüßen Sie bitte …	Give my best regards to …
Vielen Dank für Ihre Hilfe. Einen schönen Tag noch./Ein schönes Wochenende.	Thank you very much for your help. Have a nice day./Have a nice weekend.
Danke für den Anruf.	Thanks/Thank you for calling.
Es war schön von Ihnen zu hören.	It was great to hear from you.
Danke für Ihre Zeit.	Thank you for your time.
Bis demnächst.	Speak to you soon.
Tschüß.	Take care, bye.
Auf Wiedersehen.	Good-Bye!

7.2 Ausgewählter Wortschatz – zu Themengebieten der Ausbildung

In der folgenden Tabelle mit ausgewähltem Wortschatz sind fachbezogene Ausdrücke gesammelt, welche im Laufe der Ausbildung zur Rechtsanwaltsfachangestellten in deutscher Sprache vorkommen können – wie weit beim fachbezogenen Fachgespräch dabei in englischer Sprache ins Detail gegangen wird, liegt im Ermessen des jeweiligen Prüfungsausschusses.

A	
Abänderung	amendment (modification of a document)
Abkommen; Vertrag; rechtliche Vereinbarung	agreement (mutual promises)
ablehnen	to overrule (to overturn, esp. an objection)
ablehnen; abweisen; zurückweisen	to reject; to refuse
Abschrift	copy
– eine Abschrift beglaubigen	to certify a copy
– beglaubigte Abschrift	certified copy
Absicht; in der Absicht/mit dem Vorsatz, etwas zu tun	intent (state of mind when performing an act) with intent to do something
abweisen	to dismiss (to let go)
Akte; einreichen	file (record of case) to file (to enter into the case file)
– Akten anfordern	to ask for the files
– Akten einsehen	to inspect files
Aktenzeichen	file/reference number
Aktiengesellschaft	public limited company (plc) *BE*; (open) corporation *AE*
von Amts wegen	ex officio

Amtsgericht	local court; magistrates' court *BE*; district court *AE*
– zuständiges Amtsgericht	competent magistrates' court
Anerkenntnisurteil	judgement by confession; decree by consent
anfechten	to challenge (to dispute; to object)
anfechten (Urteil)	to appeal
Angestellte(r)	employee; clerk (court official, judge's administrative assistant)
anhängig (Rechts.); schwebend (Verfahren); laufend (Verhandlungen)	pending (not yet decided)
Anhörung, Verhandlung	hearing (formal proceeding held before judge)
Annahmeverzug	default of acceptance
Anordnung	order
– einstweiligen Anordnung	interim/provisional order
– gerichtliche Anordnung	court order
Anspruch	claim (legal demand, complaint)
Anspruch auf rechtliches Gehör	right to due process of law; right of audience; right to be heard before the court
Anspruch gerichtlich geltend machen	to sue upon a claim
Anspruchsverjährung	limitation/barring of claims
Antrag	motion (petition for a ruling, formal request)
– auf Antrag	on request; upon application
– auf jemandes Antrag	at somebody's request
– auf Antrag von	at the request of
– Antrag verweigert	motion denied (content of petition not allowed by judge)
– Antrag bewilligt	motion granted (content of petition agreed to by judge)
– Antrag auf Erlass einer einstweiligen Verfügung	action for a preliminary injunction
– Antrag auf Klageabweisung	motion for dismissal; plea of abatement
– Antrag auf Scheidung	application for a divorce
– Antrag auf Stundung	request for a respite
– Antrag auf Terminsanberaumung	motion for decree
– Antrag auf Vertagung	adjournment application; motion for adjournment
– Antrag auf Zulassung	application for admission
Anwalt/Anwältin	solicitor *BE*; barrister (at law) *BE*; attorney (at law) *AE*; counsel; advocate; lawyer
Anwalt des Beklagten	counsel for the defendant
Anwalt der Gegenpartei	counsel for the opposing party
Anwalt des Klägers	counsel for the plaintiff
– einen Anwalt beauftragen	to retain an attorney
– einen Anwalt bestellen	to mandate a lawyer

– einen Anwalt bevollmächtigen	to give a lawyer power of attorney
– durch einen Anwalt vertreten sein	to be legally represented
Anwaltsassistent(in)	paralegal
Anwaltsfachangestellte	lawyer's clerk
Anwaltsgebühren	legal/lawyer's fees
Anwaltshonorar	retainer; lawyer's fees
Anwaltsprozess	litigation with necessary representation by lawyers
Anwaltsvorschuss	retainer
Anwaltszwang	mandatory representation by a lawyer
Arbeitgeber	employer
Arbeitnehmer	employee
Arbeitsvertrag	contract of employment
Arbeitszeit	working hours
aufheben; zurückweisen	to quash (to set aside, i.e. an indictment)
aufheben; widerrufen	to revoke (to withdraw, cancel, turn down)
Auflösung; [Ehe]scheidung	dissolution (termination of a marriage, partnership, etc.)
Auftritt im Gericht	appearance (party's presence in court)
Augenschein	inspection
Ausbildung	(vocational) training; apprenticeship
Auseinandersetzung	argument (debate in front of the court)
Ausgaben	expenditure(s); expense(s)
aussagen	to testify (to give evidence under oath in a court of law)
– gegen jmdn./vor etw. aussagen	to testify against someone/ before something
außergerichtlich	out-of-court
Aussetzung	stay (a delay or cessation)
B	
Bankkonto	bank account
beantragen	to apply for; to file an application for
Bedingung; Forderung	stipulation (an essential condition of an agreement)
– aufschiebende Bedingung	suspensive condition
Begründung	justification; reasons; grounds
– Begründung des Antrags	reasons for the application
– Urteilsbegründung	grounds for a judgement
– Begründungsfrist	time for stating reasons
Beklagte(r)	defendant (the accused in a legal proceeding, trial); respondent (defendant in a civil case)
Bericht	a formal account of facts or information
berichten; Bericht erstatten	to report (to state, to inform)

berichtigen, ändern (Gesetzentwurf, Auftrag, usw.)	to amend (to revise)
Berufung	appeal (a review of a case by a higher court; to file a case in a higher court)
– Berufung einlegen	to appeal; to give notice of appeal; to lodge an appeal
– Berufung zurücknehmen/zurückziehen	to abandon the appeal; to withdraw an appeal
– Berufung zurückweisen	to dismiss an appeal
– in Berufung gehen	to file an appeal
– einer Berufung stattgeben	to grant an appeal; to allow an appeal
– Berufungsfrist	time for appeal
– Berufungsgericht	court of appeal; appellate court
– Berufungsinstanz	appellate instance
– Berufungsschrift	notice of appeal
– Berufungsurteil	judgement on appeal
Gegen das Urteil kann keine Berufung eingelegt werden.	The judgement is not appealable.
Gegen das Urteil kann innerhalb eines Monats ab Zustellung Berufung eingelegt werden.	The judgement can be appealed within one month from service of a judgement.
Beschluss	decision; (court) order;
Beschwerde	appeal
– sofortige Beschwerde	immediate appeal
– einer Beschwerde abhelfen	to remedy a grievance
– Beschwerdefrist	time for appeal
– Beschwerdeschrift	notice of appeal
bestätigen; beglaubigen	to attest (to affirm under oath); to confirm
Bevollmächtige(r); Rechtsnachfolger(in)	assignee (counsel assigned to defendant)
Bevollmächtige(r); Prozessbevollmächtige(r)	attorney of record (the person who has been recorded in the case file as the counsel for that case)
bewegliches Vermögen	personal estate (the whole of one's property, possessions)
Beweis	proof; evidence
Beweislast	burden/weight of evidence (how thoroughly the evidence convinces)
Beweismaterial	evidence (a statement, object, etc. supporting a point in the case)
Beweisstück	exhibit (object submitted as evidence)
BGB-Gesellschaft	non-trading partnership
Bruch; Verletzung; Verstoß	violation (infringement, breaking, e.g. of a law)
Bürgerliches Recht	civil law; common law AE
Bundesgerichtshof	federal high court of justice
Bundesjustizministerium	federal ministry of justice

D	
Darlehen	loan
Delikt	tort; civil wrong; tortious act
deliktfähig	capable of tortious liability
Deliktfähigkeit	responsibility for torts
Dienstvertrag	service contract; contract of service
Drittschuldner(in)	garnishee
Duldung	toleration; acquiescence
Durchsuchungsbefehl	search warrant (permission given to law enforcement by the court to search a house, etc. for evidence)
E	
Eid, Schwur	oath (sworn statement)
eidesstattliche Versicherung	affidavit (official sworn statement)
Eigentum	ownership; property
– Eigentum pfänden	to distrain property
– Eigentumsvorbehalt	reservation of ownership/title
Einigung	agreement; settlement
– außergerichtliche Einigung	out-of-court settlement
– gütliche Einigung	amicable settlement
einklagen	to sue for
Einrede der Verjährung	plea that the claim is statute-barred
einreichen; vorbringen	to submit (to present, e.g. to present evidence to the court)
Einspruch	objection (the expressing of disapproval or opposition)
– Einspruch abgelehnt	objection overruled (objection rejected)
– Einspruch einlegen	to object; to file/lodge an objection
– Einspruch erheben	to object (to express disapproval or opposition)
– Einspruch stattgegeben	objection sustained (objection agreed to)
– Einspruch zurücknehmen	to withdraw an objection
– Einspruch zurückweisen	to dismiss an objection
– Einspruchsfrist	deadline for filing an objection
Entschädigung; Ersatz; Abfindung	compensation
– angemessene Entschädigung	fair and reasonable compensation
entscheiden	to rule (to decide, to judge)
erklären; verfügen; beschließen	to decree (order, judgement), (to declare)
erbberechtigt	entitled to inherit
Erbe	heir; inheritor
– gesetzlicher Erbe	statutory heir; heir at law
erben	to inherit
Erbfolge	descent

– gesetzliche Erbfolge	intestate/statutory succession
– testamentarische Erbfolge	testamentary succession
Erbschaft	inheritance; estate
Erfolgshonorar	contingent/success fee
Erwiderung; Antwort	reply; answer (defendant's formal document setting out defence in a civil case)
F	
Fähigkeit, Zuständigkeit	competency (legal capacity to stand trial)
Fahrlässigkeit	negligence (carelessness)
Fall	case; matter
fällig	due; owing; payable
fällig werden	to fall due
Fälligkeit	maturity
– bei Fälligkeit	at maturity
– Fälligkeitsdatum	date of maturity; due date
Familienrecht	family law
finanzielle Verantwortung	financial responsibility (financial obligations)
fordern; verlangen	to stipulate (to specify as an essential condition of an agreement)
Forderung	claim; debt
– Forderung durchsetzen	to enforce a claim
– Forderung einklagen	to sue for a debt; to litigate a claim
– Forderung erfüllen	to meet a claim
– Forderung stunden	to defer a claim
Forderungspfändung	(equitable) garnishment; attachment
Forderungspfändungsbeschluss	garnishee order
Formerfordernis	formal/technical requirements
Formmangel	lack of legal form
Formular	form
Frist	(period of) time; time limit; deadline
– Frist bestimmen	to fix a deadline
– Frist einhalten	to comply with a time limit; to meet a deadline
– Frist versäumen	to fail to meet a deadline
– Frist wahren	to observe a deadline
– angemessene Frist	reasonable time
– gesetzliche Frist	statutory period/time
Fristablauf	lapse/expiry of time
Fristbeginn	beginning of the period
Fristende	time limit
fristgemäß; fristgerecht	in due time; within the period stipulated
Fristgesuch	application for a respite

G	
Garantie (-frist)	guarantee; warranty (period)
Gebühr	fee; charge
– Gebührenrechnung	bill of costs
– Gebührenvorschuss	retainer
Gegenforderung	counterclaim (lawsuit by respondent in response to initial lawsuit in a civil case)
Gegenstand der Klage	subject of the action
Gemeindegericht; Landgericht	municipal court (city court)
Gericht	court (place where trials and legal proceedings occur)
– gerichtlich vorgehen gegen jmdn.	to proceed against sb. by legal process
– Gericht erster Instanz	court of first instance
– Gericht zweiter Instanz	court of appeal
Gerichtsgebäude	court house (building where trials and legal proceedings occur)
Gerichtsdolmetscher(in)	court interpreter (bilingual trained person who translates proceedings between languages for all parties in the case)
Gerichtsbefehl	warrant, bench (a writ authorized by judge for a search, seizure, arrest, etc.)
Gerichtsbeschluss	court order (order issued by the court [judge, etc.] for, or prohibiting, an action)
Gerichtsklausel	venue clause
Gerichtskosten	legal expenses; law expenses
Gerichtssaal	courtroom (room where trials and legal proceedings occur)
Gerichtsstand	venue; place of jurisdiction
[Gerichts]verfahren	trial (formal examination to decide a case by a court of law)
gerichtlich eingesetzter Rechtsanwalt/gerichtlich eingesetzte Rechtsanwältin	court-appointed counsel (attorney assigned to case by the court, esp. for indigent defendant)
Gerichtsvollzieher(in); Vollstreckungsbeamter(in)	bailiff (officer of the court)
gerichtliche Urkundsbestätigung; gerichtliche Testamentsbestätigung; Testamentseröffnung; beglaubigte Ausfertigung eines Testaments	probate (having to do with the verification of official documents, i.e. wills)
geschäftsfähig	legally capable; competent
Geschäftsfähigkeit	legal/contractual capacity; competence
Geschäftsführung	management
Geschäftsunfähigkeit	incapacity to contract
Gesellschaftsrecht	company law; corporate law
Gesellschaft mit beschränkter Haftung	private limited company; closed corporation *AE*
Gesellschaft bürgerlichen Rechts	civil-law/non-trading partnership
Gesetz	law; statute (an established law or rule)
Gesetzesnovelle; Novelle	amending law; amendment

gesetzliche Verjährung	statute of limitations (a law limiting the time within which legal action may be taken)
Glaubwürdigkeit	credibility (reliability, reputation for truthfulness)
Grund; auf Grund; unter Berufung auf	grounds (reasons) on the grounds of
Grundbuch	land (charges) register; register of titles
Grundschuld	land charge
H	
Haftbefehl	arrest warrant (order issued by the court for law enforcement officials to arrest a suspect)
Haftung	liability (something that works to one's disadvantage)
– für etw. (gesetzlich) haftbar sein; für etwas haften	to be liable for sth.
– persönlich haftbar sein	to be individually/personally liable
– beschränkt haftbar sein	to have limited liability
– unbeschränkt haftbar sein	to be absolutely liable
Handakte	reference file
Handelsgesetzbuch	commercial code; code of commercial law
(offene) Handelsgesellschaft	general partnership
Hebegebühr	collection fee
Höhe des Streitwertes	amount in controversy; value of the matter in dispute
I/J	
illegal; ungesetzlich	illegal (not legal; unlawful)
Insolvenz	insolvency
Jurisdiktion; Gerichtsbarkeit; Gerichtsbezirk; Rechtsprechung	jurisdiction (range of authority in administering justice)
Jurist(in)	graduate in law; legal expert; counsel; lawyer
Jurist sein	to be in the law
Jurist werden	to enter the legal profession
K	
Kammer (Gericht)	division; chamber
Kammer für Handelssachen	commercial chamber
[Anwalts]Kanzlei	lawyer's office; law office; chamber(s) *BE*; law firm *AE*
Kapitalgesellschaft	stock company; corporation *AE*
Kaufmann	trader; merchant; businessman
Kaufvertrag	contract of sale (formal contract by which a seller agrees to sell and a buyer agrees to buy, under certain terms and conditions)
Kinderfürsorge	child support (monetary responsibility to support child)
Klage	complaint (written statement initiating a criminal or civil action); (legal) action

– Klage abweisen	to dismiss an action
– Klage begründen	to substantiate a claim
– Klage einbringen/erheben – bei einem Gericht (gegen jmdn.)	to bring/file an action (against sb.) before a court; to file a lawsuit (against sb.) with a court
– Klage zurückziehen	to withdraw an action/a lawsuit
– Klage zustellen	to serve a writ
Die Klage lautet auf/geht auf Schadenersatz.	The action is for/sounds in damages.
Kläger	plaintiff (the complainant in a civil case)
Klageschrift	statement of claim; bill of complaint
Kommanditgesellschaft	limited partnership
Kosten des Verfahrens	cost(s) of the proceedings
Kosten ersetzen/erstatten	to refund/reimburse costs
Kosten sind von der unterlegenen Partei zu tragen.	Costs are to be defrayed by the losing party.
Kostenentscheidung	decision concerning costs; cost order
Kostenerstattung	cost refund
Kostenfestsetzung	taxation of costs
Kostenfestsetzungsbeschluss	order for costs
Kostenrechnung	bill of costs
Kostenrecht	law of costs
Kostenschuldner	party liable to pay costs
Kostentragungspflicht	duty to pay costs
Kündigung	notice (of termination)
– ordentliche Kündigung	due notice
Kündigungsfrist	period/term of notice
L	
Ladung	summons (to appear); writ of process
– Klageschrift mit Prozessladung	writ of summons
– Ladung zur mündlichen Verhandlung	notice of hearing
Landgericht	district/regional court
Lastschrift	debit advice
Lastschriftverfahren	direct debiting
Lauf der Frist hemmen	to suspend the running of the period
Leistungsklage	action for performance
Leistungsverzug	delay in performance
Lohnpfändung	attachment/garnishment of earnings
M	
Mahnbescheid	court order; payment order; order for payment; default summons; writ of payment
– Mahnbescheid erlassen	to issue a default summons
Mahnschreiben, -brief	warning letter; reminder

Mahnung (Zahlungserinnerung)	reminder
Mahnung (Zahlungsaufforderung)	demand/request for payment
Mahnfrist	deadline for payment
Mahngebühr	dunning charge
Mahnverfahren	default action/proceedings
Mandant(in)	client
Mandat	brief; mandate
Mangel	fault; defect
Mängel der Sache	defects
Mangel anzeigen	to notify a defect
Mangel beheben/beseitigen	to remedy a defect
Mängelrüge	complaint; notice of a defect
Miete	rent
Mietverhältnis	tenancy
Mieter(in)	tenant
Mietvertrag	contract of tenancy
N	
Nachbesserungsfrist	period for remedying defects
Nacherfüllung	subsequent performance
Nachfrist	period of grace; extension
Nichterscheinen vor Gericht	failure to appear (FTA) (when person who is required to appear in court does not do so)
null und nichtig; etwas für null und nichtig erklären	null and void (invalid, without legal force) to declare something null and void
O	
Oberlandesgericht	supreme higher regional court
Oberster Gerichtshof	supreme court (highest court)
Offene Handelsgesellschaft	registered partnership
P	
Pachtvertrag; Mietvertrag	lease (contract by which a landlord rents land, property, etc. to a tenant for a specified time) (of land, business premises)
Partei	party (plaintiff [People, State, etc.], prosecution or defines)
Parteifähigkeit	capacity of being a party; legal standing
– vor einem Gericht parteifähig sein	to have legal standing before a law court
Personengesellschaft (rechtsfähige)	incorporated company
Petition; Eingabe; förmlicher Antrag; Klage; ersuchen um; Scheidung einreichen	petition (formal request for an order) to formally ask, request to petition for divorce
pfändbar	attachable; leviable
pfänden	to levy/sequestrate/distrain/seize/attach

Pfändung	attachment (official attachment of document to case file)
Pfandsiegel	bailiff's stamp/seal
Pfändungsbeschluss	attachment order
Pfändungsschutz	exemption from execution/distraint
Pfändungsversteigerung	auction of distrained goods
Protokoll; Abschrift	transcript (written record); record
Prozess; [Gerichts]verfahren	suit (action to secure justice in a court of law)
Prozess	action, lawsuit (legal action between two parties in a civil court, having to do with money or property)
– Prozess führen	to litigate
– Prozess verlieren	to lose a case
– (anhängiger) Prozess	pending suit
Prozessfähigkeit	capacity to sue (and to be sued)
prozessfähig	capable of suing
Prozessgericht	law court hearing the case
Prozesskosten	legal costs/charges
– Prozesskosten festsetzen	to tax the costs
Prozesskostenhilfe	legal aid
Prozessrecht	procedural law
Prozessregister	court calendar (official scheduling calendar for a particular court, usually scheduled by the court clerk)
Prozessvollmacht	power of attorney
R	
Ratenzahlung	payment in instalments
Rechnung	account; bill; calculation; invoice
rechtens sein	to be legal
Rechtsanspruch	legal claim
[Rechts]anwalt/[Rechts]anwältin	solicitor; advocate; lawyer; attorney AE (legal representative); counsel
sich durch einen Rechtsanwalt vertreten lassen	to be represented by a lawyer
Rechtsanwaltsanderkonto	solicitor's trust account
Rechtsanwaltsassistent(in)	paralegal (person trained to aid lawyers but not to practice law)
Rechtsanwendung	application of law
Rechtsbeistand	barrister at law
Rechtsbehelf	(legal) remedy; appeal
Rechtsbereich; Rechtsgebiet	field of law; branch of law
Rechtsbeschwerde	appeal on a point of law
rechtsfähig	(legally) capable; judicable; having legal capacity
Rechtsfähigkeit	legal capacity

Rechtskraft haben	to have legal force
rechtskräftig	having the force of law
rechtskräftig sein	to have the force of law
Rechtskraftzeugnis	certificate of indefeasibility
Rechtsmittel	appeal; remedy
Rechtsmittelbegründung	grounds for appeal
Rechtsmittelfrist	period allowed for filing an appeal
Rechtsmittelgericht	court of appeal; appellate court
Rechtsmittelschrift	notice of appeal
Rechtsnachfolge	legal succession; succession in law; succession in title
Rechtsprechung; Gerichtsentscheidungen	rulings; case law
– herrschende Rechtsprechung	prevailing case law
– höchstrichterliche Rechtsprechung	supreme courts' rulings/case-law; rulings/case-law of the highest courts
Rechtsstreit; Prozess	litigation (lawsuit)
Rechtstitel	legal title
Rechtswirksamkeit; Rechtsgültigkeit	legal validity/effect; validity in law; effectiveness
Rechtsverletzung	infringement of a right (civil law)
Revision	appeal; (judicial) review
Richter(in)	judge (public official with the authority to hear and decide cases in a court of law)
richterliche Verfügung	injunction (court order prohibiting or ordering an action)
Richterstuhl; Richteramt	bench (judge or court)
[Rück]erstattung	restitution (reimbursement; giving back of something for something else that has been lost or taken)
S	
Schaden[s]ersatz	damages (repayment for loss or injury)
[Ehe]Scheidung	divorce (legal termination of a marriage)
Schriftsatz	brief (written summary of case)
– Schriftsätze	pleadings (documents filed in a case)
Schuldrecht	law of obligations
– schuldrechtlicher Anspruch	claim arising from (a) contract or tort
– schuldrechtliche Rechtsgeschäfte	legal transactions governed by the law of obligations
Schuldschein	bond (certificate of debt redeemable by court if defendant fails to appear in court)
Sorgfaltspflicht	duty of care
stattgeben, einem Einwand	to sustain (to maintain, agree to, e.g. to agree to and enforce an objection made by an attorney)
stornieren; aufgeben; räumen	to vacate (to cancel)

Streitfrage aufwerfen; Streitfrage zur Sprache bringen	to raise an issue (to bring an issue up for discussion)
T	
Tatbestand	facts of the case
(anwaltliche) Tätigkeit	advocacy
Termin (verabredeter Zeitpunkt)	date; appointed time; (Fristende) deadline; appointment
– Termin anberaumen	to fix a date/hearing
– zu einem bestimmen Termin fällig werden	to mature on a particular date
– Termin vereinbaren	to arrange an appointment
Testament	will (last will and testament: one's written decree of what will happen to all of his or her possessions upon death)
[gerichtliche] Trennung	separation (separation of a married couple, but not yet divorce)
U	
Überweisung(sauftrag)	remittance; transfer (order)
Umsatzsteuer	output/sales/purchase tax
umsatzsteuerpflichtig	liable to sales tax
unbefugtes Betreten	trespassing (unlawful entry onto someone's property)
unerlaubte Handlung	tort
Unterhalt fordern	to claim maintenance
auf Unterhalt klagen	to sue for maintenance
Unterhaltszahlung(en)	maintenance payment; alimony (support payment to divorced spouse)
Unterlassung	forbearance; default; non-performance
– auf Unterlassung klagen	to apply for an injunction
Unternehmen (Gesellschaft)	company; corporation *AE*
– Unternehmen gründen	to start/form a company
– Unternehmensform	business organization
Unterschrift	signature
unwirksam (nichtig)	null and void
unzulässig	inadmissible (not acceptable); prohibited; unlawful
unzweifelhaft	beyond a reasonable doubt (absolutely certain)
Urkunde	instrument (legal document)
Urteil	judgement (final decision)
– Urteil zu Gunsten des Beklagten	judgement for the defendant
– Urteil zu Gunsten des Klägers	judgement for the plaintiff
– Urteil anfechten	to appeal against a judgement
– Urteil aufheben	to rescind /reverse a judgement
– Urteil bestätigen	to confirm a judgement

– Urteil erlassen/sprechen	to deliver/enter/pass/render a judgement
– Urteil verkünden	to pronounce/deliver a judgement
– aus einem Urteil vollstrecken	to enforce a judgement/to execute a judgement
– Urteil zustellen	to serve judgement
– erstinstanzliches Urteil	judgement by the court of first instance
– letztinstanzliches Urteil	final judgement
– klageabweisendes Urteil	judgement of dismissal
– vollstreckbares Urteil	enforceable judgement
– Urteilstenor	essence of the judgement
V	
Veränderung; Modifizierung; Einschränkung	modification (alteration; change)
Vereinbarung	contract; agreement; stipulation
– außergerichtliche Vereinbarung	out-of-court settlement
Verfahren	procedure; case (civil lawsuit)
– anhängiges Verfahren	pending case
– gerichtliches Verfahren	court case/proceedings
– mündliches Verfahren	oral procedure
– schriftliches Verfahren	written proceeding/procedure
– streitiges Verfahren	litigation
– Verfahrensgebühren	procedural fees
Verfahrensrecht; formelles Recht	adjective law; procedural law
Verfügung; [behördlicher] Erlass; [gerichtlicher] Befehl	order; injunction; writ (a formal legal document prohibiting or ordering some action)
Vergleich	arrangement; settlement
Vergütungsanspruch	claim for compensation
(gerichtliche) Verhandlung	court hearing
Verjährung	statute of limitations; limitation of actions; limitation/lapse of time (in criminal law); prescription
– Verjährung hemmen/unterbrechen	to suspend/interrupt/toll *AE* the statute of limitations/prescriptive period
– Verjährung eines Anspruchs	prescription of a claim; limitation of (the right of) action (in respect of a claim); expiration of a right of action through lapse of time
– Verjährung der Gewährleistungsansprüche	limitation of action for warranty claims
– Verjährungsbeginn	commencement of the limitation period
– Verjährungsfrist	limitation period
verklagen	to sue (to prosecute in civil court in seeking to redress wrongs); to bring an action; to proceed against
Vermittlung; Schlichtung; Schiedsgerichts-verfahren	arbitration (judging of a dispute)
Vermogensauskunft	information on financial status and assets
Verordnung	ordinance (statute or regulation)

Versäumnis sich nach etwas zu richten	failure to comply (when person is ordered to do something by the court, and does not)
Versäumnisurteil	default judgement (judgement entered against a defendant who does not plead or defend, often by not appearing in court)
Verschiebung; Aufschub	postponement (pushing back of the date)
Verschulden	fault; negligence
– ohne Verschulden	without fault
Vertagung	continuance (rescheduling a legal proceeding for a later date); adjournment; postponement
Vertrag	contract; agreement; covenant (sealed contract)
vertreten (Mandant)	to represent
Vertreter bestellen/bestimmen	to appoint a representative
Vertretung vor Gericht	legal representation
(amtliches) Verzeichnis	(official) register
Verzicht	waiver; relinquishment (giving up, e.g. giving up a right)
Verzichtsurteil	waiver judgement
verzichten (auf Anrechte)	to waive rights (to choose to give up one's constitutional rights)
Verzug	delay; (payment) arrears; default
Verzugsschaden	damage caused by default
Vollmacht[surkunde]; anwaltliche Vollmacht	power of attorney (legal authority to act as one's representative and speak for him or her)
Vollmacht; Befehl	warrant (order, permit, writ)
vollstrecken (Urteil; Pfändung)	to enforce
vollstreckbar	enforceable
– nicht vollstreckbar	non-enforceable
– sofort/vorläufig vollstreckbar	immediately/provisionally enforceable
Vollstreckbarkeit	enforceability
Vollstreckung	enforcement; execution (will)
– durch den Gerichtsvollzieher	sequestration
– Vollstreckung aussetzen	to suspend execution
– Vollstreckung betreiben	to effect execution
Vollstreckungsauftrag	order to levy execution; writ of execution
Vollstreckungsbescheid	enforceable default summons
Vollstreckungsbeschluss	writ of execution
Vollstreckungsgericht	debtor's court
Vollstreckungsgläubiger	judgement/enforcement creditor
Vollstreckungsmaßnahme	enforcement measure
Vollstreckungsorgan	enforcement agency
Vollstreckungsrecht	law of enforcement
Vollstreckungstitel	writ of enforcement/execution

Vorabzug (Steuer)	deduction at source
vorladen	to serve a summons to somebody (give an official order to respondent to appear in court)
Vorschrift	regulation (rule; law)
W	
Widerklage	cross-action
Widerlegung; Zurückweisung	rebuttal (contradicting or opposing in a formal manner by argument or proof)
Widerruf	revocation
– vorbehaltlich des Widerrufs	subject to revocation
Widerrufsklausel	revocation clause
Widerspruch	opposition; objection
– Widerspruch einlegen	to object/to make an objection/to appeal
widerspruchsfreudig	argumentative (fond of arguing)
Wiedereinsetzung	reinstatement; restoration
– in den vorherigen Stand	reinstatement; restitution to the previous condition
Wiedervorlage	resubmission
(die Streitfrage) worum es geht	at issue (in question; the issue being addressed)
Z	
Zahlung	payment
– jmdn. zur Zahlung auffordern	to demand payment of someone
– Zahlung einklagen	to sue for payment
Zahlungsbefehl	order/notice to pay
Zahlungsfrist	term of payment; deadline
(vorläufiges) Zahlungsverbot	garnishee order nisi
Zahlungsverzug	default (of payment); delay of payment
Zeuge/Zeugin	witness (someone who sees a crime occur, or is otherwise an expert in some aspect of the case and asked to testify in court)
sachverständiger Zeuge/sachverständige Zeugin	witness, expert (a knowledgeable witness who argues technical or other points)
[Zeugen]aussage	testimony (the evidence given under oath in a court of law)
Zinssatz	rate of interest
Zivilprozess, Zivilverfahren	civil action (legal action relating to money or property)
zivilrechtliches Delikt; unerlaubte Handlung; Unrecht	tort (wrongful act or damage [not involving a breach of contract] for which a civil action can be brought)
zulässig	admissible (acceptable)
Zuständigkeit (für etw.); Zuständigkeitsbereich	jurisdiction (over sth.); competence
– örtliche Zuständigkeit	local jurisdiction; venue AE
– sachliche Zuständigkeit	subject-matter jurisdiction

Zuständig sind die Amtsgerichte.	Jurisdiction is reserved to the local courts.
Zustellung (Klage)	service of process
Zustellungsurkunde	certificate of service; writ of summons; notice of delivery
Zustellungsvermerk	endorsement
zustimmen; beipflichten	to join (concur)
Zwangsräumung	eviction (expel from one's residence by the owner)
Zwangsvollstreckung – siehe Vollstreckung	
Zwangsvollstreckung (aus einer Hypothek)	foreclosure
Zwangsvollstreckungsbefehl	warrant of attachment

7.3 Verschiedene Buchstabieralphabete

Internationales Buchstabieralphabet (NATO):

A	Alpha	N	November
B	Bravo	O	Oscar
C	Charlie	P	Papa
D	Delta	Q	Quebec
E	Echo	R	Romeo
F	Foxtrott	S	Sierra
G	Golf	T	Tango
H	Hotel	U	Uniform
I	India	V	Victor
J	Juliette	W	Whiskey
K	Kilo	X	X-Ray
L	Lima	Y	Yankee
M	Mike	Z	Zulu

Britisch-Englisches/Amerikanisch-Englisches Buchstabieralphabet:

A	Alfred/Abel	J	Jack/Jig
B	Benjamin/Baker	K	King/King
C	Charles/Charlie	L	London/Live
D	David/Dog	M	Mary/Mike
E	Edward/Easy	N	Nelly/Nan
F	Frederick/Fox	O	Oliver/Oboe
G	George/George	P	Peter/Peter
H	Harry/How	Q	Queen/Queen
I	Isac/Item	R	Robert/Roger

S	Samuel/Sugar	W	William/William
T	Tommy/Tare	X	X-Ray/X
U	Uncle/Uncle	Y	Yellow/Yoke
V	Victor/Victor	Z	Zebra/Zebra

Stichwortverzeichnis

A

Abkömmlinge   116
Ablauf
– Gerichtsverfahren   85
Abrechnung
– gegenüber Staatskasse   153
Abruf
– Vermögensverzeichnis   122
Abschlussprüfung   1
Abtretung   101, 117
Abwesenheitspauschale   131
Akteneinsicht   83
Amtsgericht   83
Anerkenntnis   131
Anrechnung   136
– Mahnverfahren   151
Anschrift
– ladungsfähige   89
Anwaltszwang   75
Arbeitgeber   102
Arbeitslohn   97
Arrest   118
Aufforderungsschreiben   48
Aufgaben
– handlungsorientierte   26
Auftraggeber
– mehrere   128, 144
Aufwand   143
Augenschein   81
Ausbildungsrahmenplan   36
Ausfertigung
– vollstreckbare   115, 127
Auskunftseinholung
– Gerichtsvollzieher   96
Auslagenpauschale   140
Ausländer-Zentralregister   96
Auswahl
– Prüfungsgebiet   35
Auswahlgebiete   35

B

Bahnfahrt   76
Bankbürgschaft   105
Bankverbindung   99
Bar-Code-Antrag   70
Beiordnung   153
Belege   83
Beratungshilfe   146
Beratungshilfegebühr   146

C

Checkliste   24

D

Deeskalation   144
Depots   110
Deutsch
– Englisch   164
Differenzgebühren   154
Diktat   141
Dokumentenpauschale   139
Drittauskünfte   110
Drittschuldner   118
Drittschuldnererklärung   102, 119
Durchschnittsfall   143
Durchsuchungsanordnung   112

E

Eigentumsvorbehalt   51
Einigungsgebühr   126, 134, 136, 157
– Mahnverfahren   151
– Rechtsmittelverfahren   134
– Unterbevollmächtigter   149
– Vorschuss   142
Einkommen   119
– PKH   73

Berechtigungsschein   146
Berufsbildungsgesetz   2
Berufung   91, 104
Berufungsurteil   67
Beschlusswege   133
Beschwerde
– sofortige   66
Besonderes elektronisches Anwaltspostfach
   92
Betragsrahmengebühren   144
Beugehaft   109
Beweisantritt
– mutwilliger   153
Beweisaufnahme   131, 135, 153
Beweismittel   81, 84
Bewertung   28
Bewertungsbogen   28
– Beispiel   31
Bewertungskriterien   28
Bildaufnahmen   114
Bürgerliches Recht   37
Bürgschaft   105

Stichwortverzeichnis

Einspruch   56
– Fristberechnung   63
– Versäumnisurteil   79
– Vollstreckungsbescheid   69
Einwohnermeldeamt   96
Einzelprüfung   12, 14, 19
Englisch
– Fallbezogenes Fachgespräch   164
– Telefonieren   164
Entscheidungsverkündung   86
Erbschein   116
Erfolgsaussichten
– PKH   72
Erfolgshonorar   138
Ergänzungsprüfung
– Antrag   7
– Beispiele   7
– Gewichtung   7
– mögliche Fächer   7
– Notenschnitt   9
– Punktberechnung   10
Erhöhung
– Obergrenze   144
Erledigung
– gütliche   106
Erledigungsbesprechung   158
Ermessen   143
Ermittlungsverfahren   83
Erörterung   157

F
Fachgespräch
– Ablauf   23
– Fallbezogenes   2, 11, 22
– Themengebiete   37
Fallbezogenes Fachgespräch   2, 11
– Englisch   164
– Struktur   12
Fallerstellung   20
Farbkopien   139
Fax   138
Fertigkeiten
– berufsprofilgebende   36
Flugkosten   76
Forderungsabtretung   51
Forderungsaufstellung   103
Formulare
– Zwangsvollstreckung   112
Formvorschrift   137
Freibeweis   84
Fristnotierung   68

G
Gebühr für Widerspruch   150

Gegenleistung   54
Gerichtskosten   135
Gerichtskostenrechnung   141
Gerichtskostenvorschuss   160
Gerichtsstand
– allgemeiner   60
– ausschließlicher   61
– unerlaubte Handlung   84
Gerichtsvollzieher   107, 112, 117, 121
– Auskunftseinholung   96
Geschäftsgebühr   143, 151
Geschäftsräume   122
Geschäftsreise   76
Gesetzliche Vertretung   77
Gesprächssimulation   4
Glaubhaftmachung   79
Gläubiger   119
Grundbuchamt   124
Grundrecht   103
Gruppenprüfung   12, 18
Gutachten   143
Gütliche Erledigung   106

H
Haftanordnung   103
Haftbefehl   103, 110
Handelsgesellschaft
– offene   77
Handlungsfähigkeit
– berufliche   36
Handlungskompetenz   1
– berufliche   5, 11
Hauptforderung   103
Heilbehandlungskosten   83
Hilfsmittel   12, 17, 22
Hinterlegungsstelle   105
Höchstgebühr   143
Honorarvereinbarung   138

I
Information
– Zwangsvollstreckung   121

K
Kalenderjahre   136
Katalognummern   57
Kaufmann   42
Kaufvertrag   42
Klageerweiterung   136
Klageerwiderungsfrist   85, 90
Klageschrift
– Zuständigkeit   61
Klagezustellung   89
Klausel   99

Kommanditgesellschaft   77
Kompetenzen
– Fachkompetenz   2
– Handlungskompetenz   2
– Kommunikationskompetenz   3
– Lernkompetenz   3
– Methodenkompetenz   3
– Sozialkompetenz   3
Konten   110
Kontenpfändung   119
Kontoguthaben   102
Kopien   139
– Kosten   139
Kosten   103
Kosten 2. Instanz   130
Kostenausgleichung   87, 149
Kostenblatt   139
Kostenentscheidung   136, 149
Kostenerstattung   87, 136
– begrenzte   138
Kostenfestsetzung   66, 87, 126
Kostenfestsetzungsantrag   66
Kostenfestsetzungsbeschluss   134
Kostenrechnung   140, 141
Kostenrecht   38
Kostentragung   149
Kostenverteilung
– Quote   134
Kraftfahrt-Bundesamt   96, 110
Kreditinstitut   105

L
Ladung   75
– Zeugen   81
Landeskasse   74
Lebensversicherung   110
Lieferung   50
Lohnansprüche   103
Lohnpfändung   102, 119
Lösungsvorschläge   35

M
Mahnbescheid   49, 55, 57
– Widerspruch   56
Mahnschreiben   99
Mahnung   51, 145
Mahnverfahren   99
– Anrechnung   151
– Gebühren   150
– Zuständigkeit   59
Mahnverfahrensgebühr   150
Mandantenorientierung   29
Mangel   47
Mängelrüge   42

Mediation   89
Mehrere Auftraggeber. siehe Auftraggeber
Mehrvergleich   158
– Gerichtskosten   158
Mietsachen   88
Mietvertrag   82
Mindestbeschwer   61
Mindestinhalt einer Klageschrift   89
Mindestwert
– Zwangshypothek   124
Mittelgebühr   144
Musterfachgespräche
– Hinweise   41
– mit Lösungsvorschlägen   35
Mutwilligkeit
– PKH   72

N
Nacherfüllung   46
Nachfolger   117
Nachfrist   47
Nachlassgericht   116
Nebenforderung   124
Nebenkosten   48
Neulieferung   46
Nicht rechtshängige Ansprüche   157
Nichtzulassungsbeschwerde   67
Notar   100, 117
Notfrist   85
Novellierung   1

O
Obergrenze
– Erhöhung   144
Organisation   22
Ortstermin   131
Ortsverzeichnisses   91

P
Parkgebühren   76
Parteieinvernahme   81
Personengesellschaft   77
Persönlichkeitsstruktur
– schwierige   143
Pfändungsbeschluss   119
Pfändungs- und Überweisungsbeschluss   97, 118
PKH-Prüfungsverfahren   134
PKH-Tabelle   154
Postfachadresse   89
Postzustellungsurkunde   78
Präsentation   4
Problembehandlung   12, 22
Problemlöseverhalten   29

Stichwortverzeichnis

Protokollierung 28
Prozessauftrag
– unbedingter 158
Prozesskostenhilfeantrag 154
Prozesskostenhilfe (PKH) 71, 142, 147, 153
– abgelehnte 155
– Erfolgsaussichten 72
– Ratenzahlung 74, 155
– sofortige Beschwerde 71
Prozesskostenrisiko 129, 142
Prüfling
– Information 19
Prüfungen
– mündliche 4
– Noten 7
– praktische 4
– schriftliche 4
Prüfungsbereich 4, 6
– Mandantenbetreuung 6
Prüfungsgebiet
– Auswahl 12, 17
Prüfungsinstrumente 4
Prüfungskommission 12
– Aufgaben 15
Prüfungsteilnehmer
– Anforderungen 29
Prüfungstipps
– mündliche 39
– Prüfer 40
– Prüfungsteilnehmer 40
Prüfungszeit 27
PT-Pauschale 128, 140

Q
Quote 87

R
Rahmengebühr 143
Rahmenlehrplan 1
Ratenzahlung 103, 106
– PKH 155
Räumung 114
Räumungsvollstreckung 114
Rechnung 139
Rechtsanwalt
– Beiordnung 142
Rechtsanwendung
– Europarecht 37
– Wirtschaftsrecht 37
– Zivilprozessrecht 37
Rechtsbehelf 63
Rechtsgeschäft
– Mängel 46

Rechtshängigkeit 49
Rechtsmittel 61
– Gegner 104
Rechtsmittelbegründung 61
Rechtsnachfolge 101
Rechtsnachfolgeklausel 116
Rechtspfleger 103, 116
Rechtsschutzversicherung 139
Regelgebühr 143
Reisekosten 76, 131, 149
ReNoPatAusbV 5
Rentenversicherung 96, 110
Richter 109
Richtigkeit
– fachliche 29
Rückzahlung 47

S
Sachkompetenz 1
Sachmängel 44
Sachpfändung 112
Sachverständigenbeweis 81
Sachverständigenkosten 131
Satzrahmengebühren 144
Schreikrampf
– Mandant 135
Schriftform 105, 138
Schriftliches Verfahren 131
Schuldner 97
– verstorben 121
Schweigepflichtentbindungserklärungen 83
Selbstkompetenz 1, 2
Sicherheit
– Rückgabe 105
Sicherheitsleistung 80, 119
Sicherungsvollstreckung 104, 119
Signatur 70
Sozialkompetenz 1, 29
Spauz 84
Sperrfrist 121
Sprache
– englische 6
Staatskasse 147
Steuern 110
Stichworte 28
Strafprozessvollmacht 83
Streitiges Verfahren 60
Streitwert 128

T
Teil-VB 150
Teilzahlung 106
Telefon 135

Telefonieren   164
Terminsgebühr   126, 134, 151, 158
– Vorschuss   141
Terminverlegung   75
Textform   137, 138
Tilgungsplan   107
Titel   99, 115

U
Übereignung   101, 117
Umfang
– anwaltliche Tätigkeit   143
Umsatzsteuer   127
Umschlag
– gelber   78
Umschreibung   117
Unfall   83
Unterbevollmächtigter   149
Unterhaltsberechtigte   119
Unterhaltspflichten   119
Unterlagen   78, 83
Urkundenbeweis   82
Urkundenvorlage   81
Urkundsbeamte der Geschäftsstelle   100

V
Verbesserung
– Vermögensverhältnisse   153
Verfahrensgebühr   126, 135, 136
– Vorschuss   141
Vergleich   126, 136, 157
– § 278 ZPO   133
– nicht rechtshängige Ansprüche   157
Vergleichsvorschlag   133, 148
Vergleichswiderruf   126
Vergütungsrechnung   141
Vergütungsvereinbarung   137
– Bezeichnung   138
Verhaftung
– Gerichtskosten   109
– Kosten   110
Verhaftungsauftrag   109
Verjährung   48, 50
Verkehrsunfall   83
Vermögensauskunft   109, 115, 122
Vermögensverzeichnis   121, 122
– Abruf   122
Verrechnung
– Ratenzahlungen   103
Versäumnisurteil   56, 65, 90
– Einspruch   63
– im schriftlichen Verfahren   131
– zweites   64
Versicherung

– eidesstattliche   79
– gegnerische   83
Vertagungsantrag
– Gebühren   151
Verteidigungsabsicht   131
Vertreter
– gesetzlicher   54
Vertretung
– gesetzliche   77
Vertretungsmacht   77
Verzug   100
Verzugszinsen   50, 51
Vollmacht   75, 83, 138
Vollstreckbare Ausfertigung   115
Vollstreckungsbescheid   55, 69
– Zustellung   69
Vollstreckungsgericht   109
Vollstreckungsklausel   100, 115
– qualifizierte   101
Vollstreckungskosten   113
Vollstreckungsmaßnahmen   115
Vollstreckungsorgane   117
Vollstreckungsportal   122
Vorauskasse   51
Vorbereitungszeit   12, 16, 22
– fehlende   25
– Nachteile   23
– Vorteile   23
Vorläufiges Zahlungsverbot   97, 118
Vorschuss   141
Vorverfahren
– schriftliches   85

W
Wahrnehmung
– Gerichtstermin   131
Wartefrist   120
– Vollstreckung   104
Wegfall
– Wirkung Mahnbescheid   60
Werkvertrag   148
Wertfestsetzung   128
Wertgebühren   144
Wertgrenze
– 500,00   111
Widerspruch   56
– Frist   57
– Schuldner   122
Wiedereinsetzung
– in den vorigen Stand   79
Wiedervorlage   65, 107, 137, 145
Wohnraum   88
Wohnung
– des Schuldners   122

Stichwortverzeichnis

Z

Zahlungsfrist   127
Zahlungsverbot
– vorläufiges   97, 118
Zahlungsvereinbarung   106
Zahlungsverkehr   39
Zahlungsverzug   48, 53
Zeugen   81
Zeugenauslagen   81, 130
Zeugenauslagenverzichtserklärungen   127
Zinsberechnung   51
Zinsen   103, 124, 127
– Kostenfestsetzungsverfahren   87
Zugelassene Hilfsmittel   17

Zurückverweisung   135
Zusatzgebühr
– für besonders umfangreiche Beweis-
  aufnahmen   131
Zuständigkeit
– sachliche   63, 88
Zustellung   97, 99
Zwangshypothek   123
– Mindestwert   124
Zwangssicherungshypothek   120
Zwangsverwaltung   123
Zwangsvollstreckung   38, 51, 69, 96
Zwangsvollstreckungsformularverordnung
  112